¿QUÉ LE HICIERON A MI PAÍS, MAN?

MICHAEL MOORE

EDICIONES **B**
GRUPO ZETA

Barcelona • Bogotá • Buenos Aires • Caracas • Madrid • México D.F. • Montevideo • Quito • Santiago de Chile

Título original: *The Raven who Spoke with God*
Traducción: Isabel Murillo
1.ª edición: abril 2004
1.ª reimpresión: julio 2004

© 2001 by Christopher Foster
© Ediciones B, S.A., 2004
   Bailén, 84 - 08009 Barcelona (España)
   www.edicionesb.com
   www.edicionesb-america.com

ISBN: 84-666-1684-5

Impreso en los Talleres de Quebecor World

¿QUÉ LE HICIERON A MI PAÍS, MAN?

MICHAEL MOORE

APROBADO

El Departamento de Seguridad Nacional ha aprobado este libro. El contenido no es sedicioso ni supone una traición a la patria. Un grupo de expertos en terrorismo ha analizado minuciosamente todas y cada una de las palabras para asegurarse de que no proporcionan ayuda ni apoyo moral al Enemigo. El libro no revela secretos de Estado ni hace públicos documentos confidenciales que pudieran poner en entredicho a los Estados Unidos de América o a su jefe de Estado Mayor. Tampoco hay mensajes ocultos para los terroristas. Es el libro de un buen cristiano, escrito por un patriota estadounidense que sabe que lo aplastaríamos si se pasara de la raya. Si ha comprado usted este libro debemos informarle de que, de acuerdo con el Artículo 29A de la Ley Patriótica de Estados Unidos, su nombre se ha introducido en una base de datos de sospechosos potenciales para el caso de que tuviésemos la necesidad de declarar la ley marcial, aunque estamos seguros de que eso nunca ocurrirá. Figurar en esa lista también le da derecho a participar en un sorteo. Los diez afortunados ganadores recibirán unas magníficas encimeras de formica nuevas, cortesía de Kitchen Magic. Si es usted un terrorista de verdad y ha comprado el libro en una librería o lo ha sacado de una biblioteca con la esperanza de utilizar la información aquí contenida para sus fines, tenga la seguridad de que ya sabemos quién es usted. La página que está toqueteando en este preciso instante se ha elaborado con un papel de tela secreto que detecta las huellas dactilares y las transmite a nuestro Mando Central en Kissimmee, Florida. No intente arrancar la página del libro... ES DEMASIADO TARDE. No intente echar a correr porque ahora mismo le tenemos controlado, maldito malhechor... ¡QUIETO! ¡TIRE EL LIBRO! ¡ARRIBA LAS MANOS! TIENE DERECHO A... ¡Y UNA MIERDA! ¡NO TIENE NINGÚN DERECHO! ¡YA NO EXISTE! ¡Y PENSAR QUE SI HUBIERA APRECIADO NUESTRO ESTILO DE VIDA PODRÍA HABER DISFRUTADO DE ESAS ENCIMERAS DE FORMICA RESISTENTES A LAS MANCHAS!

Tom Ridge, secretario de la Nación
George Bush, jefe de Estado Mayor de la Patria.

Para Rachel Corrie:
ojalá tuviese su valor.
Ojalá su muerte no sea en vano

Para Ardeth Platte y Carol Gilbert:
ojalá me sentara en su celda
y ellas vinieran a sentarse en la mía

Para Ann Sparanese,
un simple acto, una voz salvada:
que haya millones como ella
que nos salven a todos

Introducción

Me encanta escuchar a la gente contar dónde estaban y qué hacían la mañana del 11 de Septiembre, sobre todo las historias de quienes, por cuestión de suerte o del destino, sobrevivieron.

Por ejemplo, la del tipo que el día anterior había regresado de su luna de miel. Esa noche, el 10 de septiembre, la recién casada decidió prepararle su burrito casero especial. El burrito estaba malísimo, era como comerse alquitrán recién arrancado de la vía rápida Major Deegan. Pero el amor es ciego y lo que cuenta es la intención, no la digestión. El hombre le dijo a su mujer que se lo agradecía mucho y que la quería. Y le pidió otro.

A la mañana siguiente, el 11 de septiembre de 2001, el hombre iba en el metro que lo llevaba de Brooklyn a la oficina, situada en una de las últimas plantas del World Trade Center. Aunque el metro iba en dirección a Manhattan, el burrito se dirigía hacia el sur, y no me refiero a la costa de Jersey. Empezó a sentirse mal, francamente mal, y decidió apearse justo una parada antes del World Trade Center. Subió corriendo las escaleras del metro en busca de los servicios, pero aquello era Nueva York, así que mala suerte. Por lo tanto, en la esquina de Park Row con Broadway, se acordó de un anuncio de pañales para adultos.

Avergonzado y humillado (aunque sintiéndose mucho mejor), paró un taxi y le ofreció al taxista cien dólares si lo llevaba a casa (nueve por el trayecto y noventa y uno para colaborar en la compra de un coche nuevo).

Al llegar a casa, corrió a ducharse y a cambiarse de ropa para regresar a Manhattan. Al salir de la ducha, encendió el televisor y vio que un avión se estrellaba contra la planta en la que él trabajaba, donde habría estado en ese preciso instante de no haber sido porque su querida mujer le había preparado aquel maravilloso... aquel absolutamente perfecto, increíble y asombroso... Se derrumbó y rompió a llorar.

Mi experiencia del 11 de Septiembre no se aproxima tanto a lo fatídico. Estaba durmiendo en Santa Mónica, California. El teléfono sonó a eso de las 6.30, era mi suegra. «¡Han atacado Nueva York!», le oí decir por el oído todavía medio dormido. Me entraron ganas de decirle: «Sí, vaya novedad... ¡Y son las seis y media de la mañana!»

—Nueva York está en guerra —prosiguió.

Aquello tampoco me pareció especialmente grave, pues tenía la impresión de que Nueva York siempre estaba en guerra.

—Enciende la tele —añadió.

Y eso hice. Desperté a mi mujer y, a medida que el televisor se iluminaba, vimos las torres ardiendo. Llamamos a nuestra hija a su casa de Nueva York, sin suerte, y luego a su amiga Joanne (que trabaja cerca del World Trade Center). Tampoco contestó, así que nos quedamos allí, pasmados. No nos apartamos de la tele hasta las cinco de la tarde, cuando por fin supimos que nuestra hija y Joanne estaban bien.

Sin embargo, un productor con el que habíamos trabajado hacía poco tiempo, Bill Weems, no estaba bien. Las cadenas comenzaron a mostrar una línea de texto deslizante en la parte inferior de la pantalla con los nombres de las personas que iban a bordo de los aviones, y allí vimos el de Bill. Mi último recuerdo de él es de los dos armando barullo en una funeraria donde rodábamos un corto sobre la industria tabaquera. Para nosotros poner a dos tipos con un humor muy negro junto a un grupo de trabajadores de una funeraria era el súmmum. Tres meses después Bill estaba muerto y, como suele decirse, «la vida cambió para siempre».

¿De veras? ¿Cambió? ¿En qué sentido? ¿Ha pasado el tiempo suficiente desde aquel día aciago como para preguntárselo y dar con una respuesta inteligente? Sin duda, las cosas cambiaron para la mujer de Bob y su hija de siete años. Eso sí que es un crimen, arrebatarle a su padre a una edad tan temprana. Y la vida cambió para los seres queridos de las otras tres mil víctimas. Su dolor jamás desaparecerá. Les dicen que tienen que «seguir adelante». Pero ¿hacia dónde? Quienes hemos perdido a alguien (supongo que, en cierto modo, todos) sabemos que si bien la vida «sigue adelante», el puñetazo en el estómago y el dolor en el corazón siempre nos acompañarán, por lo que hay que encontrar el modo de aceptarlo, para que tenga sentido en nuestra vida y en la de los vivos.

Nos las arreglamos para superar las pérdidas personales y nos levantamos a la mañana siguiente, y la otra, y preparamos el desayuno de los niños, lavamos la ropa sucia, pagamos las facturas y...

Mientras tanto, en Washington la vida también cambia. Aprovechándose de nuestro dolor, y del miedo de que «eso» pueda volver a ocurrir, el presidente designado utiliza a las víctimas del 11 de Septiembre como una tapadera, una justificación para alterar nuestra forma de vida. ¿Para eso murieron, para que George W. Bush transformase el país en Tejas? Ya hemos iniciado dos guerras desde el 11 de Septiembre, y no es improbable que estalle una tercera o una cuarta. Si esto sigue así lo único que habremos conseguido será traicionar la memoria de los más de tres mil fallecidos. Sé que Bill Weems no murió para servir de excusa a quienes bombardean a inocentes en el extranjero. Si su muerte, su vida, ha de tener un propósito a partir de este momento, es el de asegurarse de que nadie como él tenga que perder la vida en este mundo demente y violento, un mundo que parecemos estar empeñados en gobernar como nos dé la real gana.

Supongo que podría considerarme afortunado por el mero hecho de escribir estas palabras que lees. No sólo porque vivo en «el país más maravilloso del mundo», sino porque después del 11 de Septiembre la editorial Regan Books (una división de Harper-Collins, que a su vez es una división de News Corps, a la que pertenece Fox News, todo ello propiedad de Rupert Murdoch) se esforzó lo indecible por dar al traste con mi carrera de escritor.

Los primeros 50.000 ejemplares de *Estúpidos hombres blancos* salieron de la imprenta el 10 de septiembre de 2001, pero tras la tragedia que se produjo al día siguiente los camiones que debían llevarlos a las librerías no salieron del almacén. La editorial mantuvo los libros secuestrados durante cinco largos meses, no sólo por respeto y buen gusto (lo cual me habría parecido comprensible), sino también por el deseo de censurarme a mí y lo que quería decir. Insistieron en que rescribiera hasta el 50 % del libro y que eliminara apartados que consideraban ofensivos para nuestro líder, el señor Bush.

Me negué a cambiar una sola palabra. La situación estaba en un punto muerto hasta que una bibliotecaria de Nueva Jersey me oyó hablar sobre la llamada telefónica que acababa de hacerme la editorial de Murdoch para decirme que mi terquedad no les dejaba otra alternativa que reducir a pulpa y reciclar el papel de los cincuenta mil ejemplares del libro que estaban acumulando polvo en un almacén de Scranton, Pensilvania. Otros me advirtieron que después de aquello no depositara demasiadas esperanzas en el mundo editorial porque se me consideraba «problemático», un auténtico pelmazo que no se bajaba del burro.

Esa bibliotecaria, Ann Sparanese, una mujer a quien no conocía, envió un mensaje de correo electrónico a una lista de bibliotecarios informándoles de que habían prohibido mi libro. El mensaje se propagó por Internet rápidamente y, a los pocos días, las cartas de bibliotecarios cabreados empezaron a inundar Regan Books. La policía de Murdoch me hizo una llamadita.

—¿Qué les has contado a los bibliotecarios?

—¿Qué? No conozco a ningún bibliotecario.

—¡Sí que los conoces! Les has contado lo de tu libro y ahora... ¡estamos recibiendo cartas insultantes de los bibliotecarios!

—¡Vaya! —repliqué—. Supongo que se trata de un grupo terrorista con el que más vale no mezclarse.

News Corp, temiendo que una turba furiosa de bibliotecarios enardecidos llegase despotricando por la Quinta Avenida para acordonar el edificio de HarperCollins con la intención de permanecer allí hasta que mi libro fuera puesto en libertad o hasta haber descuartizado al propio Murdoch (aunque me habría conformado con que obligasen a Bill O'Reilly a llevar la ropa interior en la cabeza durante una semana), acabó cediendo. Distribuyeron el libro en algunas librerías sin anunciarlo ni reseñarlo y me ofrecieron un viaje promocional por tres ciudades: ¡Arlington! ¡Denver! ¡Algún lugar de Nueva Jersey! Dicho de otro modo, condenaron al libro a una muerte rápida e indolora.

—Es una pena que no nos hicieras caso —me dijo un agente de Murdoch—, sólo queríamos ayudarte. El país respalda a George W. Bush y es deshonesto por tu parte desde un punto de vista intelectual que no reescribas el libro y reconozcas que ha hecho un buen trabajo desde el 11 de Septiembre. No tienes ni idea de qué es lo que quieren los estadounidenses, y el libro pagará las consecuencias.

Tan poca idea tenía de qué querían mis compatriotas que, pocas horas después de que el libro saliese a la venta, pasó a ser número uno en ventas en Amazon. ¡Y a los cinco días ya llevaba nueve ediciones! Mientras escribo estas palabras ya va por la número cincuenta y dos.

Lo peor que se le puede decir a la gente libre de un país libre es que no se les permite leer algo. El hecho de que me escucharan —y de que el libro se convirtiese en la obra de no ficción de tapa dura más vendida del año en Estados Unidos— dice mucho de este gran país. Los ciudadanos no se dejan intimidar por los que mandan. Tal vez parezca que los estadounidenses no tienen la menor idea de lo que pasa en el mundo y que dedican demasiado tiempo a elegir carcasas de distintos colores para los móviles, pero a la hora de la verdad estarán a la altura de las circunstancias y sabrán plantar cara.

Así que aquí estoy con un libro nuevo, y nada menos que con AOLTimeWarner y Warner Books. Lo sé, lo sé, ¿cuándo aprenderé la lección? Pero también hay buenas noticias: mientras lo estaba escribiendo, AOL ha intentado deshacerse de Warner Books. ¿Por qué una empresa de comunicación querría prescindir de su división de libros? ¿Qué hizo Warner Books para disgustar a los dioses de AOL? Supongo que si AOL no los quiere eso significa que son buenos. Además, los otros tipos de Warner que están metidos en este embrollo —Warner Bros. Pictures— distribuyeron mi primera película, *Roger & Me*. Eran personas decentes y honradas y nunca amenazaron con «reducirla a pulpa».

De acuerdo, estoy racionalizando. Seis empresas de medios de comunicación lo poseen todo. ¡Hay que romper esos monopolios por el bien del país! La libre circulación de noticias e información en una democracia no debería estar en manos de unos pocos ricachones.

Sin embargo, debo decir que, al parecer, me respaldan al ciento por ciento. Al mil por ciento. No me han dicho ni una vez que soy «problemático».

De todos modos, no soy yo quien debería preocuparles.

Son los bibliotecarios.

Y tú.

MICHAEL MOORE
Sobrevolando Groenlandia
15 de agosto de 2003

1
SIETE PREGUNTAS PARA GEORGE DE ARABIA

Al principio parecía que un avión pequeño se había estrellado accidentalmente contra la torre norte del World Trade Center. Eran las 8.46 del 11 de septiembre de 2001, y mientras la noticia se extendía por el país nadie dejó de hacer lo que estaba haciendo. Sin duda, se trataba de un suceso desconcertante, pero la mayor parte de la población siguió trabajando, estudiando o durmiendo.[1]

Al cabo de diecisiete minutos se supo que otro avión había impactado contra el World Trade Center. De repente, el pensamiento colectivo del país llegó a la misma conclusión: «¡No es un accidente!»

Todos los televisores se encendieron. Nunca se había visto nada igual. Los cerebros, enfrentados a un hecho para el que no tenían referencias previas, trataban de explicarse qué era todo aquello y, en concreto, qué significaba para la propia supervivencia, tanto si uno estaba viéndolo en directo desde una azotea en Tribeca como por la CNN en Topeka.

Nos quedamos aturdidos, paralizados frente a la tele o la radio, luego llamamos a todos nuestros conocidos, 290 millones de estadounidenses preguntándose lo mismo: «¿Qué diablos está pasando?»

---

1. NOTA SOBRE LAS NOTAS EN ESTE LIBRO: Las fuentes y las notas del resto de los capítulos aparecen al final del libro para no entorpecer la lectura. Sin embargo, en este capítulo se hacen tantas preguntas, afirmaciones y acusaciones serias que me pareció mejor incluir las notas a pie de página. Muchos de los artículos en los que me baso están disponibles en versión íntegra en mi sitio web, *www.michaelmoore.com*.

Ésa fue la primera de las muchas preguntas que se plantearon sobre la tragedia del 11 de Septiembre. Bueno, no me va lo de las teorías conspirativas, salvo cuando son ciertas o tienen que ver con los dentistas. Creo que los dentistas se reunieron en secreto y decidieron que ganarían mucha pasta si hacían endodoncias y radiografías de toda la boca a todo aquel que acudiese a su consulta. Ningún otro mamífero del reino animal tiene que pasar por eso.

Las preguntas que me vienen a la cabeza cuando pienso en el 11 de Septiembre no son cómo lograron los terroristas burlar nuestros sistemas de defensa o vivir en el país sin que los descubrieran, ni por qué todos los búlgaros que trabajaban en el World Trade Center recibieron un comunicado secreto para que no fueran a trabajar ese día, ni cómo es posible que las torres se derrumbaran tan fácilmente cuando se suponía que estaban hechas para resistir terremotos, tsunamis y la explosión de coches bomba en el aparcamiento.

Se supone que una comisión especial encargada de investigar lo ocurrido el 11 de Septiembre debería responder a estas preguntas. Sin embargo, la administración Bush y los republicanos del Congreso se opusieron a que esta comisión se constituyese.[2] Al final, cedieron de mala gana, pero luego trataron de impedir que el organismo encargado de la investigación cumpliese con su cometido dificultándole la obtención de las pruebas que buscaban.[3]

¿Por qué Bush y los suyos no querían averiguar la verdad? ¿De qué tenían miedo? ¿De que los estadounidenses supieran que la habían cagado, que con respecto a las amenazas terroristas estaban en las nubes, que habían hecho caso omiso de las advertencias de las autoridades salientes de la administración Clinton sobre Ossama bin Laden, sencillamente porque odiaban a Clinton (¡SEXO! ¡MALO!)?[4]

Los estadounidenses son muy indulgentes. No le tuvieron en cuenta a Franklin D. Roosevelt el bombardeo de Pearl Harbor. No

2. Ken Guggengheim: «Advocates for 9/11 commission blame White House after deal collapses», Associated Press (11-10-2001).

3. Joe Conason: «Can Bush Handle Panel's Questions?», *New York Observer* (7-4-2003).

4. Michael Elliott y otros: «They had a plan», *Time* (12-8-2002).

dieron la espalda a John F. Kennedy tras el fiasco de Bahía de Co-
chinos. Y sigue sin importarles que Bill Clinton mandase asesinar
de manera misteriosa a esas cuarenta y siete personas. Así que, después de esta monumental brecha en la seguridad nacional, ¿por qué
no confiesa la verdad George Bush o, al menos, deja de impedir
que se sepa?

Quizá porque a George y compañía no sólo les interesa ocultar
el motivo por el que no ordenaron antes que los cazas despegaran
la mañana del 11 de Septiembre. También es probable que nosotros, el pueblo, temamos enterarnos de toda la verdad porque podría llevarnos por caminos por los que no queremos transitar, caminos que conducen a una sensación deprimente porque ahora
sabemos demasiado sobre quienes gobiernan este país.

Aunque personalmente estaba provisto del saludable escepti-
cismo necesario para un ciudadano en una democracia, también
pensaba como la mayoría de los estadounidenses en el otoño de
2001: lo había hecho Ossama, y había que dar con quienquiera que
lo hubiera ayudado y juzgarlo. Confiaba en que Bush estuviera en-
cargándose de ello.

Entonces, una noche de noviembre de 2001, mientras leía medio dormido en la cama un artículo de la periodista de investigación Jane Mayer en la revista *New Yorker*, me topé con un párrafo
que hizo que me incorporase y lo releyese, porque no acababa de
creerme lo que ponía. Decía así:

> Unas dos docenas de miembros de la familia Bin Laden, re-
> sidentes en Estados Unidos, en su mayoría universitarios o
> alumnos de colegios secundarios privados, estaban en el país
> cuando se produjeron los atentados. El *New York Times* infor-
> mó de que los funcionarios de la embajada saudí, por temor a
> que pudieran convertirse en blanco de las represalias estadou-
> nidenses, los reunió rápidamente. Con el consentimiento del
> FBI, según un funcionario saudí, los Bin Laden volaron en un
> avión privado de Los Ángeles a Orlando, luego a Washington
> y, finalmente, a Boston. En cuanto la Agencia Federal de Avia-
> ción permitió los vuelos al extranjero, partieron hacia Europa.
> Al parecer, al embajador saudí en Washington, el príncipe Ban-
> dar bin Sultán, no le costó mucho convencer a los funcionarios

estadounidenses de que entre los Bin Laden no había ningún testigo importante.[5]

¿Qué? ¿Cómo era posible que no hubieran dado esa noticia en los informativos? Me levanté, repasé el *New York Times* y vi este titular: «Temiendo represalias, los familiares de Bin Laden huyeron de Estados Unidos.» La noticia comenzaba así:

> Durante los días siguientes a los atentados terroristas en Nueva York y Washington, Arabia Saudí supervisó la evacuación inmediata de Estados Unidos de veinticuatro miembros de la extensa familia de Ossama bin Laden...[6]

Así pues, con el consentimiento del FBI y la ayuda del gobierno saudí —y a pesar de que quince de los diecinueve piratas aéreos eran ciudadanos saudíes—, los familiares del principal sospechoso de los atentados terroristas no sólo lograron abandonar el país, sino que además lo hicieron con la ayuda de nuestras propias autoridades. Según el *London Times*: «La partida de tantos saudíes preocupó a los investigadores estadounidenses, pues creían que posiblemente algunos de ellos poseían información sobre los piratas aéreos. Los agentes del FBI insistieron en comprobar los pasaportes, incluidos los de la familia real.»

¿Eso es todo lo que hizo el FBI? Comprobar los pasaportes, formular varias preguntas, tipo «¿Hizo usted mismo las maletas?» o «¿Ha llevado las maletas consigo en todo momento?». Luego se despidieron de esos potenciales testigos esenciales y les desearon buen viaje. Tal y como escribió Jane Mayer en el *New Yorker*:

> Cuando le pregunté a un agente secreto de alto rango si alguien se había planteado la posibilidad de detener a miembros de la familia, replicó: «A eso se le llama tomar rehenes. Nosotros no hacemos eso.»

---

5. Jane Mayer: «The House of bin Laden: A familiy's, and a nation's, divided loyalties», *New Yorker* (12-11-2001).
6. Patrick E. Tyler: «Fearing harm, bin Laden kin fled from US», *New York Times* (30-9-2001).

¿Hablaba en serio? Me quedé estupefacto. ¿Lo había leído bien? ¿Por qué los medios no se hacían más eco de la noticia? ¿Qué más había ocurrido? ¿Qué otras cosas nos ocultaban, o a qué otras cosas no les prestábamos atención? ¿No le gustaría al resto del país —y del mundo— saber toda la verdad?

Cogí un bloc de notas y comencé a escribir todas las preguntas que no cuadraban. Por supuesto, las matemáticas nunca han sido mi fuerte, así que para ayudarme a cuadrar todo aquello y analizar su significado, supuse que necesitaría la ayuda de, digamos, un licenciado de la Escuela de Negocios de Harvard.[7] Así que, ¿por qué no me echas una mano, George W.? Ya que casi todas las preguntas tienen que ver contigo, seguramente serás la persona más indicada para ayudarme —a mí y al país— a aclarar todas estas dudas.

Voy a hacerte siete preguntas, George, y, si fueras tan amable, quisiera que las respondieras. Te las pregunto en nombre de las tres mil personas que fallecieron ese día de septiembre, y en nombre del pueblo estadounidense. Sé que participas de nuestro dolor y me gustaría que tú, o aquellos conocidos tuyos que, sin querer, contribuyeron a aquella tragedia, no fueseis tan reticentes a sacar la verdad a la luz. No queremos vengarnos de ti. Sólo queremos saber qué ocurrió para evitar atentados futuros contra nuestros ciudadanos. Sé que compartes nuestros deseos, así que te ruego que me eches una mano con estas siete preguntas...

PREGUNTA N.º 1: ¿ES CIERTO QUE LOS BIN LADEN HAN MANTENIDO RELACIONES COMERCIALES CONTIGO Y TU FAMILIA DE MANERA INTERMITENTE DURANTE LOS ÚLTIMOS VEINTICINCO AÑOS?

George, en 1977, cuando tu padre te dijo que había llegado el momento de que consiguieses un trabajo de verdad, te puso al frente de tu primera empresa petrolera, que bautizó con la traducción española de tu apellido: Arbusto.[8] Al cabo de un año, recibis-

7. En 1975 George obtuvo un máster en administración de empresas por la Escuela de Negocios de Harvard, según su biografía oficial.
8. Mike Allen: «For Bush, a slippery situation», *Washington Post* (23-6-2000).

te financiación de un hombre que se llamaba James A. Bath,[9] un viejo colega de tu época (cuando no estabas ausente sin permiso)[10] en la Guardia Nacional Aérea de Tejas.[11] Salem bin Laden —el hermano de Ossama— lo había contratado para invertir el dinero de su familia en varias empresas de Tejas. El señor Bath aportó unos 50.000 dólares, el 5 % del valor de Arbusto.[12]

¿Actuaba en nombre de los Bin Laden?

A la mayoría de los estadounidenses les sorprendería saber que tu padre y tú conocéis desde hace mucho a los Bin Laden. ¿En qué se basa exactamente esa relación, George? ¿Sois buenos amigos o, simplemente, socios? Salem bin Laden viajó por primera vez a Tejas en 1973, después compró terrenos allí, edificó una casa y fundó la compañía Bin Laden Aviation en el aeródromo de San Antonio.[13]

Los Bin Laden son una de las familias más acaudaladas de Arabia Saudí. Podría decirse que su empresa constructora ha realizado obras por casi todo el país, desde las carreteras hasta las centrales eléctricas, pasando por los rascacielos y las sedes gubernamentales. Construyeron algunas de las pistas de aterrizaje que Estados Unidos utilizó durante la guerra del Golfo de tu padre e hicieron reformas en los lugares sagrados de La Meca y Medina.[14] Estos archimillonarios pronto comenzaron a invertir en otras empresas a lo

9. Thomas Petzinger Jr. y otros: «Family Ties: How oil firm linked to a son of Bush won Bahrain Drilling Pact (Harken Energy had a web of Mideast connections; in the background: BCCI) entrée at the White House», *Wall Street Journal* (6-12-1991).

10. Walter V. Robinson: «Military Record: Questions Remain on Bush's Service as Guard Pilot», *Boston Globe* (31-10-2000); Ellen Gamerman: «Bush's past catching up on road to White House», *Baltimore Sun* (4-11- 2000).

11. Jonathan Beaty: «A Mysterious Mover of Money and Planes», *Time* (28-10-2001).

12. Jerry Urban: «Feds investigate entrepreneur allegedly tied to Saudis», *Houston Chronicle* (4-6-1992); Mike Ward: «Bin Laden relatives have ties to Texas», *Austin American-Statesman* (9-11-2001).

13. Mike Ward: «Bin Laden relatives have ties to Texas», *Austin American-Statesman* (9-11-2001); Suzanne Hoholik y Travis E. Poling: «Bin Laden brother ran business, was well-liked in Central Texas», *San Antonio Express-News* (22-8-1998).

14. Susan Sevareid: «Attacks hurt bin Laden conglomerate», Associated Press (7-10-2001); Richard Beeston: «Outcast who brought shame on family», *London Times* (15-9-2001).

largo y ancho del mundo, incluido Estados Unidos. Mantienen importantes relaciones comerciales con Citigroup, General Electric, Merrill Lynch, Goldman Sachs y Fremont Group, empresa subsidiaria del gigante energético Bechtel. Según el *New Yorker*, la familia Bin Laden también posee parte de Microsoft y el gigante de la industria aeronáutica y militar Boeing.[15] Han donado dos millones de dólares a la Universidad de Harvard, tu alma máter, otros trescientos mil a la Tufts University y decenas de miles más al Middle East Policy Council, un gabinete estratégico centrado en la política hacia Oriente Próximo y dirigido por un ex embajador estadounidense en Arabia Saudí, Charles Freeman.[16] Aparte de su propiedad en Tejas, poseen bienes inmuebles en Florida y Massachusetts.[17] En pocas palabras, nos tienen bien pillados.

Por desgracia, como bien sabes, Salem bin Laden falleció en un accidente de aviación en Tejas en 1988 (su padre, Mohammad, también pereció al estrellarse el avión en que viajaba en 1967).[18] Los hermanos de Salem —unos cincuenta en total, Ossama incluido— siguieron ocupándose de las empresas y las inversiones familiares.

Una vez finalizado su mandato, tu padre se convirtió en un asesor muy bien pagado de una empresa llamada Carlyle Group. Entre los inversores de esa empresa figuraba nada menos que la familia Bin Laden, que invirtió en ella por lo menos dos millones de dólares.[19]

---

15. Jane Mayer: «The House of bin Laden: A family's, and a nation's, divided loyalties», *New Yorker* (12-11-2001); Michael Moss y otros: «Bin Laden family, with deep western ties, strives to re-establish a name», *New York Times* (28-10-2001).

16. «The bin Laden business empire», *St. Petersburg Times* (23-9-2001); Anne E. Kornblut y Aaron Zitner: «Terror figure's family has benign ties in US», *Boston Globe* (26-8-1998); Marcella Bombardieri: «In Cambridge, a bin Laden breaks family silence», *Boston Globe* (7-10-2001).

17. Michael Dobbs y John Ward Anderson: «A Fugitive's Splintered Family Tree», *Washington Post* (30-9-2001).

18. Mitch Frank: «A Wealthy Clan and Its Renegade», *Time* (8-10-2001); «18 die in holiday weekend plane crashes», United Press International (31-5-1988).

19. Kurt Eichenwald: «Bin Laden Family Liquidates Holdings with Carlyle Group», *New York Times* (26-10-2001).

Hasta 1994, dirigiste una empresa llamada CaterAir, que pertenecía a Carlyle Group. El mismo año que abandonaste CaterAir, que estaba a punto de quebrar, te nombraron gobernador y enseguida te encargaste de que la Universidad de Tejas —una institución estatal— invirtiera diez millones de dólares en Carlyle Group.[20] El clan Bin Laden ya se había subido al carro de Carlyle en 1994.[21]

Carlyle Group, entre sus muchas actividades, es una de las principales empresas contratistas del Departamento de Defensa del país. En realidad, no fabrican las armas. Más bien, compran empresas del sector militar, las sanean y luego las venden por sumas astronómicas.

Los que manejan el Carlyle Group son gente que cortaba el bacalao en el pasado, desde el secretario de Defensa de Ronald Reagan, Frank Carlucci, hasta el secretario de Estado de tu padre, James Baker, pasando por el ex primer ministro británico, John Major.[22] Carlucci, el director general de Carlyle, también pertenece a la junta directiva del Middle East Policy Council, junto con un representante de la empresa familiar de los Bin Laden.[23]

Tras el 11 de Septiembre, el *Washington Post* y el *Wall Street Journal* publicaron sendos artículos en los que señalaban esta curiosa coincidencia. Tu primera reacción, George, fue la de no hacer el menor caso, confiando, supongo, en que la gente sencillamente se olvidaría de la historia. Tu padre y sus colegas de Carlyle no renunciaron a la inversión de Bin Laden. Su ejército de expertos pasó a la acción. Dijeron que no se podía meter a esos Bin Laden en el mismo saco que a Ossama. ¡Han renegado de Ossama! ¡No tienen nada que ver con él! ¡Odian y aborrecen cuanto ha hecho! Éstos son los Bin Laden «buenos».

Entonces aparecieron las imágenes de vídeo. Mostraban a varios de los Bin Laden «buenos» —entre ellos la madre de Ossama, una hermana y dos hermanos— con Ossama en la boda del hijo de éste,

20. Joe Conason: «Notes on a native son», *Harper's Magazine* (1-2-2000).

21. Kurt Eichenwald: «Bin Laden Family Liquidates Holdings with Carlyle Group», *New York Times* (26-10-2001).

22. *www.carlylegroup.com*.

23. La junta directiva del Middle East Policy Council: http://*www.mepc. org/public%5Fasp/about/board.asp*.

celebrada apenas seis meses y medio antes del 11 de Septiembre.[24] Según el *New Yorker*, la familia no sólo NO ha interrumpido las relaciones con Ossama, sino que ha seguido suministrándole fondos como en el pasado. La CIA sabía que Ossama bin Laden tenía acceso a la fortuna familiar (se calcula que su parte asciende a treinta millones de dólares por lo menos),[25] y los Bin Laden, al igual que otros saudíes, financiaban a Ossama y a su grupo, al-Qaeda.[26]

¿Sabes, George? Varias semanas después de los atentados de Nueva York y el Pentágono, tu padre y sus amigos del Carlyle Group seguían negándose a renunciar a su apoyo al imperio de los Bin Laden.

Finalmente, casi dos meses después de los atentados, cuando cada vez eran más las personas que se preguntaban cómo era posible que la familia Bush estuviese a partir un piñón con los Bin Laden, la presión obligó a tu padre y al Carlyle Group a pedirles a los Bin Laden que retiraran sus inversiones y devolverles sus millones.[27]

¿Por qué tardaron tanto?

Para colmo, resulta que uno de los hermanos de Bin Laden, Shafiq, estaba presente en una conferencia de negocios del Carlyle Group en Washington la mañana del 11 de Septiembre. El día anterior, en la misma conferencia, tu padre y Shafiq habían estado de palique con los otros peces gordos de Carlyle.[28]

George, ¿qué está pasando?

Te has aprovechado de los medios, aunque saben que todo cuanto he escrito es cierto (de hecho, he obtenido la información de las principales fuentes de noticias para las que trabajan). Por lo visto no quieren o no se atreven a formularte una pregunta bien sencilla: ¿QUÉ DIABLOS ESTÁ PASANDO?

24. Al-Yazira; reunión informativa del Centro de Prensa Extranjera en Washington con Richard Boucher, vicesecretario de Estado para Asuntos Públicos, 28 de febrero de 2001; «Bin Laden full of praise for attack on USS *Cole* at son's wedding», France Presse (1-3-2001).

25. Borzou Daraghi: «Financing Terror», *Money* (noviembre de 2001).

26. Jane Mayer: «The House of bin Laden», *New Yorker* (12-11-2001).

27. Daniel Golden y otros: «Bin Laden is tied to US group», *Wall Street Journal* (27-9- 2001); Michael Dobbs y John Ward Anderson: «A Fugitive's Splintered Family Tree», *Washington Post* (30-9-2001); Kurt Eichenwald: «Bin Laden Family Liquidates Holdings with Carlyle Group», *New York Times* (26-10-2001).

28. Dan Briody: *The Iron Triangle: Inside the Secret World of The Carlyle Group*; Grez Schneider: «Connections and then some», *Washington Post* (16-3-2003).

Por si acaso no comprendes lo extraño que resulta el silencio de los medios de comunicación con respecto a las relaciones entre los Bush y los Bin Laden, permíteme que trace una analogía con el modo en que la prensa o el Congreso habrían abordado un asunto similar si Clinton hubiese estado implicado. Si, tras el atentado terrorista contra el edificio federal en Oklahoma, se hubiera revelado que el presidente Bill Clinton y su familia habían mantenido relaciones comerciales con la familia de Timothy McVeigh, ¿cómo crees que habrían reaccionado el Partido Republicano y los medios? ¿No crees que al menos habrían planteado un par de preguntas tipo: «¿De qué va todo esto?» Sé sincero, conoces la respuesta. Habrían planteado algo más que un par de preguntas. Habrían desollado vivo a Clinton y arrojado los restos a los tiburones.

Así que, ¿de qué va todo esto, George? Tenemos derecho a saberlo.

PREGUNTA N.º 2: ¿EN QUÉ CONSISTE LA «RELACIÓN ESPECIAL» ENTRE LOS BUSH Y LA FAMILIA REAL SAUDÍ?

George, los Bin Laden no son los únicos saudíes con quien tu familia y tú mantenéis relaciones personales. Toda la familia real parece estar en deuda con vosotros... ¿O es al revés?

El principal proveedor de petróleo de Estados Unidos es Arabia Saudí, país que posee las mayores reservas de crudo del mundo. Cuando Saddam Hussein invadió Kuwait en 1990, fueron los vecinos saudíes los que verdaderamente se sintieron amenazados, y fue tu padre, George Bush I, quien acudió al rescate. Los saudíes no lo han olvidado y, según un artículo publicado en el *New Yorker* en marzo de 2003, algunos miembros de la familia real consideran que los Bush pertenecen en cierto modo a su clan. Haifa, esposa del príncipe Bandar, el embajador saudí en Estados Unidos, dice que tus padres «son como mis padres. Sé que si necesitase algo sólo tendría que pedírselo».[29] Y tal y como Robert Baer —ex agente de la Dirección de Operaciones de la CIA desde 1967 hasta 1997— des-

29. Elsa Walsh: «The Prince: How the Saudi Ambassador became Washington's indispensable operator», *New Yorker* (24-3-2003).

vela en su libro *Sleeping with the Devil*, tu padre tenía incluso un apodo para el príncipe saudí... Lo llama «Bandar Bush».[30]

Esta relación, como bien sabes (aunque nunca se lo hayas revelado al pueblo estadounidense), se forjó a lo largo de varios años. Tu padre, durante las temporadas en que trabajó para la CIA y ejerció de vicepresidente y presidente, aprendió que Estados Unidos siempre podría contar con Arabia Saudí para los trabajos sucios. Cuando a Oliver North, asesor de la Casa Blanca, le hizo falta dinero para comprar armas para Irán en la operación Irán-Contra, fueron los saudíes quienes, en secreto, aportaron treinta millones de dólares en metálico.[31] Cuando la CIA necesitó fondos para ayudar a acabar con el Partido Comunista Italiano en 1985 y financiar a sus oponentes en las elecciones, fueron sus buenos amigos los saudíes quienes ingresaron diez millones de dólares en un banco italiano.[32] Esto ocurrió mientras tu padre era vicepresidente e invitaba a comer con frecuencia al embajador saudí.[33]

No es de extrañar que el embajador saudí sea el único diplomático en Washington que cuenta con una escolta del Departamento de Estado, cortesía de los contribuyentes estadounidenses. Según Robert Baer, el príncipe Bandar donó un millón de dólares al Museo y Biblioteca Presidenciales George Bush de Tejas y otro millón al programa de alfabetización de Barbara Bush.[34]

Aunque Clinton derrotó a papaíto en 1992, las relaciones se mantuvieron. Carlyle Group negociaba con los saudíes cuando se trataba de adquirir armamento. Los saudíes gastaron más de 170.000 millones de dólares en armas durante la década de 1990, y parte de las transacciones se realizaron a través de Carlyle Group.[35] Tu padre se ha reunido con la familia real saudí en numerosas oca-

30. Robert Baer: *Sleeping with the Devil*, Crown, 2003.

31. James Rupert: «US-Saudi relations were built on oil, security-and secrecy», *Washington Post* (9-8-1990).

32. Robert G. Kaiser y David Ottaway: «Oil for security fueled close ties», *Washington Post* (11-2-2002).

33. Elsa Walsh: «The Prince: How the Saudi Ambassador became Washington's indispensable operator», *New Yorker* (24-3-2003).

34. Robert Baer: *Sleeping with the Devil*, Crown, 2003.

35. Tim Shorrock: «Crony capitalism goes global», *The Nation* (1-4-2002); Warren Richey: «New snags in US-Saudi ties play to bin Laden», *Christian Science Monitor* (29-10-2001).

siones, ha realizado al menos dos viajes a la península Arábiga desde que dejó el cargo y se ha alojado en los palacios de la casa real saudí, ambas veces en representación de Carlyle Group.[36] El príncipe Bandar también tiene inversiones en Carlyle Group[37] y acudió en Kennebunkport a la fiesta del septuagésimo quinto cumpleaños de tu madre.[38] Ha sido una relación sumamente fructífera.

Cuando hubo aquel follón de las papeletas electorales en Florida a finales del otoño de 2000, tu querido amigo el príncipe Bandar estuvo allí para respaldar a tu familia en esos momentos difíciles. Se llevó a tu padre a cazar faisanes a Inglaterra para que se olvidara de todo aquel caos, mientras el abogado de la familia real —tu abogado, James Baker— viajaba a Florida para ocuparse de la batalla de las papeletas. (El bufete de Baker representaría luego a los miembros de la casa real saudí cuando los familiares de las víctimas del 11 de Septiembre los llevaron a juicio.)[39]

Para ser justos, George, hay que reconocer que tus parientes no son los únicos que se benefician de la generosidad saudí. Gran parte de la economía estadounidense depende del capital saudí. Han invertido un billón de dólares en el mercado bursátil y tienen otro billón depositado en nuestros bancos.[40] Si un día, de repente, decidieran llevarse ese dinero, nuestras corporaciones y entidades financieras caerían en picado, lo que desataría una crisis económica sin precedentes. Esa amenaza se cierne sobre nosotros todos los días y nadie quiere hablar de ello. Si añadimos a ello el hecho de que podrían cerrar el grifo por capricho real y dejarnos sin el millón y medio de barriles de petróleo saudí[41] que necesitamos a diario, empeza-

36. Oliver Burkeman: «The winners: The Ex-President's Club», *Guardian* (31-10-2001); Leslie Wayne: «Elder Bush in big GOP cast toiling for top equity firm», *New York Times* (5-3-2001).

37. Robert Kaiser: «Enormous wealth spilled into American coffers», *Washington Post* (11-2-2002).

38. David Sharp: «Former President pulls off secret birthday bash», Associated Press (11-6-2000).

39. Elsa Walsh: «The Prince: How the Saudi Ambassador became Washington's indispensable operator», *New Yorker* (24-3-2003); Michael Isikoff y Mark Hosenball: «A legal counterattack», *Newsweek* (16-4-2003).

40. Robert Baer: *Sleeping with the Devil*, Crown, 2003.

41. Departamento de Energía: «Administración de Información sobre la Energía», tabla 4.10: Importación de petróleo de Estados Unidos, 1991-2002 (millones de barriles por día)».

remos a formarnos una idea de cuánto dependemos de la casa real saudí. George, ¿es esto bueno para nuestra seguridad nacional, la seguridad de la patria? ¿Para quién es bueno? ¿Para ti? ¿Para papá? Para nosotros no.

Esto es lo que no entiendo: ¿por qué tu padre y tú habéis decidido alinearos con un país al que la mayoría de las organizaciones de defensa de los derechos humanos considera una de las dictaduras más brutales del mundo?

En el informe sobre Arabia Saudí de 2003, Amnistía Internacional escribió:

> Siguieron cometiéndose graves violaciones de derechos humanos, exacerbadas por la política de «lucha contra el terrorismo» adoptada por el gobierno tras los atentados en Estados Unidos del 11 de septiembre de 2001. Esta situación se perpetuó debido a la vigencia de un sistema de justicia penal estrictamente secreto y a la prohibición de partidos políticos, sindicatos y organizaciones independientes de derechos humanos. Se detuvo a centenares de presuntos activistas religiosos y de personas críticas con el Estado, y la condición jurídica de la mayoría de las personas detenidas en años anteriores y aún bajo custodia siguió manteniéndose en secreto. Las mujeres continuaron siendo objeto de grave discriminación. La tortura y los malos tratos siguieron siendo prácticas muy extendidas.[42]

En el año 2000, se decapitó en público a 125 personas, muchas de ellas en Riad, en un lugar conocido popularmente como la «Plaza de la Carnicería».[43]

Tras reunirte con el príncipe heredero saudí en abril de 2002, nos dijiste más contento que unas pascuas que los dos habíais «establecido un fuerte lazo personal» y que habíais «pasado mucho tiempo a solas».[44] ¿Intentabas tranquilizarnos? ¿O pretendías alar-

42. Amnistía Internacional: *Informe anual 2003*, «Arabia Saudí», *amnistiainternacional.org/infoanu/2003/index.html*.

43. «Saudi beheaded for shooting compatriot to death», Associated Press (13-11-2001); Robert Baer: *Sleeping with the Devil*, Crown, 2003.

44. Elisabeth Bumiller: «Saudi Tells Bush US must temper backing of Israel», *New York Times* (26-4-2002).

dear de tu amistad con un grupo de gobernantes cuyo respeto por los derechos humanos rivaliza con el de los talibanes? ¿A santo de qué ese doble rasero?

PREGUNTA N.° 3: ¿QUIÉN ATACÓ ESTADOS UNIDOS EL 11 DE SEPTIEMBRE, UN TIPO SOMETIDO A DIÁLISIS DESDE UNA CUEVA EN AFGANISTÁN O TUS AMIGOS LOS SAUDÍES?

Lo siento, Bush, pero hay algo que no cuadra.

Nos hiciste aprender de memoria que Ossama bin Laden era el responsable de los atentados del 11 de Septiembre. También a mí me habías convencido, pero entonces oí unas historias muy raras sobre los riñones de Ossama.

Resulta ser que, durante años, se han difundido noticias sobre los problemas de salud de Ossama. Por ejemplo, The Associated Press informó en 2000 de que «un agente secreto occidental ha declarado que [Ossama] padece una enfermedad de hígado y riñón. Sufre una insuficiencia renal y "tiene el hígado destrozado", ha asegurado el agente [...] Ha añadido que sus acólitos estaban intentando encontrar un dializador para su líder enfermo».[45]

Tras el 11 de Septiembre, esas noticias proliferaron. Una noche estaba viendo *Hardball with Chris Matthews* en la MSNBC, y uno de los invitados, un experto en los talibanes, dijo: «Al parecer, Ossama bin Laden necesita someterse a diálisis debido a sus problemas de riñón, por lo que debe permanecer cerca del dializador. No puede viajar muy lejos.»[46]

¿Había dicho «diálisis»? El peor monstruo del mundo, el hombre más siniestro y malvado del planeta [...] ¿ni siquiera puede mear sin ayuda? No sé vosotros, pero si me dicen que debo temer a

45. Kathy Gannon: «Bin Laden reportedly ailing», Associated Press (25-3-2000).
46. *Hardball with Chris Matthews,* MSNBC (19-11-2001); entrevista con Michael Griffin, autor de *El movimiento talibán en Afganistán: cosecha de tempestades* (Los Libros de la Catarata, 2001). Para más información sobre la diálisis de Ossama, véase John F. Burns: «Pakistanis say bin Laden may be dead of disease», *New York Times* (19-1-2002).

un malhechor, sobre todo al rey de los malhechores, ¡quiero que todas sus funciones fisiológicas estén al 110 %! Quiero que sea fuerte y omnipresente y temible... y que tenga dos riñones en buen estado. ¿Cómo se supone que debo aplaudir todas esas nuevas medidas de seguridad nacional cuando el malo está tumbado en alguna camilla, enchufado al dializador?

De repente, ya no sabía en quién o en qué confiar. Comencé a plantearme otras preguntas. ¿Cómo era posible que un tipo conectado a una máquina en alguna cueva de Afganistán hubiese dirigido y supervisado las actividades de diecinueve terroristas afincados durante dos años en Estados Unidos y luego hubiera planificado a la perfección el secuestro de cuatro aviones y se hubiera asegurado de que tres de ellos alcanzaban el objetivo deseado? ¿Cómo puede haber hecho esto Ossama? A ver, a mí el ordenador se me cuelga cada vez que escribo la palabra «gingivitis». ¡Ni siquiera soy capaz de conseguir que mi móvil tenga cobertura entre mi casa y Queens! ¿Y se supone que él organizó el 11 de Septiembre desde su cueva, a más de quince mil kilómetros de distancia? ¿Qué estaba haciendo, pues, cuando comenzamos a bombardear Afganistán? ¿Corría de cueva en cueva con los tubos y el dializador a rastras? ¿O a lo mejor es que había un dializador en cada cueva? ¡Sí, eso es! ¡Un país de lo más moderno, Afganistán! Tiene unos veinticinco kilómetros de vía férrea. Y montones de dializadores, ¡claro!

Esto no quiere decir que Ossama no sea el malo de la película ni que no tuviera nada que ver con los atentados. Sin embargo, es posible que a algún periodista se le ocurran algunas preguntas de puro sentido común, por ejemplo, ¿cómo es posible que Ossama organizara todo mientras la piel se le ponía verde en un país donde no hay cadenas de fotocopisterías, servicios de mensajería ni cajeros automáticos? ¿Cómo se comunicó para coordinar, controlar y supervisar un atentado de esa magnitud? ¿Con dos latas y un cordel?

No obstante, George, tú insististe en que nos lo creyéramos. Los titulares lo proclamaron a los cuatro vientos el primer día y siguen proclamándolo dos años después: «Atentados terroristas contra Estados Unidos.» «Terroristas.» Le he dado tantas vueltas a esta palabra que me permitirás que te pregunte algo, George: si quince de los diecinueve secuestradores hubieran sido norcoreanos y hubieran acabado con la vida de tres mil personas, ¿crees que el titular del día siguiente habría sido: «COREA DEL NORTE ATACA ESTADOS UNIDOS»?

Por supuesto que sí. Si hubieran sido quince iraníes, quince libios o quince cubanos, creo que la opinión ortodoxa habría sido: «¡IRÁN (O LIBIA O CUBA) ATACA ESTADOS UNIDOS!»

Sin embargo, cuando se habla del 11 de Septiembre, ¿has visto algún titular, has oído a algún presentador o a alguna de las personas designadas por ti pronunciar estas palabras: «Arabia Saudí ha atacado Estados Unidos»?

Por supuesto que no. Así que la pregunta es obvia: ¿POR QUÉ NO? ¿Por qué, cuando el Congreso da a conocer su investigación sobre el 11 de Septiembre, tú, George, censuras veintiocho páginas relativas al papel de los saudíes en los atentados? ¿Qué ocultas tras la negativa a hablar del país en el que al parecer se formaron los «terroristas» que han asesinado a nuestros conciudadanos?

Quisiera aventurar una posibilidad: ¿y si el 11 de Septiembre no fue un atentado «terrorista» sino, más bien, un ataque militar contra Estados Unidos? ¿Y si los diecinueve piratas aéreos eran soldados bien adiestrados, lo mejor de lo mejor, dispuestos a todo con tal de ejecutar las órdenes de su comandante? El que lograran vivir en este país durante casi dos años sin que les descubrieran demuestra cierta disciplina, la disciplina de un soldado, no el comportamiento imprevisible de un terrorista fanático.

George, por lo visto tú fuiste piloto: ¿Cuánta destreza se necesita para chocar contra un edificio de cinco plantas si uno vuela a más de 800 km/h? El Pentágono sólo tiene cinco plantas. A 800 km/h, si los pilotos se hubieran pasado de largo por un pelo, habrían acabado en el río. No se aprende a pilotar tan bien un jumbo con una máquina de videojuegos en una academia de aviación de pacotilla de Arizona. Eso se aprende en la fuerza aérea. En la fuerza aérea de algún país.

¿La Fuerza Aérea saudí?

¿Y si no fueron terroristas chiflados, sino pilotos militares en misiones suicidas? ¿Y si lo hicieron a instancias del gobierno saudí o de algunos miembros contrariados de la familia real de ese país? Según el libro de Robert Baer, hay un montón de ellos, y tanto la casa real como el país están sumidos en el caos. Nadie se pone de acuerdo para gobernar el país y, puesto que el rey quedó incapacitado por un derrame cerebral en 1995, sus hermanos y su numerosa prole están enzarzados en una dura lucha por el poder. Algunos son partidarios de cortar toda relación con Occidente. Otros quieren que el país siga un camino más fundamentalista.[47] Al fin y al cabo, ése es el objetivo que Ossama ha expresado desde un principio. Sus primeras rabietas no iban dirigidas contra Estados Unidos, sino contra el gobierno de Riad..., que estaba en manos de musulmanes que no se comportaban como verdaderos musulmanes. En la familia real hay miles de príncipes, y muchos observadores han señalado que Arabia Saudí está al borde de una guerra civil o de una revolución popular. No se puede decapitar a los ciudadanos eternamente porque al final pierden la cabeza, enloquecen y acaban por derrocar el gobierno. Eso es lo que figura en la lista de «asuntos pendientes» de muchos saudíes, y los miembros de la familia real se están preparando para el pitote.

Un artículo publicado en 1999 en la revista de política *Foreign Affairs* explicaba bien por qué: «Al igual que Pakistán, Arabia Saudí preferiría que Bin Laden se quedase en Afganistán. Sería vergonzoso que lo detuviesen y juzgaran en Estados Unidos, ya que revelaría su relación con miembros de las elites gobernantes y las agencias secretas de ambos países.»[48]

Entonces, ¿fueron algunas facciones de la familia real saudí quienes cometieron los atentados del 11 de Septiembre? ¿Adiestraron los saudíes a esos pilotos? Hay algo que sabemos con certeza: casi todos los secuestradores eran saudíes y, al parecer, entraron en Estados Unidos de manera legal gracias, en parte, a un acuerdo especial entre nuestro Departamento de Estado y el gobierno saudí que permitió que los saudíes obtuvieran visados rápidos, sin tener que someterse al proceso de investigación normal.[49]

George, ¿por qué has tratado a cuerpo de rey a los saudíes? Claro, necesitamos su petróleo. Y, sí, todos los presidentes les brindaron la misma acogida antes que tú.

Pero ¿por qué has impedido que se investiguen los contactos

47. Robert Baer: «The fall of the House of Saud», *Atlantic Monthly* (mayo de 2003).

48. Ahmed Rashid: «The Taliban: Exporting Extremism», *Foreign Affairs* (noviembre de 1999).

49. Susan Schmidt y Bill Miller: «Homeland Security Department to oversee visa program», *Washington Post* (6-8-2002).

saudíes? ¿Por qué te niegas a proclamar: «¡Arabia Saudí ha atacado Estados Unidos!»?

Señor presidente, ¿no tendrá todo esto que ver con el buen rollo que hay entre tu familia y la dinastía gobernante en Arabia Saudí? Me gustaría pensar que no. Pero ¿entonces cómo lo explicas? ¿Asegurándonos que el culpable es un pirado metido en una cueva (y sometido a diálisis, por si fuera poco)? ¿Por qué cuando no lograste capturar a ese colgado intentaste convencernos de que Saddam Hussein estaba relacionado con el 11 de Septiembre y al-Qaeda, cuando tus servicios de inteligencia te aseguraron que no existía tal relación?

¿Por qué te dedicas a proteger a los saudíes cuando deberías protegernos a nosotros?

PREGUNTA N.º 4: ¿POR QUÉ PERMITISTE QUE UN AVIÓN PRIVADO SAUDÍ SOBREVOLARA ESTADOS UNIDOS TRAS EL 11 DE SEPTIEMBRE PARA RECOGER A MIEMBROS DE LA FAMILIA BIN LADEN Y LUEGO SACARLOS DEL PAÍS SIN QUE EL FBI HUBIERA INVESTIGADO EL CASO?

George, esto no es nada personal, pero me quedé tirado en Los Ángeles la mañana del 11 de Septiembre. Las pasé moradas para conseguir un coche de alquiler y conducir casi cinco mil kilómetros hasta casa, sencillamente porque, tras los atentados, se prohibieron los vuelos durante varios días.

Sin embargo, se permitió que la familia Bin Laden volase en aviones privados por todo Estados Unidos, preparándose para abandonar el país... ¿Me podrías explicar por qué?

Esos aviones privados, bajo la supervisión del gobierno saudí y con tu aprobación, cruzaron el espacio aéreo estadounidense y recogieron a veinticuatro miembros de la familia Bin Laden para llevarlos, en un primer momento, a un «punto de reunión secreto en Tejas». Luego volaron a Washington y después a Boston. Finalmente, el 18 de septiembre pusieron rumbo a París y quedaron fuera del alcance de los funcionarios estadounidenses. No se les interrogó de manera formal; sólo tuvieron que contestar a unas pocas preguntas que les formuló el FBI y pasar un control de pasaportes antes de partir.[50] Un agente del FBI con el que hablé me dijo que el FBI estaba «furioso» porque no lo habían autorizado para retener a los Bin Laden con el fin de llevar a cabo una investigación en toda regla..., como las que suele realizar la policía cuando trata de dar con un asesino. Normalmente, la policía habla con los familiares del sospechoso para averiguar qué saben, a quién conocen y cómo podrían ayudarles a atrapar al fugitivo.

El procedimiento reglamentario no se cumplió.

Esto es alucinante. Hay dos docenas de Bin Laden en Estados Unidos, George, y nos vienes con excusas lamentables como que estabas preocupado por «su seguridad». ¿No será que alguno de los veinticuatro Bin Laden sabía algo? ¿No habría sido posible «convencer» a uno de ellos de que te ayudase a dar con Ossama?

No. Nada de eso. Así que mientras miles de personas nos quedamos tiradas sin poder tomar un avión, ¡bastaba con demostrar que uno era pariente del mayor asesino de la historia de Estados Unidos para conseguir un viajecito a París por la cara!

Por supuesto, los Bin Laden han sido socios tuyos. ¿Qué hay de malo en hacerles un favor a los viejos amigos de la familia? Pero, volviendo a la analogía de Clinton, imaginemos que tras el atentado de Oklahoma Bill Clinton hubiese comenzado a preocuparse de repente por la «seguridad» de la familia McVeigh en Buffalo, y les hubiese organizado un vuelo gratis para que abandonasen el país. ¿Qué habríais dicho los republicanos y tú? La mancha en el vestido azul ya no habría sido el principal pretexto para la caza de brujas, ¿verdad?

Con todo lo que ocurrió los días posteriores al 11 de Septiembre, ¿cómo encontraste tiempo para pensar siquiera en proteger a los Bin Laden? Me asombra tu capacidad multitarea.

Como si el caso «Air Laden» no fuera bastante, el *Tampa Tribune* informó de que las autoridades también ayudaron a otros saudíes. Al parecer, se permitió que otro avión privado saudí (facilitado por un hangar privado propiedad de la empresa Raytheon, contratista del Departamento de Defensa que también ha hecho generosos

---

50. Jane Mayer: «The House of bin Laden», *New Yorker* (12-11-2001); Patrick E. Tyler: «Fearing harm, bin Laden kin fled from US», *New York Times* (30-9-2001); Kevin Cullen: «Bin Laden kin flown back to Saudi Arabia», *Boston Globe* (20-9-2001); Katty Kay: «How FBI helped bin Laden family flee US», *London Times* (1-10-2001).

donativos al partido republicano) volase desde Tampa hasta Lexington, en Kentucky, el 13 de septiembre (cuando los vuelos comerciales estaban prohibidos) para reunir a unos miembros de la familia real saudí con otros que habían estado en Kentucky mirando caballos. Se contrató a dos guardaespaldas de los Tampa Bay Buccaneers, el equipo local de fútbol americano, para que viajasen en el vuelo. Más tarde contaron al *Tribune* que el piloto les había dicho, cuando regresaban a Tampa, que todavía le quedaba otro vuelo a Luisiana.[51]

George, ¿por qué se permitió todo esto?

Mientras un país aterrorizado luchaba por superar los días posteriores al 11 de Septiembre, los Bin Laden y la realeza saudí sobrevolaban nuestras cabezas en dirección a casa.

Creo que nos merecemos una explicación.

PREGUNTA N.º 5: ¿POR QUÉ PROTEGES EL DERECHO A PORTAR ARMAS DE TERRORISTAS EN POTENCIA?

George, después del 11 de Septiembre el FBI comenzó a comprobar si alguno de los 186 «sospechosos» detenidos durante los cinco días posteriores a los atentados había comprado armas en los meses previos al 11 de Septiembre. El FBI consultó los archivos de antecedentes de los compradores de armas de fuego que se crearon en virtud del proyecto de ley Brady, e inmediatamente averiguó que dos de los sospechosos habían comprado armas.[52]

En cuanto John Ashcroft, tu fiscal general, se enteró de eso, mandó detener la investigación de inmediato. Dijo al FBI que esos archivos sólo debían revisarse cuando se compraba un arma, no para recabar información sobre ciudadanos armados y respetuosos de la ley.[53]

Por tanto, Ashcroft impidió que el FBI investigara si esos detenidos —posibles cómplices de los piratas aéreos— habían adquirido armas durante los noventa días previos a aquel fatídico 11 de septiembre de 2001. ¿Por qué? Porque aunque los habían privado

51. Kathy Steele: «Phantom Flight from Florida», *Tampa Tribune* (5-10-2001).

52. Fox Butterfield: «Justice Dept. bars use of gun checks in terror inquiry», *New York Times* (6-12-2001).

53. Ibídem.

de todos los demás derechos, tu administración insistió en que todavía tenían uno que estabais dispuestos a proteger: el sagrado derecho, garantizado por la Segunda Enmienda de la Constitución, a llevar armas sin que el gobierno lo sepa.

George, ¡eso no se lo cree nadie! ¿Está tu administración tan obsesionada con las armas y tan dominada por la Asociación Nacional del Rifle que, aunque ni siquiera se te ha ocurrido amparar los derechos de los americanos de origen árabe que has detenido, cuando se trata de sus derechos a poseer ARMAS entonces, de repente, te conviertes en el mayor defensor de los derechos constitucionales y civiles de la historia del país?

¿Eres consciente de que cuando la mayoría de los estadounidenses caiga en la cuenta de que has protegido a posibles terroristas al obstruir una investigación policial legítima, te quitarán el cargo a ti, a Dick y al reverendo John a golpe de urna?

Supongo que nada de esto debería sorprenderme si tenemos en cuenta lo que el señor Ashcroft estaba haciendo en el verano de 2001. En lugar de proteger el país contra ataques como el que iba a producirse, el fiscal general se esforzaba por desmantelar el Sistema Nacional de Comprobación Inmediata de Antecedentes Penales, alegando que el gobierno no debía llevar una base de datos sobre poseedores de armas y quería cambiar la ley para que cada archivo sólo se conservase durante veinticuatro horas.[54]

El Senado (y los ciudadanos) no se enteraron de la orden de Ashcroft de suspender la investigación de los antecedentes como poseedores de armas de los terroristas hasta diciembre de 2001, cuando Ashcroft no sólo lo admitió enorgullecido ante la Comisión Judicial del Senado, sino que también atacó a quienquiera que cuestionara la decisión de proteger el derecho de los secuestradores a poseer armas. Declaró ante la comisión que quienes criticaban sus prácticas antiterroristas estaban «dando argumentos a los enemigos de Estados Unidos. [...] A quienes asustan a los amantes de la paz con el fantasma de la "pérdida de libertades" les digo: vuestras tácticas sólo ayudan a los terroristas».

Pero ¿quién estaba ayudando a los terroristas, George? ¿Un

54. Cheryl W. Thompson: «Senators Challenge Ashcroft on Gun Issue», *Washington Post* (27-7-2001).

fiscal general que impedía al FBI cumplir con su cometido, que no permitió que la policía investigara a fondo las actividades de los terroristas, incluida la adquisición de armas?

En la misma sesión del Senado, el señor Ashcroft sostuvo en alto lo que, según él, era un manual de entrenamiento de al-Qaeda.

—En este manual —advirtió—, se explica a los terroristas de al-Qaeda la manera de utilizar la libertad de Estados Unidos como un arma contra nosotros.

En eso llevaba razón. Al parecer, una de las libertades que más le va a al-Qaeda es nuestra Segunda Enmienda.

En un panfleto encontrado en un piso franco utilizado por terroristas en Afganistán se colma de alabanzas a Estados Unidos. Obviamente, Ashcroft no captó la ironía.

Esto es lo que dice ese manual de adiestramiento de al-Qaeda:

- En algunos países del mundo, sobre todo Estados Unidos, el entrenamiento en el uso de armas de fuego está al alcance del gran público. Conviene inscribirse en un club de tiro y acudir con frecuencia a ejercitarse. En Estados Unidos hay numerosos cursos sobre armas de fuego que duran desde un día hasta dos semanas o más.

- Los cursos que valen la pena son el de francotirador, tiro en general y otros cursos para aprender el manejo del fusil. Los cursos de tiro con pistola sólo resultan útiles tras haber dominado los fusiles.

- En otros países, por ejemplo algunos estados de Estados Unidos y Suráfrica, es completamente legal para la población en general la posesión de ciertas armas de fuego. Si vive en uno de esos países, consiga un fusil de asalto de manera legal, preferentemente un AK-47 o similar, aprenda a utilizarlo bien y ejercítese en las zonas destinadas a ello.

- Respete las leyes del país en el que se encuentra y no acuda al mercado negro de armas de fuego. Es posible conseguir y aprender a manejar muchas armas respetando la ley, por lo que resulta innecesario pasar varios años en la cárcel por emplear armas pequeñas e ilegales. Aprenda lo máximo que le permitan sus circunstancias y deje el resto para cuando se lance verdaderamente a la *yihad*.

Así que, George, al parecer al-Qaeda planea utilizar una de nuestras «libertades» (el derecho a poseer armas) contra nosotros.

Me encanta el modo en que has detenido a cientos de personas, en plena calle y sin previo aviso, las has encerrado en celdas, sin dejar que se comunicasen con un abogado o con sus familiares, y luego, en la mayoría de los casos, las has sacado del país bajo acusación de haber infringido alguna ley de inmigración. Puedes pasar por encima de la Cuarta Enmienda, que prohíbe los registros y las confiscaciones ilegales, la Sexta Enmienda, que garantiza un juicio público con un jurado imparcial y la asistencia de un abogado, y la Primera Enmienda, que reconoce el derecho a hablar, reunirse, disentir y practicar la propia religión libremente. Crees que tienes la prerrogativa de privarlos de todos esos derechos, pero cuando se trata del derecho contemplado por la Segunda Enmienda a poseer un AK-47, ¡oh, cielos!, ESE derecho sí que lo respetas..., hasta tal punto que estás dispuesto a defenderlo incluso después de que hayan estrellado un avión contra un edificio, asesinando a miles de personas.

Cuando esta historia salió a la luz, te preocupó que no hiciese muy feliz a los ciudadanos (que en su inmensa mayoría quieren que se endurezcan las leyes sobre armas), así que te apresuraste a pedir a una portavoz del Departamento de Justicia que nos explicase que la decisión la habían tomado «importantes funcionarios de justicia» que habían realizado un estudio minucioso de «la ley». Entre los sabios funcionarios figuraba el señor Viet Dinh, asesor del fiscal general en cuestiones legales. ¿Qué justificación presentó Dinh para impedir la comprobación de antecedentes? Según el *New York Times*, «El señor Dinh dictaminó que las comprobaciones eran improcedentes ya que violarían la *intimidad de esos extranjeros*» [el énfasis es mío].

Así es: cuando se trata de armas, resulta que los derechos de los extranjeros se tienen en cuenta.

Sin embargo, en julio de 2002 se supo la verdad y la Oficina del Tesoro reveló la verdadera opinión legal del Departamento de Justicia sobre el asunto, un informe fechado el 1 de octubre de 2001 que tu fiscal general, al parecer, había ocultado. ¿Qué decía? Que los consejeros legales del Departamento de Justicia habían dictaminado que —agárrate— no había nada de malo en comprobar los antecedentes como comprador de armas de un presunto terrorista. ¿Has leído esto, George? Lo subrayaré y lo escribiré con letra más grande para que lo leas tranquilamente, sin prisas:

<u>No tiene nada de malo investigar si un presunto terrorista ha comprado armas.</u>

¡Nada de malo! ¡Alucinante! ¿Quién, aparte de John Ashcroft y tú, pensaría que es un delito averiguar si un presunto terrorista ha comprado armas? (La Oficina del Tesoro también informó de que el 97 % de las armas adquiridas de manera ilegal que se aprobaron en un principio y luego se retiraron una vez descubierto el error no se habrían detectado si los informes sobre poseedores de armas se hubieran destruido al cabo de veinticuatro horas y no de noventa días.)

¿Tu administración habla del «fantasma de la pérdida de libertades»? Díselo a los hombres y mujeres detenidos, no por terroristas, sino por musulmanes. Y explícame por qué te crees con derecho a saber qué libros lee un presunto terrorista, pero no qué armas tiene.

¿Quién ayuda verdaderamente a los terroristas, George?[55]

PREGUNTA N.º 6: ¿SABÍAS QUE, MIENTRAS ERAS GOBERNADOR DE TEJAS, LOS TALIBANES FUERON A TU ESTADO PARA REUNIRSE CON TUS COLEGAS DE LAS EMPRESAS DE PETRÓLEO Y GAS?

George, no sé qué me impulsó una noche a escribir algunas palabras clave en el campo de búsqueda del sitio web de la BBC, pero

55. Fox Butterfield: «Justice Dept. bars use of gun checks in terror inquiry», *New York Times* (6-12-2001); Neil A. Lewis: «Ashcroft defends antiterror plan; says criticism may aid US foes», *New York Times* (7-12-2001); Peter Slevin: «Ashcroft blocks FBI access to gun records», *Washington Post* (7-12-2001); Violence Policy Center (*www.vpc.org*): «Firearms training for Jihad in America»; Fox Butterfield: «Ashcroft's word clash with staff on checks», *New York Times* (24-7-2002).

allí estaba yo, tecleando «talibanes» y «Tejas» [taleban and Texas], ¡y quién lo iba a decir! Mira lo que apareció en la pantalla del ordenador: una noticia de la BBC de diciembre de 1997:

«Talibanes en Tejas para conversaciones sobre gasoducto.»

Como ya sabes, los talibanes fueron invitados a Tejas mientras eras gobernador del estado. Según la BBC, se reunieron con representantes de Unocal, el gigante de la energía y el petróleo, para hablar del proyecto de dicha empresa de construir un gasoducto que condujese gas natural desde Turkmenistán hasta Pakistán pasando por el Afganistán que en esa época dominaban los talibanes.[56]

George, ¿de qué iba esto?

Según el *Telegraph Online* de Londres, tus amigos de las petroleras recibieron con los brazos abiertos a algunos de los matones más tristemente célebres del mundo y les enseñaron cómo se divierte la gente sencilla en Tejas.

Los líderes talibanes permanecieron varios días en Sugarland, Tejas, disfrutando de los placeres del despilfarro occidental. Los magnates del petróleo alojaron a esos cabrones sanguinarios en un hotel de cinco estrellas, los llevaron al zoo y, por supuesto, al centro espacial de la NASA.[57]

Al parecer, lo de «Houston, tenemos un problema» no se te pasó por la cabeza, aunque el régimen fundamentalista de los talibanes fuera, quizás, el más represivo del planeta. Si se hubiera producido la situación inversa y te hubieran recibido en Kabul, el entretenimiento habría consistido en colgar a las mujeres que no fueran tapadas de la cabeza a los pies. Eso sí que habría sido una buena juerga, ¿no?

Después de Tejas los dictadores talibanes se dirigieron a Washington, donde se reunieron con Karl Inderfurth, vicesecretario de Estado para asuntos del sur de Asia. Luego fueron a Omaha, sede de la Universidad de Nebraska, que acabó desarrollando un programa

56. «Taleban to Texas for pipeline talks», *BBC World Service* (3-12-1997), *news.bbc.co.uk/1/hi/world/west-asia/36735.stm.*

57. Caroline Lees: «Oil barons court Taliban in Texas», *Telegraph (Online)* (14-12-1997).

de formación especial para afganos con la finalidad de enseñarles a construir gasoductos... Todos los gastos corrieron a cuenta de tus amigos de Unocal. Durante una de sus visitas, en mayo de 1998, dos miembros talibanes —esta vez auspiciados por el Departamento de Estado de Clinton—, visitaron otros lugares, incluido el parque nacional de Badlands, el monumento al jefe indio Caballo Loco, el lugar de nacimiento de Gerald Ford y el monte Rushmore.[58]

Sí, fue un derroche de hospitalidad, un excelente ejemplo de la buena voluntad estadounidense y de la generosidad que anida en nuestros corazones. O de nuestra ansia de dinero y energía barata. ¡Qué diablos, si nos ofrecen un buen precio le damos una oportunidad a cualquiera!

Como bien sabes, en las ex repúblicas soviéticas que se encuentran al este del mar Caspio hay gas natural por valor de cientos de miles de millones de dólares, esperando a que alguien los explote. Todo el mundo quería aprovecharse de la situación, y Estados Unidos se mostró más que dispuesto a ayudarlos. Hasta el presidente Clinton estaba a favor del gasoducto de Unocal.[59]

El truco para hacerse con el botín consistía en adelantarse a los rusos..., y teníamos que encontrar el modo de llegar allí sin tener que construir un conducto que pasara por el hostil territorio iraní.

Así, mientras a Unocal se le ocurrió tender el gasoducto a través de Afganistán, Enron había estado tramando sus planes... para traer gas desde Turkmenistán y conducirlo bajo el mar Caspio hasta Turquía. El gobierno de Estados Unidos llegó a pagar el estudio de viabilidad de Enron.[60] Esta compañía también estaba ocupada en la vecina Uzbekistán, intentando cerrar un trato para explotar yacimientos de gas natural del país. A finales de 1996, Unocal había comenzado a plantearse la posibilidad de incluir a Uzbekistán en el

58. Caroline Lees: «Oil barons court Taliban in Texas», *Telegraph (Online)* (14-12-1997); Barbara Crossette: «US, Iran relations show signs of thaw», *New York Times* (15-12-1997); «Taleban in Texas for talks on gas pipeline», *BBC News* (4-12-1997); Kenneth Freed y Jena Janovy: «UNO partner pulls out of Afghanistan project», *Omaha World Herald* (6-6-1998).

59. Ed Vulliamy: «US women fight Taliban oil deal», *Guardian* (12-1-1998); Dan Morgan y otros: «Women's fury toward Taliban stalls pipeline», *Washington Post* (11-1-1998).

60. «Trans-Caspian gas line receives go-ahead», *Europe Energy* (26-2- 1999).

trazado del gasoducto que pasaría por Afganistán y acabaría en Pakistán.[61]

Entonces, George, decidiste pasar a la acción. Te reuniste en persona con el embajador de Uzbekistán para defender los intereses de Enron. El presidente de esta empresa, Ken Lay, antes de la reunión, te envió una misiva que finalizaba con la siguiente agudeza:

«Sé que el embajador Safaev y tú celebraréis un encuentro fructífero que se sellará con una amistad entre Tejas y Uzbekistán. Atentamente, Ken.»[62]

¿Qué papel desempeñaste exactamente en las reuniones de Unocal con los talibanes? Supongo que sabías que los líderes de un país extranjero visitaban tu estado y se entrevistaban con personas que habían hecho donativos a tu campaña. Así que, ¿cómo es posible que se agasajara en tu estado a unos dictadores desalmados si, según tú, eres el archienemigo de los dictadores desalmados?

Por supuesto, para ser justos, cabe señalar que no eras el único que intentaba ayudar a otros a hacer dinero fácil con la que se cree que es la última reserva importante sin explotar de petróleo y gas del mundo. Entre los interesados en echar una mano estaban la Casa Blanca de Clinton, Henry Kissinger y otro ex secretario de Estado, Alexander Haig.[63]

Y, por supuesto, Dick Cheney. Cheney era entonces el director general de Halliburton, el gigante de los servicios petroleros. Cuando no se dedica a construir cárceles en Guantánamo, hacer la vista gorda ante las violaciones continuas de los derechos humanos para negociar con Myanmar y cerrar tratos con Libia, Irán y el Irak de Saddam Hussein (como hizo en los noventa), Halliburton tiende gasoductos y oleoductos.[64] En 1998, tu futuro vicepresidente, el señor

61. Justin Weir: «Natural resources», *Institutional Investor International* (abril de 1997); Gerald Karey: «Unocal's Uzbekistan deal adds to Central Asia plan», *Platt's Oilgram News* (5-11-1996).

62. Carta de Kenneth L. Lay al gobernador George W. Bush (3-4-1997).

63. David B. Ottaway y Dan Morgan: «In drawing a route, bad blood flows», *Washington Post* (5-10-1998); Daniel Southerland: «Haig involved in plans to build gas pipeline across Iran», *Houston Chronicle* (22-1-1995).

64. Jeremy Kahn: «Will Halliburton clean up?», *Fortune* (14-4-2003); «A pipeline project in Myanmar puts Cheney in Spotlight», *Wall Street Journal* (27-10-2000); Colum Lynch: «Firm's Iraq deals greater than Cheney has said», *Washington Post* (23-6-2001).

Cheney, pronunció estas palabras sobre la situación en esa parte del mundo: «No recuerdo que jamás una región hubiera cobrado tanta importancia estratégica como la del mar Caspio. Es como si las oportunidades hubieran surgido de la noche a la mañana.» Y en una charla en el Cato Institute ese mismo año, reveló la siguiente información sobre Halliburton: «Entre un 70 y un 75 % de nuestro negocio tiene que ver con la energía; contamos con clientes como Unocal, Exxon, Shell, Chevron y muchas otras compañías petroleras importantes del mundo. Como consecuencia, en ocasiones trabajamos en lugares conflictivos. El buen Señor no tuvo a bien dar petróleo y gas sólo a los países con regímenes elegidos democráticamente, amigos de Estados Unidos. A veces nos vemos obligados a trabajar en lugares a los que, bien mirado, normalmente no iríamos. Pero nosotros vamos allí donde hay posibilidades de negocio.»[65]

Y desde luego que había posibilidades de negocio en Afganistán. Después de que los *muyahidin* como Ossama bin Laden, respaldados por Estados Unidos, repelieran a los soviéticos que ocupaban Afganistán, los americanos se olvidaron de este país y dejaron que se sumiera en el caos.[66] El país se enzarzó en una guerra civil. Cuando los talibanes asumieron el poder a mediados de la década de los noventa, Washington recibió la noticia con gran regocijo.

Al principio, se pensaba que los talibanes seguirían el modelo de buen gobierno, aprobado por Estados Unidos, que había adoptado Arabia Saudí: una opresión férrea combinada con cierto servilismo hacia Occidente. Eso lo convertiría en un país con el que podríamos entendernos. Sin embargo, enseguida se hicieron patentes sus métodos asesinos, y los líderes políticos estadounidenses comenzaron a echarse atrás.[67]

Pero las empresas petroleras no. Unocal miró para otro lado y siguió adelante con el proyecto del gasoducto que había acordado

65. Tyler Marshall: «High stakes in the Caspian», *Los Angeles Times* (23-2-1998); Richard B. Cheney: «Defending liberty in a global economy», discurso pronunciado en la Conferencia sobre Daños Colaterales en el Cato Institute (23-6-1998).

66. Peter Gorrie: «US underestimated bin Laden at first», *Toronto Star* (22-9-2001).

67. Ahmed Rashid: *Los talibán: el islam, el petróleo y el nuevo «gran juego» en Asia central*, Península, Barcelona, 2001.

con los talibanes, al tiempo que se asociaba con Delta Oil, de propiedad saudí. Mohammed Hussein al-Amoudi, director de esta empresa, ha sido investigado por sus relaciones con Ossama bin Laden.[68] A ninguna de las partes pareció molestarle que Bin Laden se estableciera en Afganistán con la bendición de los talibanes en 1996, el mismo año que lanzó su primer llamamiento a la «guerra santa» contra Estados Unidos.[69]

Las amenazas de una *yihad* para acabar con todos los estadounidenses tampoco inquietaron en absoluto a tus amigos de Enron. Aparte del plan para conducir el gas natural del Caspio al Mediterráneo, Ken Lay y sus socios también estaban trabajando con ahínco en otro chanchullo: habían iniciado la construcción de una gigantesca planta energética de gas natural en Dabhol. La planta de Dabhol, como todo lo que Enron había tramado (¡incluida tu campaña!), era un timo colosal.[70] ¿Y quién mejor para esquilmar a los indigentes de la India que la misma empresa que había esquilmado a sus empleados y clientes estadounidenses?

Sin embargo, George, en este caso me llama la atención otra cosa. ¿Sabrías decirme si fue una coincidencia que Enron y Unocal estuvieran en la misma región, una construyendo una central de gas natural y la otra un gasoducto? ¿No había gato encerrado?

Te contaré mi interpretación y, George, corrígeme si me equivoco: Unocal untaría la mano a los talibanes para construir el conducto a Pakistán que pasaría por Afganistán. Luego planeaban prolongar el gasoducto hasta Nueva Delhi, en la India. Al mismo tiempo, Enron proyectaba el tendido de un gasoducto desde Dabhol hasta Nueva Delhi, donde, por supuesto, podría conectarse con el conducto turcomano, lo que uniría a Enron y Unocal.[71] Unocal contemplaba también otra alternativa: que el gasoducto acabase en el

68. Jack Meyers y otros: «Saudi clans working with US oil firms may be tied to bin Laden», *Boston Herald*, 10 de diciembre de 2001.

69. Robert Fisk: «Saudi calls for jihad against US "crusader"», *Independent* (2-9-1996); Tim McGirk y otros: «The Taliban allow a top "sponsor" of terrorism to stay in Afghanistan», *Time* (16-12-1996).

70. Claudia Kolker: «The Fall on Enron: Dead Enron power plant affecting environment, economy, and livelihoods in India», *Houston Chronicle* (4-8-2002).

71. «Turkmen-Pakistani export gas pipeline marks progress», *Oil & Gas Journal* (3-11-1997); «Gulf gas rides to the rescue», *Middle East Economic Digest* (16-1-1998).

mar Arábigo, en Pakistán, desde donde el gas podría exportarse.[72] La planta de Enron en Dabhol habría estado a tiro de piedra.

Pero entonces Ossama voló por los aires dos embajadas estadounidenses en África, y eso bastó para que el presidente Clinton decidiera que ya no quería saber nada de Afganistán. A modo de respuesta, lanzó varios misiles contra una fábrica de aspirinas sudanesa y un campo de entrenamiento abandonado de al-Qaeda en Afganistán.[73]

Supongo que una de las cosas que cualquier estudiante de administración de empresas aprende en la facultad es que una vez que tu país bombardea el país con el que intenta mantener relaciones comerciales, el trato se puede dar por terminado. Así que, dos días después, Unocal suspendió el acuerdo con los talibanes para construir el gasoducto en Afganistán y, al cabo de tres meses, lo canceló por completo.[74] De repente, los talibanes habían perdido miles de millones de dólares que les hacían mucha falta para financiar su régimen y proteger a Bin Laden.

No estoy del todo seguro, pero aventuraría, George, que los talibanes estaban más que cabreados con Unocal y los estadounidenses por abandonar un trato tan lucrativo. Si algo sé sobre los talibanes es que son rencorosos.

Sin embargo, a tus amigos de Enron, Unocal y Halliburton, les quedó bien claro que los talibanes y Ossama bin Laden la habían cagado al cometer esos dos atentados terroristas, y Clinton anuló el trato. Así que, mientras los talibanes estuvieran cerca y dieran cobijo a Ossama, el gasoducto no se construiría. ¿Cuál sería la solución?

No vendría mal un nuevo presidente.

72. Comunicado de prensa de Unocal, «Unocal, Delta sign MOU with Gazprom and Turkmenrusgaz for natural gas pipeline project» (13-8-1996).
73. James Astill: «Strike one: In 1998, America destroyed Osama bin Laden's "chemical weapons" factory in Sudan. It turned out that the factory made medicine», *Guardian* (2-10-2001).
74. «Unocal Statement: suspension of activities related to proposed natural gas pipeline across Afghanistan», comunicado de prensa (21-8-1998); «Unocal Statement on withdrawal from the proponed Central Asia Gas (CentGas) pipeline project», comunicado de prensa (10-12-1998).

Clinton no permitiría que Unocal, Halliburton y Enron negociaran con esos terroristas.

Así pues, Enron se convirtió en uno de los mayores donantes de tu campaña para derrocar al tándem Clinton-Gore. Cheney, contratado para elegir a tu vicepresidente, acabó eligiéndose a sí mismo.[75] Luego designó a un grupo de amigos de tu padre para otros cargos importantes y le diste el visto bueno. Finalmente, el Tribunal Supremo te nombró presidente.

Y entonces...

No llevabas ni un mes en el cargo cuando los talibanes llamaron a tu puerta. Todavía querían aquellos miles de millones por autorizar el paso del gasoducto por su territorio. Seis días después de que Cheney crease el Grupo de Trabajo sobre la Energía secreto, el *London Times* publicó que los talibanes hicieron una oferta a la nueva administración: entre otras cosas, estaban dispuestos a echar a Ossama de Afganistán, y así te lo transmitieron.[76] Todos querían una parte del pastel, y resulta que acababas de incorporar a Zalmay Khalilzad, un ex asesor de Unocal, a tu equipo de gobierno. Khalilzad, miembro en la actualidad del Consejo de Seguridad Nacional de Condoleezza Rice, había acudido a una cena organizada para los talibanes durante las reuniones con Unocal en Tejas.[77] En octubre de 1996 declaró a la revista *Time* que los talibanes «no pretenden exportar la revolución ni tampoco son hostiles a Estados Unidos».[78]

Para hacer más atractiva su oferta, los talibanes acababan de apuntarse a la «guerra contra las drogas» de Estados Unidos. Puesto que Afganistán era responsable del 75 % del cultivo de adormideras del mundo (de las que se extrae el principal componente de la heroína), aquello supuso una buena noticia para ti. Los ta-

75. Alison Mitchell: «Bush is reported set to name Cheney as partner on ticket», *New York Times* (25-7-2000).

76. Zahid Hussain: «Taleban offers US deal to deport bin Laden», *London Times* (5-2-2001); Joseph Kahn y David E. Sanger: «President offers plan to promote oil explotation», *New York Times* (30-1-2001); Eric Schmitt: «Cheney assembles formidable team», *New York Times* (3-2- 2001).

77. Joe Stephens y David B. Ottaway: «Afghan roots keep adviser firmly in the inner circle», *Washington Post* (23-11-2001).

78. Christopher Ogden: «Good News/Bad News in the Great Game», *Time* (14-10-1996).

libanes prohibieron el cultivo de adormideras, y después de que una delegación internacional viajara a Afganistán y lo declarara «libre de adormideras», te faltó tiempo para conceder 43 millones de dólares en concepto de ayuda «humanitaria» a ese país devastado. Las organizaciones internacionales se encargarían de distribuir la ayuda, la clase de ayuda que nuestro gobierno casi siempre se había negado a prestar a lugares como Cuba y muchos otros en el pasado. Sin embargo, de repente, los talibanes se habían vuelto «de fiar».[79]

Por supuesto, los talibanes seguían teniendo enormes reservas de heroína almacenadas y continuaron vendiéndola. Si controlas el mercado de una sustancia muy cotizada y reduces la disponibilidad del producto de manera drástica, hasta un empresario fracasado como tú, George, sabe lo que ocurrirá. ¡Los precios se dispararán! Tal y como ha informado la publicación *Foreign Policy in Focus*, eso ocasionó que el precio del kilo de heroína subiera de 44 a 700 dólares. En otras palabras, los talibanes, perversos enemigos de la libertad, se forraron.[80]

Según varios informes, representantes de tu administración se entrevistaron con los talibanes o les transmitieron mensajes durante el verano de 2001. ¿Qué decían esos mensajes, George? ¿Estabas valorando su oferta de entregar a Bin Laden? ¿Los amenazabas con hacer uso de la fuerza, o les hablabas de un gasoducto? ¿Es cierto que tu administración y tú, tal y como sugirió un ex agente de la CIA al *Washington Post*, echasteis a perder la oportunidad de que Bin Laden pasase a estar bajo custodia estadounidense?[81] Sea cual fuere la verdad, las charlas prosiguieron hasta pocos

79. Preston Mendenhall: «Afghanistan's cash crop wilts», MSNBC.com (23-5-2001); Robin Wright: «US pledges $43 million to ease Afghanistan famine», *Los Angeles Times* (18-5-2001).

80. Molly Moore: «Iran fighting a losing drug war; armed villagers struggle to seal Afghanistan border», *Washington Post* (18-7-2001); Jerry Seper: «Cash flow for Taliban eyed as reason for opium surge», *Washington Times* (3-10-2001); «What is the role of drugs/heroin in Afghanistan conflict», *Foreign Policy In Focus* (5-12-2001).

81. Michael Elliot y otros: «They had a plan; long before 9/11, the White House debated taking the fight to al-Qaeda», *Time* (12-8-2002); Chris Mondics: «US courted, castigated Taliban», *The Philadelphia Inquirer* (21-10-2001); George Arney: «US "planned attack on Taleban"», *BBC News* (18-9-2001); David

días antes del 11 de Septiembre. No habría gasoducto. Los talibanes se habían quedado sin el botín, y las empresas que te respaldaban habían perdido millones en los preparativos de ese lucrativo proyecto. ¿Qué sucedería a continuación?

Bueno, ya sabemos qué ocurrió. Dos aviones derribaron el World Trade Center y otro se estrelló en el Pentágono. Un cuarto avión cayó en Pensilvania. Y para proteger nuestra libertad decidiste arrebatarnos algunas de nuestras libertades. Luego atacamos Afganistán y obligamos a los talibanes y a sus colegas de al-Qaeda a salir por piernas..., lo cual era mucho más fácil que atraparlos. La mayoría de los peces gordos escaparon.

Ah, sí, y entregamos Afganistán a Unocal. ¿El nuevo embajador estadounidense en Afganistán? Zalmay Khalilzad, asesor de Unocal y miembro del Consejo de Seguridad Nacional. ¿Y el nuevo líder que los estadounidenses eligieron para Afganistán? Hamid Karzai, que había sido empleado de plantilla de Unocal.[82]

El 27 de diciembre de 2001, Turkmenistán, Afganistán y Pakistán firmaron un acuerdo para la construcción de un gasoducto.[83] Por fin se podrá exportar el gas de la región del mar Caspio y tus amigos estarán más que contentos.

Algo huele mal, George, pero no puede ser el gas natural. El gas natural es inodoro.

Leigh: «Attack and Counter Attack», *Guardian* (26-9-2001); Jonathan Steele y otros: «Threat of US strikes passed to Taliban weeks before NY attack», *Guardian* (22-9-2001); «US tells Taliban: End bin Laden aid», *Chicago Tribune* (3-8-2001); Barton Gellman: «A strategy's cautious evolution», *Washington Post* (20-1-2002); David B. Ottaway y Joe Stephens: «Diplomats met with Taliban on bin Laden; some contend US missed its chance», *The Washington Post* (29-10-2001).

82. Ilene R. Prusher y otros: «Afghan power brokers», *Christian Science Monitor* (10-6-2002).

83. Balia Bukharbayeva: «$5 billion gas pipeline planned in Afghanistan», Associated Press (28-12-2002).

PREGUNTA N.º 7: ¿QUÉ SIGNIFICABA EXACTAMENTE LA CARA QUE PUSISTE EN ESA AULA DE FLORIDA LA MAÑANA DEL 11 DE SEPTIEMBRE CUANDO TU JEFE DE GABINETE TE DIJO QUE «ESTADOS UNIDOS ESTÁ SIENDO ATACADO»?

La tarde del 10 de septiembre viajaste en avión a Florida. Te alojaste en un centro vacacional de lujo en Sarasota, cenaste con tu hermano Jeb y te fuiste a dormir.[84]

Por la mañana saliste a correr al campo de golf y luego te dirigiste a la escuela primaria Broker para leer en voz alta a los niños. Te marchaste del centro turístico entre las 8.30 y las 8.40, unos diez o veinte minutos después de que la Agencia Federal de Aviación se enterase de que había aviones secuestrados en vuelo. Nadie se molestó en comunicártelo.[85]

Llegaste a la escuela después de que el primer avión se hubiera estrellado contra la torre norte en Nueva York. Tres meses después, le contarías a un alumno de tercer curso en una reunión abierta con ciudadanos de Orlando que estabas «sentado fuera de la clase, esperando para entrar, cuando vi el avión chocar contra la torre [...] la tele estaba encendida, claro, y yo fui piloto, así que me dije que aquél era un pésimo piloto. Me dije que debía de haber sido un accidente terrible. Pero me apartaron de allí y no tuve mucho tiempo para pensar en ello...».[86]

Repetiste la misma historia al cabo de un mes en otro coloquio parecido celebrado en California.[87] El único problema es que en

---

84. Tom Bayles: «The day before everything changed, President Bush touched local's lives», *Sarasota Herald-Tribune* (10-9-2002).

85. «Transcript American Airlines Flight 11», *New York Times* (16-10-2001); Dan Balz y Bob Woodward: «America's chaotic road to war», *Washington Post* (27-1-2002); Alan Levin y otros: «Part I: Terror attacks brought drastic decision: clear the skies», *USA Today* (12-8- 2002).

86. «President meets with displaced workers in town hall meeting», trascripción oficial de la Casa Blanca (4-12-2001).

87. «President holds town hall forum on economy en California», trascripción oficial de la Casa Blanca (5-1-2002). En esa ocasión Bush dijo: «Lo primero que vi, al entrar en la clase, fue el avión chocando contra el primer edificio. Había un televisor encendido. Creí que había sido un error del piloto y me pareció in-

realidad no viste al primer avión estrellarse contra la torre: nadie lo vio en directo en la tele ya que esas imágenes no se emitieron hasta el día siguiente.[88] Pero es comprensible, esa mañana todos estábamos confundidos.

Entraste en la clase a eso de las 9.00,[89] y el segundo avión impactó contra la torre sur a las 9.03.[90] Al cabo de unos minutos, mientras escuchabas sentado a los niños, Andrew Card, el jefe de gabinete de la Casa Blanca, entró en el aula y te susurró algo al oído. Al parecer, te comunicó lo del segundo avión y lo de que estábamos «siendo atacados».[91]

Fue en ese preciso instante cuando adoptaste esa expresión, no exactamente distante o perdida, sino paralizada en parte. No transmitía emoción alguna. Y luego... te quedaste allí sentado durante nada menos que siete minutos, sin hacer nada. Fue, cuando menos, extraño. Escalofriante. Permaneciste sentado en la sillita, escuchando a los niños mientras leían en voz alta durante cinco o seis minutos, como si no hubiera pasado nada de nada.[92] No parecías preocupado, no te excusaste y ni tus asesores ni los del servicio secreto te sacaron del aula a toda prisa.

George, ¿en qué estabas pensando? ¿A qué le estabas dando vueltas? ¿QUÉ significaba esa expresión? De todas las preguntas que te he formulado, ésta es la que me tiene más perplejo.

¿Estabas pensando que deberías haberte tomado más en serio los informes que la CIA te había entregado hacía un mes? Te habían comunicado que al-Qaeda planeaba cometer atentados en Estados Unidos y que era posible que utilizasen aviones. Unos informes secretos previos mencionaban la intención de al-Qaeda de

---

creíble que alguien pudiera cometer un error tan terrible. Y al avión le pasaba algo o... En cualquier caso, yo estaba allí sentado...»

88. Stephanie Schorow: «What did Bush see and when did he see it?», *Boston Herald* (22-10-2002).

89. William Langley: «Revealed: What really went on during Bush "missing hours"», *London Telegraph* (16-12-2001).

90. Departamento de Estado de EE.UU: «September 11, 2001: Basic Facts» (15-8-2002).

91. David E. Sanger y Don Van Natta, Jr.: «In four days, a national crisis changes Bush's Presidency», *New York Times* (16-9-2001).

92. Ibídem.

atacar el Pentágono.[93] ¿Te estabas diciendo «¡Gracias a Dios que no han atacado el Pentágono!»?

¿O es que estabas acojonado? Es normal que lo estuvieras, todos lo estábamos. No hay nada de malo en ello, salvo que habías asumido el papel de comandante en jefe, y eso quiere decir que tienes que tomar el mando cuando nos atacan, y no quedarte petrificado en una silla.

O quizás estuvieras pensando: «¡Nunca he querido este trabajo! Se suponía que se lo darían a Jeb; ¡él era el elegido! ¿Por qué yo? ¿Por qué yo, papá?» Eh, lo comprendemos. Y no te culpamos. Parecías un cachorrito perdido que sólo quería volver a casa. De repente, nada era lo que parecía, ya no eras director general/presidente, ahora tendrías que convertirte en guerrero/presidente. Y ya sabemos lo que ocurrió la última vez que tuviste que actuar como militar.

O... tal vez, quizás, estabas sentado en la clase pensando en tus amigos saudíes, tanto los de la realeza como los Bin Laden. Personas que de sobra sabías que no tramaban nada bueno. ¿Empezaría la gente a hacerse preguntas? ¿Se despertarían sospechas? ¿Tendrían los demócratas agallas para investigar las relaciones pasadas de tu familia con los saudíes (¡no, no te preocupes, ni por casualidad!)? ¿Saldrá la verdad a la luz?

Menos de una hora después ibas a bordo de un avión, pero no de regreso a Washington para dirigir la defensa del país y tranquilizar a los ciudadanos asustados, ni siquiera a la cercana Base de la Fuerza Aérea MacDill de Tampa, donde se encuentra el mando central del ejército.[94] No, primero huiste a Luisiana y luego a Nebraska para esconderte bajo tierra.[95] ¡Qué tranquilizador para el resto de la población! Durante las semanas siguientes los tuyos y tú vinisteis con el cuento de que fue por tu seguridad porque tú eras el objetivo de al-Qaeda.

Por supuesto, cualquier tonto de remate sabe que si los aviones secuestrados se utilizan como misiles, lo menos aconsejable es estar

93. Bob Woodward y Dan Eggen: «Aug. memo focused on attacks in US», *Washington Post* (18-5-2002).
94. «Timeline in terrorist attacks on Sept. 11, 2001», *Washington Post* (12-9-2001).
95. Ibídem.

ahí arriba montado en una gigantesca diana volante llamada Air Force One.

Quizás algún día sepamos qué ocurrió de verdad. A mí y a varios millones más nos pareció que estabas cagado de miedo. Y supongo que por la tarde te diste cuenta y comprendiste que lo mejor era volver rápidamente a la Casa Blanca para presentar un aspecto un poco más presidencial.[96] En cuanto tu helicóptero aterrizó en el patio sur, tu «presidencia» se convirtió en algo que nadie se atrevería a cuestionar de nuevo.

Dos noches después, según un artículo de Elsa Walsh publicado en el *New Yorker*, saliste al balcón Truman de la Casa Blanca para relajarte y fumar un puro. Habías pasado cuarenta y ocho horas de infarto y necesitabas un poco de paz y tranquilidad. En aquel momento de intimidad, le pediste a un buen amigo que te hiciera compañía. Cuando llegó a la Casa Blanca os abrazasteis y luego lo condujiste al balcón y le ofreciste una bebida. Los dos encendisteis sendos puros y contemplasteis el monumento a Washington. Le dijiste que «si no logramos que [cualesquiera agentes de al-Qaeda que hubieran participado en los atentados] cooperen, os los entregaremos». Estoy seguro de que te agradeció la oferta. Al fin y al cabo, era tu buen amigo «Bandar Bush», el príncipe de Arabia Saudí.[97]

Mientras el humo de las cenizas todavía se elevaba sobre Manhattan y Arlington, el humo del puro del príncipe saudí formaba volutas en el aire de esa noche templada y agradable de Washington, y tú, George W. Bush, permanecías a su lado.

Éstas son las siete preguntas, George, siete preguntas que creo que deberías responder. Es lo mínimo que se merecen los tres mil muertos y los seres queridos que les han sobrevivido; además, esta nación formada por millones de personas querrá saber la verdad tarde o temprano y te exigirá que aclares lo ocurrido o que te marches.

96. Ibídem.
97. Elsa Walsh: «The Prince: How the Saudi Ambassador became Washington's indispensable operator», *New Yorker* (24-3-2003).

2
EL HOGAR DEL EMBUSTERO

¿Cuál es la peor mentira que puede decir un presidente?

«No he mantenido relaciones sexuales con esa mujer, la señorita Lewinsky.»

O...

«Tiene armas de destrucción masiva, las armas más mortíferas del mundo, que suponen una amenaza directa para Estados Unidos, nuestros ciudadanos y nuestros amigos y aliados.»

Una de estas mentiras llevó a un presidente al borde de la destitución y el procesamiento. La otra mentira no sólo permitió que el embustero que la dijo consiguiese la guerra que pretendía, sino que se tradujo en múltiples oportunidades de negocios para sus amigos y prácticamente le garantiza una victoria aplastante en las próximas elecciones.

No hay duda, nos han mentido con anterioridad. Nos han contado toda clase de mentiras: importantes, insignificantes, mentiras que nos hacían quedar mal ante el resto del mundo. «No soy un sinvergüenza» era una mentira y puso a Richard Nixon de patitas en la calle. «Leedme bien los labios: no subiré los impuestos», más que una mentira fue una promesa incumplida, pero de todos modos le costó la presidencia al primer Bush. «El *ketchup* es un vegetal», aunque no era una mentira en sentido estricto, constituía un buen ejemplo de la visión distorsionada del mundo de la administración Reagan.

Otros presidentes mintieron sobre Vietnam, Corea, los indios, la igualdad de todos ante la ley (lo proclamaban los mismos que tenían esclavos encadenados en el patio trasero)... Nos han contado infinidad de mentiras durante cientos de años. Y cuando los han pillado, han sido castigados, desacreditados o destituidos. A veces.

Quizás el motivo por el que Bush sigue siendo presidente responde al viejo dicho de que si se sostiene una mentira de manera continuada durante mucho tiempo, termina por convertirse en una verdad.

A medida que las mentiras que nos llevaron a la guerra de Irak comenzaron a salir a la superficie y a quedar a la vista de todos, la administración Bush recurrió a la única maniobra defensiva posible: repetir la misma mentira una y otra vez hasta que los estadounidenses cedieran por agotamiento y comenzaran a creérsela.

Sin embargo, nada puede ocultar este hecho irrefutable: no hay peor mentira que la que se dice para asustar a los padres y las madres hasta el punto de incitarlos a enviar a sus hijos a luchar en una guerra innecesaria, *porque jamás hubo una amenaza real*. Hacer creer a los ciudadanos de un país que sus vidas corren peligro sólo para ajustar las cuentas a alguien («¡Intentó matar a mi papá!») o para enriquecer más aún a tus amigos ricos... Bueno, en un mundo más justo, habría una celda especial en la prisión de Joliet reservada para esa clase de embustero.

George W. Bush ha transformado la Casa Blanca en el Hogar del Embustero, soltando una patraña tras otra con el fin de conseguir apoyo para su pequeña guerra sucia. Ha funcionado.

Me gustan los Whopper.* A la parrilla, jugosos, con mucha cebolla, lechuga y un montón de ingredientes secretos. Son grandes, más grandes que los Big Mac. Ni siquiera hay que pedirlo «grande, por favor», porque es ENORME. Sin embargo, sé que los Whopper me perjudican, así que he renunciado a ellos.

A George W. Bush le gustan los bulos. Los suyos son DESCO-MUNALES. Del tamaño de Tejas. Un equipo se encarga de prepararlos y luego él nos los vende. Un bulo tras otro. Grandes y jugosos. ¡Y qué bien entran! Cuanto más bulos se traga la gente, más quieren y más comulgan con las ideas de George. Comienzan a dar crédito a todo cuanto dice porque sus bulos son irresistibles.

Los bulos de Bush se presentan en todos los tamaños, formas y

---

* El término *whopper*, aparte de dar nombre a las conocidas hamburguesas de la cadena Burger King, significa «bulo». *(N. de los T.)*

combinaciones. Permitidme que os presente la sabrosa carta que el Embustero Jefe ha elaborado especialmente para vosotros. Consta de lo que yo llamo «los menús combinados de la Guerra de Irak»:

N.º 1 EL BULO ORIGINAL: «¡IRAK TIENE ARMAS NUCLEARES!»

La mejor manera de asustar a una población es afirmar que anda por ahí un loco suelto que tiene armas nucleares (o está a punto de conseguirlas) y pretende emplearlas contra nosotros.

George W. Bush abonó bien el terreno para darnos un susto de muerte. En el discurso que pronunció en la ONU en septiembre de 2002 Bush afirmó sin inmutarse que «Saddam Hussein se ha burlado de nuestros esfuerzos y continúa desarrollando armas de destrucción masiva. Podríamos estar completamente seguros de que posee armas nucleares *[sic]* cuando, Dios no lo quiera, las utilice».

Poco después, el 7 de octubre, Bush declaró ante una multitud en Cincinnati: «Si el régimen iraquí lograse producir, comprar o robar una cantidad de uranio enriquecido poco mayor que una pelota de béisbol, podría disponer de un arma nuclear en menos de un año [...] Ante estas pruebas evidentes del peligro, no podemos esperar a la prueba final y concluyente que podría llegar en forma de hongo atómico.»

¿Cómo vencer la reticencia inicial de los estadounidenses a emprender una guerra contra Irak? ¡Bastaba con decir «hongo atómico» y... ¡BUM! ¡Las encuestas te favorecían!

Según Bush, aparte de uranio de África, los iraquíes habían «intentado comprar tubos de aluminio reforzado y demás material necesario para las centrifugadoras de gas con las que se enriquece el uranio que se utiliza en armas nucleares».

Aterrador. Y sería mucho peor si fuera cierto. Joseph Wilson, un importante diplomático estadounidense que desde hace veinte años ha desempeñado cargos en África e Irak, viajó a Níger en 2002 en una misión dirigida por la CIA para investigar las afirmaciones británicas de que Irak había intentado comprar uranio a Níger. Llegó a la conclusión de que las acusaciones eran falsas. Más tarde declaró:

Basándome en mi experiencia con la administración durante los meses previos a la guerra, no me queda más remedio que admitir que parte de la información relativa al programa de armas nucleares de Irak se tergiversó para exagerar la amenaza [...] [La CIA] me pidió que fuera a Níger a comprobar la noticia [...] Regresé a Washington a principios de marzo y entregué a la CIA un informe detallado [...] Deben de existir al menos cuatro documentos en los archivos del gobierno de Estados Unidos que confirman mi misión.

(En julio de 2003 Wilson dijo: «Todo se reduce a una tergiversación por parte de la administración de un asunto que se esgrimía como justificación fundamental para iniciar la guerra. Esto nos lleva a preguntarnos: **¿qué otras mentiras nos han contado?**»)

La Casa Blanca hizo caso omiso del informe de Wilson y se mantuvo en sus trece. Al ver que la administración se empeñaba en sostener esa patraña, un agente de inteligencia, según el *New York Times*, comentó: «La gente se escamó y pensó "¿por qué repiten esas estupideces?"»

Habían hecho tal chapuza al falsificar los documentos de Níger que el ministro de Asuntos Exteriores de aquel país que supuestamente había firmado uno de ellos ya no estaba en el gobierno; de hecho, aunque los mentirosos británicos o estadounidenses que se inventaron todo aquello no lo supieran, había dejado el cargo hacía más de una década.

El «descubrimiento» de los tubos de aluminio también resultó ser una amenaza ficticia. El 27 de enero de 2003, un día antes de que Bush pronunciara el discurso del Estado de la Unión, el director del Organismo Internacional de Energía Atómica, Mohamed el-Baradei, explicó al Consejo de Seguridad de la ONU que las inspecciones realizadas en Irak durante dos meses no habían aportado ninguna prueba sobre las posibles actividades prohibidas en las antiguas instalaciones nucleares iraquíes. Además, según declaró el-Baradei, los tubos de aluminio «a no ser que se modificaran, no resultarían apropiados para fabricar centrifugadoras».

Según informes del *Washington Post*, *Newsweek* y otras publicaciones, agentes británicos y estadounidenses ya habían puesto en tela de juicio la afirmación de que esos tubos podrían emplearse en la producción de armas nucleares. Los inspectores de la ONU reconocieron haber encontrado indicios de que Irak planeaba utilizar los tubos para fabricar misiles pequeños, no armas nucleares. Y los iraquíes no habían intentado comprar el material en secreto; su orden de compra se podía consultar en Internet.

Sin embargo, el señor Bush no permitió que la realidad estropease su aguerrido discurso sobre el Estado de la Nación dirigido a casi sesenta y dos millones de telespectadores el 28 de enero de 2003: «Saddam Hussein compró hace poco importantes cantidades de uranio a África (afirmó). Imaginad que esos diecinueve piratas aéreos hubiesen tenido otras armas y otros planes..., esta vez armados por Saddam Hussein. Bastaría que un frasco, un bote o un cajón de embalaje entraran en el país para que se produjera una tragedia impensable. Haremos todo cuanto esté en nuestras manos para evitar que eso suceda.»

El 16 de marzo, el copresidente Dick Cheney apareció en el programa *Meet the Press* y contó al país que Hussein «se ha esforzado lo indecible por adquirir armas nucleares. **De hecho,** creemos que **ha reconstituido sus armas nucleares**».

Al cabo de tres días comenzó la guerra.

Durante la primavera y el verano de 2003 llovieron tantas críticas sobre la administración por respaldar con mentiras sus tesis sobre la capacidad nuclear de Irak que al presidente Bush le fue imposible seguir haciendo oídos sordos y eludiendo las preguntas con arranques de mal genio. Primero intentó echarle el muerto al director de la CIA, George Tenet. «La [CIA] aprobó el discurso del presidente sobre el Estado de la Unión antes de que lo pronunciara (tuvo que decir Tenet en julio). Soy responsable del proceso de aprobación de la agencia. Y... el presidente tenía motivos sobrados para considerar que el texto que se le presentaba tenía una base sólida. Esas dieciséis palabras [relativas al uranio africano] no deberían haberse incluido en el texto redactado para el presidente.» Sin embargo, luego aparecieron los memorandos de octubre que demostraban que la CIA había recomendado a la Casa Blanca que no afirmase tamaña falsedad. Si bien la Casa Blanca siguió el consejo al principio, luego lo pasó por alto en numerosas ocasiones, sobre todo en el discurso sobre el Estado de la Unión. El siguiente cabeza de turco fue Stephen Hadley, ayudante de Condoleezza Rice, quien declaró que él había juzgado correcto el lenguaje que Bush había empleado en el discurso de enero. Aquello resultaba tan poco creíble que finalmente Bush, en una rueda de prensa insólita convocada el 30 de julio, reconoció que él era el único responsable de las palabras que salían de su boca. El mero hecho de que esa aclaración fuese necesaria debería hacer que todo el país se preguntase si ese tipo debería ser el líder del mundo libre o estar preparando Whoppers en el Burger King de Waco.

N.º 2 BULO CON QUESO: «¡IRAK POSEE ARMAS QUÍMICAS Y BIOLÓGICAS!»

En el discurso que pronunció en Cincinnati el 7 de octubre de 2002, George W. Bush nos agasajó con esta trola calentita: «Hay quienes se preguntan si este peligro para Estados Unidos y el mundo es inminente. Se trata de un peligro considerable que se agrava con el paso del tiempo. Si sabemos que Saddam Hussein posee armas peligrosas ahora (y en efecto, sabemos que las posee), ¿tiene sentido que el mundo espere para enfrentarse a él mientras se vuelve más poderoso y desarrolla armas incluso más peligrosas?» Luego, al cabo de unos meses, Bush añadió el queso: «Nuestras fuentes nos indican que Saddam Hussein ha autorizado recientemente a los comandantes iraquíes el uso de armas químicas, las mismas armas que el dictador asegura no tener.»

¿Quién no querría bombardear al cabrón de Saddam después de oír eso? Entonces Colin Powell, el secretario de Estado, fue más allá y declaró que los iraquíes no sólo estaban elaborando armas químicas, ¡sino que lo hacían sobre ruedas!

«Uno de los aspectos más preocupantes que se desprenden de la lectura del grueso informe que tenemos sobre las armas biológicas de Irak es la existencia de laboratorios móviles donde se producen agentes biológicos —dijo Powell a la ONU—. Sabemos que Irak dispone al menos de siete fábricas móviles de agentes biológicos.»

Luego entró en tantos detalles que... ¡tenía que ser verdad!

[...] En las afueras de Bagdad, una brigada estaba dispersando lanzacohetes y ojivas que contenían agentes de guerra biológica [...] La mayoría de los lanzacohetes y ojivas estaban ocultos en palmerales y se había dispuesto que los cambiaran de sitio cada semana o cada mes para evitar que los descubrieran.

Según nuestros cálculos más conservadores, en Irak hay entre 100 y 500 toneladas de agentes de armas químicas almacenadas, lo suficiente para cargar 16.000 misiles tácticos.

Sin embargo, tras invadir Irak, el ejército de Estados Unidos no encontró ni uno solo de esos «laboratorios móviles». Al fin y al cabo, entre tantos palmerales, ¿cómo iba alguien a dar con ellos? Tampoco encontramos armas químicas o biológicas, aunque el 30 de marzo de 2003 el secretario de Defensa, Donald Rumsfeld, proclamó en *This Week*, de ABC: «Sabemos dónde están. Están en los alrededores de Tikrit y Bagdad y un poco al este, al oeste, al sur y al norte.» Ah, vale, ha quedado claro. ¡Ahora sí las encontraremos! ¡Gracias, señor Sombrerero Loco!

Finalmente, el 5 de junio de 2003, George W. Bush anunció: «Hemos localizado dos instalaciones móviles para armas biológicas, capaces de producir agentes biológicos. Éste es el hombre que se ha pasado décadas ocultando armas de destrucción masiva. Él sabía que los inspectores las buscarían.»

Ese bulo duró cosa de un día. Una investigación británica sobre los «dos camiones» hallados en el norte de Irak reveló que «no son laboratorios móviles destinados a la elaboración de armas biológicas, como aseguraban Tony Blair y George Bush, sino que su objetivo era producir hidrógeno para los globos sonda de artillería, tal y como han insistido los iraquíes».

Eso era todo. ¡Depósitos para inflar globos! ¡Armas de destrucción global! A los comandantes estadounidenses les resultó, cuando menos, vergonzoso. El teniente general James Conway, comandante del Primer Cuerpo Expedicionario de Marines en Irak, dijo: «Me sorprendió entonces, y me sigue sorprendiendo, que no encontráramos armas en algunas de las áreas de dispersión de vanguardia [...] Y no fue porque no lo intentáramos [...] Hemos estado en casi todos los puntos de suministro de munición entre la frontera kuwaití y Bagdad, pero no las hemos encontrado.»

Nunca hubo armas biológicas ni químicas, salvo las que entregaste a Saddam en la década de los ochenta, las mismas con las que masacró a kurdos e iraníes después de que le facilitáramos las imágenes de satélite que mostraban los movimientos de las fuerzas enemigas. Sabíamos para qué quería esas imágenes, y no había transcurrido un año desde que la ONU acusara a Saddam de gasear a los iraníes cuando restablecimos las relaciones diplomáticas con su régimen.

Sólo si se analiza un poco ese bulo caemos en la cuenta de que, sí, ese tipo tuvo armas de destrucción masiva en un momento dado..., cortesía de Estados Unidos y sus aliados. Ésta es una lista del Informe del Senado de 1994 donde se enumeran los agentes químicos que las empresas estadounidenses vendieron libremente a Saddam Hussein entre 1985 y 1990:

- *Bacillus anthracis:* El carbunco o ántrax es una enfermedad infecciosa, a menudo mortal, causada por la ingestión de esporas. Comienza de manera abrupta en forma de fiebre, problemas respiratorios y dolores en el pecho. La enfermedad puede traducirse en una septicemia, y su índice de mortalidad es elevado. Cuando la septicemia está muy extendida es probable que los antibióticos no surtan efecto, seguramente porque las exotoxinas siguen presentes aunque las bacterias hayan muerto.
- *Clostridium botulinum:* Fuente bacteriana de la toxina botulínica, que ocasiona vómitos, estreñimiento, sed, debilidad general, dolor de cabeza, fiebre, mareos, visión nublada, dilatación de las pupilas y parálisis de los músculos de la deglución. Suele ser mortal.
- *Histoplasma capsulatum:* Causa una enfermedad parecida a la tuberculosis y que puede provocar neumonía, inflamación del hígado y del bazo, anemia, un malestar similar a la gripe y una grave inflamación cutánea caracterizada por unos nódulos rojos y blandos, normalmente en la espinilla. La reactivación de la infección suele afectar a los pulmones, el cerebro, las meninges espinales, el corazón, el peritoneo y las glándulas suprarrenales.
- *Brucella melitensis:* Bacteria que puede causar fatiga crónica, pérdida de apetito, sudoración profusa en reposo, dolor en las

articulaciones y músculos, insomnio, náuseas y daños a los principales órganos.

- *Clostridium perfringens:* Bacteria sumamente tóxica que provoca gangrena gaseosa. La bacteria produce toxinas que se desplazan por los musculos, matando las células, de lo que resultan tejidos necróticos que a su vez favorecen el desarrollo de la bacteria. Finalmente, las toxinas y la bacteria entran en el torrente sanguíneo y ocasionan una sepsis.

Además, se enviaron varias remesas de *Escherichia coli (E. coli)* y materiales genéticos, así como ADN bacterial y humano, a la Comisión de Energía Atómica de Irak.

Los informes sobre las ventas corporativas de material biológico de Estados Unidos a Irak antes de 1985 no se encontraban «disponibles». El informe del Senado también apuntaba que «esos agentes biológicos exportados no estaban atenuados y conservaban su capacidad reproductora». Los dos primeros, el carbunco y la toxina botulínica, constituían la piedra angular del programa de armas biológicas de Irak, gracias a la inestimable ayuda de Estados Unidos.

Tal y como William Blum escribió en *The Progressive*: «El informe también señalaba que entre los productos que Estados Unidos exportaba a Irak figuraban los precursores de las armas químicas, planos de instalaciones destinadas a la producción de agentes de guerra química y biológica y material químico para ojivas.»

Existen muchos otros agentes biológicos que pueden emplearse en este tipo de armas y que se despacharon a Irak durante la década de 1980, como aparece consignado en el informe del Senado de 1994 y en documentos de los Centros para el Control de Enfermedades.

Estos productos procedían de empresas estadounidenses y se enviaron con la autorización del gobierno de Washington durante los mandatos de Reagan y Bush. Entre las empresas figuran American Type Culture Collection, Alcolac Internacional, Matrix-Churchill Corp., Sullaire Corp., Pure Aire y Gorman-Rupp.

Las compañías estadounidenses también se encargaron de mandar a Irak tecnologías de «uso dual» como ordenadores de gran potencia, dispositivos láser y otros aparatos fundamentales para la construcción de armas nucleares y sus componentes. Tal y como informó *L.A. Weekly* en 2003, las sesiones del Senado y los informes gubernamentales revelan que entre esas empresas se contaban las siguientes:

- **Hewlett-Packard.** Cooperó con Irak entre 1985 y 1990 y suministró ordenadores a un brazo del gobierno iraquí que trabajaba en programas nucleares y de misiles Scud. HP también envió ordenadores a dos organismos gubernamentales que supervisaban los programas de armas químicas y nucleares. Otras ventas incluían componentes para radares y dispositivos criptográficos.
- **AT&T.** En 2000 se le pagó para que optimizase los productos de otra empresa, Huawei. Entre 2000 y 2001, Irak contrató los servicios de Huawei para que modernizase sus sistemas de defensa aérea.
- **Bechtel.** Entre 1988 y 1990 ayudó a los iraquíes a construir una planta petroquímica gigantesca, en estrecha colaboración con una empresa iraquí conocida por sus tratos con los militares.
- **Caterpillar.** Echó una mano en la elaboración del programa nuclear iraquí en la década de 1980 vendiendo a Irak tractores por valor de 10 millones de dólares.
- **DuPont.** En 1989 proporcionó a Irak aceite sintético especial para su programa nuclear por valor de 30.000 dólares.
- **Kodak.** También en 1989 obtuvo 172.000 dólares por la venta de material que se utilizó en los programas de misiles de Irak.
- **Hughes Helicopter.** Vendió sesenta helicópteros a Irak en 1983, que los iraquíes modificaron para uso militar.

En total, entre 1985 y 1990, el Departamento de Comercio aprobó la venta de tecnología de uso dual por valor de 1.500 millones de dólares, desde componentes biológicos y químicos hasta ordenadores y aparatos para sistemas de armas nucleares y convencionales. En ese mismo periodo, también se enviaron a Irak aviones, helicópteros y piezas de repuesto que costaban en total 308 millones de dólares.

Sin embargo, Estados Unidos no sólo estaba entregando a Saddam Hussein las llaves de las armas nucleares, biológicas y químicas, sino que la Casa Blanca de Reagan/Bush también se esforzaba por conceder más poderío militar al dictador iraquí.

En agosto de 2002 varios militares de alto rango revelaron al *New York Times* que la ayuda de Estados Unidos había sido incluso mayor. Nuestros chicos de Washington pensaron que era una gran idea facilitar información secreta y consejos tácticos a los iraquíes en la guerra contra los iraníes, pese a que sabían perfectamente que Irak había empleado y seguiría empleando armas químicas en esos enfrentamientos.

La administración había decidido que no convenía que Irak perdiese la guerra contra Irán, por lo que haría todo lo posible, dentro de la «legalidad», para asegurarse de que el loco de Saddam Hussein saliese victorioso. Reagan llegó incluso a firmar una directiva de seguridad nacional para respaldar esta promesa.

En una declaración jurada de 1995, el coautor de la directiva y miembro del Consejo de Seguridad Nacional de Reagan, Howard Teicher, dio a conocer más detalles sobre la participación estadounidense:

> El director de la CIA, Casey, encabezó personalmente la campaña para garantizar que Irak contara con armas militares, munición y vehículos suficientes para no perder la guerra con Irán. De acuerdo con la directiva de Seguridad Nacional, Estados Unidos prestó apoyo a Irak de manera activa en la guerra suministrando a los iraquíes miles de millones de dólares en forma de crédito, información y asesoramiento militares y controlando minuciosamente las ventas de armas de terceros países a Irak para asegurar que contara con el armamento militar necesario.

Una de esas «ventas de armas de terceros países» resulta especialmente interesante. No salimos de nuestro asombro cuando se supo que nuestros buenos y despóticos amigos saudíes habían trasladado «por error» a Irak 300 bombas MK-84, de 900 kilos de peso y fabricación estadounidense. Sin embargo, en la mayor parte de los casos los hombres de Reagan fueron lo bastante hábiles como para pasar las armas por otros países sin que los descubriesen.

Pero no fueron los únicos que participaron en aquello. Reagan y Bush I decidieron ensuciarse las manos en persona. Según la declaración jurada de Teicher:

En 1986 el presidente Reagan envió un mensaje secreto a Saddam Hussein en el que lo instaba a intensificar la guerra aérea y el bombardeo de Irán. **El vicepresidente Bush comunicó el mensaje** al presidente egipcio Mubarak, quien a su vez se lo transmitió a Saddam Hussein.

La administración Reagan no se inmutó lo más mínimo, ni siquiera después de que Saddam utilizara las armas de destrucción masiva para gasear a su propio pueblo, una atrocidad que en la actualidad condenan una y otra vez Bush y sus colegas, una década y media demasiado tarde. El Congreso de Estados Unidos intentó imponer sanciones al país de Saddam, pero la Casa Blanca desechó la idea. ¿Sus motivos? Según los documentos desclasificados del Departamento de Estado, las sanciones económicas reducirían las probabilidades de que Estados Unidos consiguiera contratos para la «reconstrucción masiva de la posguerra» una vez que la guerra Irán-Irak finalmente acabase.

¿Armas de destrucción masiva? Oh, sí, las tuvo en otro tiempo. Para comprobarlo nos bastaba con echar un vistazo a los recibos y contar el dinero a medida que se acumulaba en la cuenta bancaria de los patrocinadores de las campañas de Reagan y Bush.

N.º 3 BULO CON BEICON: «¡IRAK TIENE RELACIONES CON OSSAMA BIN LADEN Y AL-QAEDA!»

Como si tener la bomba atómica, el gas nervioso y la peste bubónica en una botella no fuese suficiente, de repente Saddam Hussein estaba confabulado con la mismísima Madre de Todos los Terroristas, ¡Ossama bin Laden! Estoy seguro de que no fui el único que, al oír eso, pensó: «Este tal Saddam debe de ser lo peor que hay. ¿Cuándo nos desharemos de él?»

Escasas horas después de los atentados del 11 de Septiembre, el secretario de Defensa, Donald Rumsfeld, ya había dilucidado quién era el responsable o, al menos, a quién quería castigar. Según CBS

News, Rumsfeld, que quería recabar la máxima información posible sobre los atentados, indicó a su equipo de investigación que fuera «a por todas... Hay que remover cielo y tierra y reunir hasta el último dato, aunque no parezca estar relacionado con el caso». Los servicios de inteligencia ya le habían apuntado la posibilidad de que el culpable fuera Ossama, pero quería más detalles porque tenía otros objetivos en mente. Necesitaba información «lo bastante buena para atacar también a S. H. [Saddam Hussein], no sólo a O. B. L.».

Yo digo Ossama, tú dices Ossama..., y en cuanto Rumsfeld dice la palabra mágica «Saddam», el dictador iraquí pasa a estar en boca de todo el mundo. El general retirado Wesley Clark ha dicho que recibió varias llamadas el 11 de Septiembre y durante las semanas posteriores a los atentados de miembros de «gabinetes estratégicos» y de la Casa Blanca que le pedían que se valiese de su cargo como experto de la cadena CNN para «relacionar» el 11 de Septiembre con Saddam Hussein. Contestó que lo haría si alguien le presentaba las pruebas. Eso no ocurrió.

En otoño de 2002, durante la escalada hacia la guerra, Bush y los miembros de la administración continuaron repitiendo esa afirmación, sin entrar en detalles (también llamados «hechos»), para que la gente la entendiese fácilmente y la recordara. Bush recorrió el país, deteniéndose para participar en los mítines de los candidatos republicanos y de paso grabar a fuego en las mentes de los estadounidenses el inexistente vínculo entre Saddam y Ossama. Vale la pena repasar una semana que pasó soltando una mentira tras otra:

«[Saddam] es una persona que no soporta Estados Unidos. Es una persona que ha tenido tratos con al-Qaeda.»
George W. Bush, Alamogordo, Nuevo México, 28 de octubre de 2002.

«Es una amenaza para Estados Unidos y para nuestros amigos. Es más que una amenaza porque ahora sabemos que, de nuevo, está ansioso por desarrollar un arma nuclear. Tiene lazos con al-Qaeda.»
George W. Bush, Denver, Colorado, 28 de octubre de 2002.

«Es un hombre que no soporta lo que nosotros defendemos. Detesta, al igual que al-Qaeda, el hecho de que amemos la libertad. Es algo que no soportan. Estamos hablando de un tipo que se ha relacionado con misteriosas redes terroristas.»

George W. Bush, Aberdeen, Dakota del Sur, 31 de octubre de 2002.

«Ésa es la naturaleza de este hombre. Sabemos que ha mantenido contactos con al-Qaeda.»

George W. Bush, Portsmouth, Nueva Hampshire, 1 de noviembre de 2002.

«Sabemos que se ha relacionado con al-Qaeda.»

George W. Bush, Tampa, Florida, 2 de noviembre de 2002.

«Se trata de un hombre que ha mantenido contactos con al-Qaeda. Es un hombre que representa muchas amenazas: es de esos tipos a los que les gustaría más que nada entrenar a los terroristas y suministrar armas a los terroristas para que atacasen a su peor enemigo sin dejar huella. Este tipo supone una amenaza para el mundo.»

George W. Bush, St. Paul, Minnesota, 3 de noviembre de 2002.

«Es un hombre que no soporta Estados Unidos ni nuestros valores. Es un hombre que odia a algunos de nuestros mejores aliados. Es un hombre que ha mantenido contactos con al-Qaeda.»

George W. Bush, San Luis, Misuri, 4 de noviembre de 2002.

«Así es el tipo al que nos enfrentamos. Es un hombre que odia Estados Unidos, a nuestros amigos y no soporta nuestros valores. Ha mantenido contactos con al-Qaeda.»

George W. Bush, Bentonville, Arkansas, 4 de noviembre de 2002.

«Es un hombre que no soporta Estados Unidos, que no soporta nuestros valores, no soporta a nuestros mejores amigos y aliados. Tiene vínculos con al-Qaeda.»
George W. Bush, Dallas, Tejas, 4 de noviembre de 2002.

Por si acaso no habíamos captado el mensaje, Bush siguió machacando el tema en el discurso sobre el Estado de la Unión el 28 de enero de 2003: «Pruebas procedentes de nuestros servicios de inteligencia, comunicaciones secretas y confesiones de personas detenidas revelan que Saddam Hussein ayuda y protege a los terroristas, entre ellos a miembros de al-Qaeda.»

Inmediatamente después del discurso, una encuesta en línea de CBS reveló que el apoyo popular a una intervención militar estadounidense en Irak había aumentado.

Al cabo de una semana, el 5 de febrero, el secretario de Estado, Colin Powell, se hizo eco de las afirmaciones de Bush en un largo discurso pronunciado ante el Consejo de Seguridad de la ONU. Tras reiterar una y otra vez que los iraquíes no habían cooperado con los inspectores de armas, se refirió a la relación entre Saddam y Ossama: «Hoy quisiera hacer hincapié en el nexo potencialmente siniestro entre Irak y la red de al-Qaeda, un nexo que combina las organizaciones terroristas clásicas y los métodos de asesinato más modernos.»

Sin embargo, la enjundia de las «pruebas» de la administración había comenzado a ponerse rancia. Durante la primera semana de febrero, un informe de la inteligencia británica filtrado a la BBC aseveraba que no existían contactos entre Saddam y Ossama. Los dos malhechores habían intentado entablar amistad en el pasado, pero había pasado lo mismo que suele suceder en las citas a ciegas... Se acabaron odiando. Según el informe, «los objetivos [de Bin Laden] son incompatibles ideológicamente con el Irak de hoy».

Además, el lugar donde, según Bush y su equipo, Saddam había permitido que al-Qaeda instalase su fábrica de explosivos y veneno, estaba ubicado en el norte de Irak, una zona bajo control kurdo patrullada por aviones de combate estadounidenses y británicos desde principios de los noventa. El norte de Irak escapaba al dominio de Saddam, pero no al nuestro. De hecho, la base pertenecía a Ansar al-Islam, un grupo militante fundamentalista cuyo líder había tachado de «enemigo» a Saddam. Un grupo numeroso de corresponsales internacionales recorrió la base y comprobó que allí no se fabricaban armas.

Sin embargo, eso daba igual. El presidente lo había dicho... ¡Tenía que ser cierto! Sí, la mentira había funcionado tan bien que durante los meses previos a la guerra en Irak las encuestas pusieron de manifiesto que la mitad de los estadounidenses creía que Saddam estaba relacionado con la red de Ossama bin Laden. Incluso antes de que Bush pronunciara el discurso sobre el Estado de la Unión en 2003 y Powell presentara a la ONU la «prueba» de la relación entre Saddam y Ossama, un sondeo de Knight-Ridder reveló que la mitad de los encuestados creía, erróneamente, que uno o más de los secuestradores del 11 de Septiembre eran ciudadanos iraquíes. Bush ni siquiera tuvo que decirlo.

La administración del pequeño George había logrado que colara una de las mayores mentiras de todos los tiempos, consiguiendo que los estadounidenses confundieran a Saddam con Ossama. En cuanto has convencido a los ciudadanos de que Saddam tuvo que ver con el asesinato de unas tres mil personas en suelo americano, bueno, aunque la falacia de las armas de destrucción masiva no surtiera efecto, eso ha bastado para que ondearan las banderas y los soldados liasen el petate para partir.

Por supuesto, el problema de esa mentira, aparte de que es una invención cínica y premeditada, estriba en que Ossama bin Laden considera que Saddam es un infiel. Hussein cometió el pecado de establecer un régimen secular en lugar de un Estado musulmán gobernado por clérigos musulmanes fanáticos. Bajo el mandato de Saddam en Bagdad había iglesias, mezquitas y, sí, incluso una sinagoga. Hussein había perseguido y asesinado a miles de chiíes en Irak porque representaban un obstáculo para su gobierno laico.

De hecho, el principal motivo por el que Saddam y Ossama no se llevan bien es el mismo por el que los Bush dejaron de llevarse bien con Saddam: la invasión de Kuwait. Bush y compañía estaban cabreados porque Saddam amenazaba la seguridad de nuestro petróleo en el Golfo, y Ossama estaba cabreado porque eso trajo consigo la llegada de soldados estadounidenses a Arabia Saudí y tierras sagradas musulmanas. ¡Ése es el principal problema que Bin Laden tiene con nosotros... y todo por culpa de Saddam!

Saddam y Ossama eran enemigos acérrimos, incapaces de dejar a un lado su odio mutuo, ni siquiera para unirse y derrotar a Estados Unidos. Vaya, para negarse a combinar sus fuerzas frente a Bush, el Gran Satán... ¡tenían que caerse realmente gordos!

N.º 4 BULO CON MUCHOS PEPINILLOS Y CEBOLLA: «¡SADDAM HUSSEIN ES EL HOMBRE MÁS MALVADO DEL MUNDO!»

Vale, era malo. Muy malo. Gaseó a los kurdos, gaseó a los iraníes, torturó a los chiíes, torturó a los sunníes, torturó a infinidad de personas más y, desde que se impusieron las sanciones contra Irak, dejó que su pueblo se muriera de hambre y sufriera todo tipo de privaciones mientras acumulaba dinero y se aseguraba de que sus múltiples palacios estuvieran bien abastecidos (incluso mandó construir un zoo privado para sus hijos adultos chiflados).

Todo esto es monstruoso, y el mundo hizo bien al condenarlo y respaldar a los iraquíes que querían derrocarlo.

Sin embargo, a Estados Unidos nunca le importó en absoluto lo mal que trataba Saddam el dictador a su pueblo. Eso nunca nos preocupa. ¡De hecho, nos gustan los dictadores! Nos ayudan a conseguir lo que queremos y se encargan de que sus países queden supeditados a nuestros intereses empresariales globales.

Contamos con un largo y orgulloso historial de casos en los que hemos apoyado y mantenido en el poder a locos, con la única condición de que sus regímenes nos ayudaran a gobernar el mundo. Por supuesto, están nuestros colegas los saudíes y Saddam, y luego hay muchos otros lugares donde hemos hecho de las nuestras:

- **Camboya.** Tras extender en secreto la guerra de Vietnam a Camboya a finales de los sesenta y contemplar cómo un país ya diezmado caía en las manos de Pol Pot y los jemeres rojos, Estados Unidos decidió apoyar a ese chiflado, sencillamente porque se oponía a los comunistas vietnamitas, que acababan de derrotar a la todopoderosa América. Luego tomó las riendas y exterminó a millones de camboyanos.
- **El Congo/Zaire.** La CIA se cameló rápidamente a Mobutu

Sese Seko, lo que desencadenó años de violencia espantosa que aún no se ha extinguido. Temeroso del líder nacionalista Patrice Lumumba, Washington ayudó a instalar en el poder a Mobutu, supervisó el asesinato de Lumumba y luego ayudó a aplastar los consiguientes levantamientos. Mobutu se hizo con el control, prohibió las actividades políticas, mandó asesinar a personas y gobernó hasta 1990, apoyado incondicionalmente por Estados Unidos (y, sí, también por los viles franceses). Con la aprobación de varios gobiernos estadounidenses consecutivos se aprovechó de las crisis de los países africanos vecinos.

- **Brasil.** El presidente Joaõ Goulart, de tendencias izquierdistas y elegido democráticamente, no era lo que Washington quería para el país más grande de Suramérica. Pese a que manifestó su solidaridad con Estados Unidos durante la crisis de los misiles de Cuba, Goulart tenía los días contados. Washington, que prefería un gobierno autoritario amigo a una democracia, promovió un golpe de Estado en Brasil, lo que se tradujo en quince años de terror, torturas y asesinatos.

- **Indonesia.** El archipiélago del sureste asiático, uno de los aliados favoritos de Estados Unidos, está gobernado, casualmente, por un régimen represivo. En 1965 otro presidente elegido democráticamente fue derribado con la ayuda del gobierno estadounidense, que instauró en su lugar otra dictadura militar. El general Suharto encabezó un gobierno de línea dura que gobernó el país durante tres décadas. Medio millón de personas murieron asesinadas durante los primeros años de dictadura, lo que no impidió que Estados Unidos diese su visto bueno, por anticipado, a la anexión ilegal de Timor Oriental por parte de Indonesia en los años setenta. Otras doscientas mil personas perdieron la vida allí.

Por supuesto, existen muchos otros ejemplos, desde dictadores a quienes hemos apoyado hasta gobiernos elegidos en las urnas a los que hemos sumido en el caos o derrocado directamente (Guatemala e Irán en los años cincuenta y Chile en la década de los setenta son otros ejemplos de cómo nos gusta demostrar nuestro amor por la libertad, ayudando a derrocar a dirigentes elegidos por los ciudadanos).

En la actualidad China es nuestra dictadura preferida. Allí, el gobierno impone límites severos a los medios de comunicación, Internet, los derechos de los trabajadores, la libertad religiosa y cualquier manifestación de pensamiento independiente. Si a eso sumamos un sistema judicial al que no le interesa saber lo que es un estado de derecho y se halla envuelto en la mayor de las corrupciones, China es el lugar idóneo para que las empresas estadounidenses hagan negocio. Hay más de 800 restaurantes Kentucky Fried Chicken, 400 McDonald's y 100 Pizza Hut. Dentro de poco Kodak monopolizará las ventas de carretes.

Las numerosas empresas que se han establecido allí no sólo tratan de vender sus productos a los chinos. El desequilibrio de la balanza comercial entre China y Estados Unidos, de 103.000 millones de dólares, es el más grande que ha existido jamás entre dos países. Nuestras importaciones son seis veces mayores que nuestras exportaciones; sólo Wal-Mart importa productos chinos por valor de 12.000 millones de dólares, lo que convierte a la empresa All Sino-American en uno de los principales socios comerciales de China..., por delante de Rusia y Gran Bretaña.

Hay muchas otras empresas que se aprovechan de la mano de obra barata controlada por el gobierno en China, desde General Motors hasta Boeing... Vaya, no hay más que desmontar el televisor o quitarse los calzoncillos, ¡mira la etiqueta! Y al tiempo que China se forra con las exportaciones y las empresas estadounidenses se forran con las elevadas ganancias, la economía estadounidense se tambalea y los chinos, bueno, se limitan a esperar a que los furgones de la muerte del gobierno doblen la esquina, los detengan y acaben con su sufrimiento.

Si el criterio para invadir otro país es «liberar al pueblo de un régimen opresivo» entonces será mejor que establezcamos cuanto antes un servicio militar obligatorio para todos los hombres y mujeres mayores de dieciocho años porque, por Dios, ¡no daremos abasto! Puesto que ya hemos invadido Irak para «liberar a los iraquíes», podríamos hacer lo mismo con otros países que hemos jodido bien jodidos. Después podríamos regresar a Afganistán, luego a Birmania, Perú, Colombia, Sierra Leona y acabar en algún lugar que al menos suene bien, como Costa de Marfil.

Antes de la guerra de Irak, cuando los ciudadanos estaban sometidos a un incesante bombardeo de mentiras, la idea de «liberar a los iraquíes» se mencionaba como de pasada. En esos días nunca se esgrimía como una de las principales justificaciones para lanzar el ataque. ¿Por qué? Resulta obvio que a quienes eligen en qué guerras nos embarcamos no les preocupa demasiado liberar a los pueblos oprimidos... Si les preocupara, estaríamos dándonos de hostias con medio mundo. No, se refieren a «nuestra seguridad» y, sobre todo, a «nuestros intereses». Y todos sabemos que «nuestros intereses» significa nuestro bienestar, no el de los demás. No compartimos la riqueza, ya sea monetaria o ideológica; nos limitamos a barrer para casa y darnos la buena vida. Salta a la vista, y las pruebas están por todas partes, desde las medidas para impulsar a los beneficiarios de ayudas sociales a trabajar hasta la explotación de la mano de obra barata pasando por nuestra legendaria simpatía hacia los dictadores y nuestra negativa a condonar la deuda del tercer mundo. Lo de la liberación suena bien, pero no vale la pena morir por ella y, desde luego, no vale ni uno de nuestros dólares. ¿Gasolina barata, ropa barata, teles baratas? Claro... ¡eso sí que sí!

Hasta Paul Wolfowitz, asesor de Bush y belicista profesional, confesó la verdad, como muestra esta trascripción del Departamento de Defensa de una entrevista que *Vanity Fair* publicó en mayo de 2003:

> La verdad es que, por razones burocráticas, adujimos como justificación principal un asunto con el que todos estarían de acuerdo: las armas de destrucción masiva [...] A la gente siempre le han preocupado tres temas fundamentales: las armas de destrucción masiva, el apoyo al terrorismo y el trato criminal que sufre el pueblo iraquí. Supongo que, de hecho, podría decirse que hay una cuarta cuestión más importante: la relación entre las dos primeras [...]
>
> La tercera, como ya he dicho, es la intención de ayudar a los iraquíes, pero no es razón suficiente para arriesgar las vidas de los jóvenes estadounidenses, desde luego no en la medida en que lo hemos hecho.

¿No ha valido la pena? Entonces ¿por qué lo hicimos?

Por supuesto, Wolfowitz se había salido del guión. Cuando no se encontraron armas de destrucción masiva y no apareció ningún miembro de al-Qaeda en las zonas de Irak controladas por Saddam Hussein, cuando la inminente amenaza que representaba Saddam para la seguridad de Estados Unidos quedó sin demostrar, la administración Bush y sus numerosos títeres de los medios intentaron cambiar rápidamente de trola. «No, veréis, no pretendíamos encontrar armas nucleares, ¡estábamos allí para liberar a los iraquíes! Sí, eh... ¡Ése es el motivo por el que bombardeamos el país y lo invadimos con 150.000 soldados!»

¿A quién no le ha pasado alguna vez que le den el Whopper equivocado porque lo han confundido con el de otro? Entonces tienes que decidir si te da igual y te comes ese Whopper o si prefieres devolverlo y esperar a que te den el que habías pedido.

Después de que se descubriera que las «justificaciones» originales para la guerra eran mentiras, esta nueva mentira ofrecía a los demócratas y progres que estaban a favor de la guerra un escudo perfecto con el que protegerse. ¿Cómo iban a ser tan estúpidos como para creerse las afirmaciones de Bush relativas a las armas de destrucción masiva y la relación con el 11 de Septiembre? «Eh, ¿veis como no somos tan idiotas? Fijaos en todas las fosas comunes que hemos descubierto. Por eso apoyábamos la guerra... ¡para acabar con tanta brutalidad y tanta opresión!», exclamaron los demócratas.

Exacto. Repítelo dos veces, da un taconazo y di «como en casa no se está en ningún sitio, como en casa no se está en ningún sitio, como en casa no se está en ningún sitio». Eso es lo que hemos llevado a Irak: una muestra de lo que tenemos en casa. El estilo de vida americano. La democracia. Por eso estamos allí. Para compartir todo eso con ellos.

Hace poco entrevistaron en *Nightline* a una iraquí proestadounidense que da clases de inglés. Dijo que desde la invasión de Estados Unidos las cosas se han puesto tan mal que a veces desearía que Saddam siguiera en el poder. Por lo visto, se trata de un sentimiento generalizado. Veinte años bajo el yugo de un cruel dictador y, tras apenas noventa días de ocupación estadounidense, ¡quieren que Saddam vuelva! ¿Tan malos huéspedes somos?

Al parecer, los clérigos chiflados están llenando el vacío que dejó Saddam y ahora, Irak ha pasado de Guatemala a Guatepeor. La administración Bush pospone continuamente el traspaso del poder a los iraquíes que han liberado. ¿Por qué?

Porque saben que si hoy se celebrasen elecciones el pueblo votaría, de manera democrática, contra la democracia, y el gobierno quedaría en manos de algún fundamentalista furibundo. Las mujeres ya temen por sus vidas si no van tapadas de la cabeza a los pies, y quienquiera que venda alcohol o exhiba películas corre el riesgo de que lo ejecuten. ¡Yuju! ¡Libertad! ¡Democracia! ¡Derechos humanos!

¡Me muero de ganas por ver cuál será el próximo país que liberaremos!

N.º 5 BULO CON PATATAS DE LA LIBERTAD (Y QUESO AMERICANO): «¡LOS FRANCESES NO ESTÁN DE NUESTRA PARTE Y QUIZÁ SEAN NUESTRO ENEMIGO!»

Cuando caes en un círculo vicioso de mentiras pueden ocurrir muchas cosas. Por ejemplo, que cuentes tantas mentiras que olvides cuál estás diciendo o cuál te toca decir, o a quién se la estás diciendo, o si ya se la has dicho, o si has contado una versión un poco distinta con anterioridad, y entonces tienes que esforzarte lo indecible por asegurarte de que las historias coincidan y luego ponerte de acuerdo con todos los que se han unido al club de los mentirosos compulsivos hasta que, antes de que te des cuenta, estás metido hasta el cuello y tu único recurso, tu única escapatoria, es culpar a otra persona.

Francia entra en escena.

Cuando se necesita un chivo expiatorio, un cabeza de turco, ¿quién mejor que Francia? Los expertos de Bush acusaron a los franceses de ser el «Eje de las Comadrejas». Todo eso se hizo para desviar la atención de los estadounidenses de las verdaderas comadrejas que corretean por Washington.

Francia había decidido no apoyar un ataque precipitado a Irak. Intentó convencer a Estados Unidos de que permitiera a los inspectores de armas realizar su trabajo. Cuando la guerra finalmente estalló, el ministro francés de Asuntos Exteriores, Dominique de Villepin, habló de manera elocuente:

Que no quepa la menor duda de ello: se trata de elegir entre dos visiones del mundo. Frente a quienes optan por usar la fuerza y creen que pueden resolver los complejos problemas del mundo mediante rápidas acciones preventivas, nosotros proponemos medidas decisivas que rindan fruto a largo plazo. Porque hoy día, para garantizar nuestra seguridad, deben tenerse en cuenta todos los aspectos del problema: las múltiples crisis y sus numerosas facetas, incluidas las culturales y las religiosas. Por lo tanto, en el ámbito de las relaciones internacionales no se puede construir un proyecto duradero sin diálogo y sin respeto hacia los demás, sin exigencias ni principios, sobre todo en el caso de las democracias, que deben dar ejemplo. No ser conscientes de esto nos expone a malentendidos, radicalizaciones y escaladas de violencia. Esto es especialmente cierto en Oriente Próximo, una zona dividida por conflictos antiguos a cuya estabilidad debemos contribuir en lo posible.

Durante la guerra del Golfo, Estados Unidos contó con el apoyo de una auténtica coalición de poderosos aliados, pero cuando llegó la guerra del Golfo, segunda parte, la mayor parte de los países no se mostró ansiosa por apuntarse. Bush y su equipo de diplomáticos de primera tuvieron que conformarse con una «Coalición de los Dispuestos» más reducida y no tan apabullante, integrada por cuarenta y nueve miembros. Casi todos estos países (como Tonga, Azerbaiyán y las islas Palau) son de esos que nadie quiere elegir como compañeros para los partidos de voleibol de la ONU, y desde luego NUNCA los sacan a bailar (ni siquiera sus primos desesperados). Agradecen efusivamente cualquier cosa que les pidan (véase Bulo n.º 6).

Lo normal es pensar que si existiera un peligro real de que Saddam utilizara su enorme arsenal de armas de destrucción masiva o invadiera otro país, muchas otras naciones se habrían sumado a la lucha para detener a ese chalado, sobre todo los países vecinos de Irak.

Mientras tanto, a los franceses les tocó pagar el *confit* de pato. ¡Nadie desobedece a Estados Unidos impunemente! Y, desde luego, uno no reconoce abiertamente que ha mentido..., sobre todo cuando uno está mintiendo. Bush, los responsables de la política de su partido y todos sus portavoces se lanzaron todos a una contra los gabachos.

Colin Powell, siempre moderado, dijo en la tele: «La votación de la segunda resolución fue muy complicada y nos dio la impresión de que Francia no quería cooperar.» Cuando se le preguntó si creía que Francia sufriría las consecuencias de no respaldar la postura de Estados Unidos ante la guerra, el secretario de Estado se limitó a contestar: «sí».

El tono de Donald Rumsfeld fue distinto, más insultante, al responder a una pregunta relativa a la visión de Europa sobre la guerra: «Usted cree que Europa es Alemania y Francia. Yo no. Para mí ésa es la Vieja Europa» (al parecer, Rummy prefiere pensar que Europa —o *Nouveau Europe*, como la llama— se compone sólo de miembros de la coalición tan esenciales como Albania, Estonia, Hungría, Letonia y Eslovaquia).

Con respecto al presidente francés, Jacques Chirac, Bush dijo a Tom Brokaw en la NBC: «No creo que venga a mi rancho en un futuro cercano» (sin duda, Chirac se quedó destrozado ante la perspectiva de perderse un viajecito a Crawford, Tejas).

Sin embargo, el que realmente les dio para el pelo fue un empleado anónimo de la Casa Blanca, que acusó al senador John Kerry, candidato demócrata a la presidencia y veterano condecorado de Vietnam, de parecer «francés».

El diputado Jim Saxton, republicano por Nueva Jersey, propuso que la Cámara aprobase una ley para impedir que las empresas francesas participasen en la reconstrucción de Irak junto con Estados Unidos. Su colega, la diputada Ginny Brown-Waite, republicana por Florida, ideó una manera mejor de darles su merecido a los franceses: presentó un proyecto de ley para traer de vuelta a Estados Unidos los cadáveres de los soldados de la Segunda Guerra Mundial que habían muerto en Francia y estaban enterrados allí. «Los restos de nuestros valientes héroes deberían descansar en tierra de patriotas —clamó—, no en un país que nos ha dado la espalda.»

Cierto grupo publicó anuncios contra dos senadores republicanos que se oponían al recorte de impuestos impulsado por Bush.

En el anuncio se ve a los senadores junto a una bandera francesa ondeante con este mensaje: «El presidente Bush encabezó valientemente las fuerzas de la libertad, pero supuestos aliados como Francia se interpusieron en su camino. Aquí, el presidente Bush ha propuesto reducciones de impuestos audaces para crear puestos de trabajo y estimular la economía, pero algunos supuestos republicanos [...] se interponen en su camino.»

El comentarista de Fox News, Sean Hannity, dijo a los telespectadores: «Si hubiera planeado ir a Francia este verano habría cancelado el viaje. Os diré por qué. Lo que Jacques Chirac hizo cuando necesitábamos apoyo y el modo en que socavó nuestra posición por razones egoístas, su doble juego, resultan imperdonables en estos momentos. Lo siento: aconsejaría a los estadounidenses que se alejen de Francia y vayan a Gran Bretaña.»

Los estadounidenses no tardaron mucho en tragarse el cuento. Se derramó vino francés en las calles y, en un restaurante de Nueva Jersey, en el retrete. La gente evitaba los restaurantes franceses. Los turistas cancelaron los viajes a Francia..., y las reservas cayeron un treinta por ciento. En la carta del restaurante del Congreso se sustituyeron las palabras «patatas fritas»* por «patatas de la libertad», siguiendo el ejemplo del propietario de un restaurante de Carolina del Norte quien, a su vez, había querido imitar el intento de algunos de cambiar el nombre de *sauerkraut* [chucrut] por «repollo de la libertad» durante la Primera Guerra Mundial. Muchos restaurantes del país hicieron otro tanto y el presidente de la cadena de restaurantes Fuddruckers anunció: «El cliente que entre en un Fuddruckers y diga "¡Quiero patatas de la libertad!" mostrará su apoyo a quienes defienden nuestras libertades fundamentales, sobre todo la libertad de vivir sin miedo» (por no mencionar la libertad de vivir sin enterarse de nada: las patatas «francesas» tienen su origen en Bélgica).

Hace más de doscientos años Patrick Henry lanzó su famoso grito de guerra de la revolución americana: «¡Dadme la libertad o dadme la muerte!» Hoy podría demostrar su fervor patriótico con sólo cambiar su pedido de comida para llevar.

---

* En inglés, *French fries*, que literalmente significa «patatas francesas». *(N. de los T.)*

En el valle de San Joaquín, en California, una tienda de una cadena de establecimientos llamada French Cleaners [«Tintorería francesa»], cuyos propietarios son libaneses, apareció llena de pintadas contra los franceses, y otra fue incendiada. El Sofitel Hotel de Manhattan, de propiedad francesa, sustituyó la bandera francesa que ondeaba en el exterior por la de Estados Unidos. *Fromage.com*, un distribuidor de quesos franceses, recibió cientos de mensajes de correo electrónico hostiles.

En Las Vegas se utilizó un vehículo de guerra blindado, equipado con dos ametralladoras y un cañón de 76 milímetros, para aplastar yogures franceses, panes franceses, botellas de vino francés, agua Perrier, vodka Grey Goose, fotografías de Chirac, una guía de París y, lo mejor de todo, fotocopias de la bandera francesa. Los fabricantes de French Mustard [«Mostaza Francesa»], una marca británica, no esperaron a que se produjera una reacción violenta; publicaron un comunicado de prensa en el que aseguraban que «¡lo único francés de French Mustard es el nombre!».

Los programas dedicados a buscar familias estadounidenses para la acogida de estudiantes franceses no encontraron suficientes anfitriones por primera vez en muchos años.

Una comadreja que se salvó de esta oleada de cólera fue el pastelero jefe de la Casa Blanca; un hombre a quien, a pesar de su origen francés, se le encomendaron las comidas del presidente. Burlarse de tus viejos aliados cambiando el nombre de la comida y desperdiciando un montón de vino caro tiene su gracia, pero George W. Bush todavía necesita su *pain au chocolat*..., debe de ser un gourmet o, mejor dicho, un «sibarita de la libertad».

Por supuesto, fue bien fácil meterse con Francia. Muchos habíamos sido víctimas de un trato «grosero» por parte de ciudadanos franceses, y da la impresión de que a lo largo de la historia siempre han cedido ante los déspotas. Es cierto que algunos franceses valientes lucharon en la Resistencia y que muchos ciudadanos de ese país perecieron durante la Segunda Guerra Mundial, pero, en lugar de luchar contra los alemanes hasta el final (como los rusos), Francia decidió cooperar y colaborar, sobre todo cuando se trataba de detener a los judíos y a los rojos para enviarlos a una muerte segura en los campos de concentración.

Además, a los franceses las cosas nunca terminaban de salirles bien. Como la Línea Maginot, una serie de fortificaciones defensivas construidas a lo largo de la frontera franco-alemana antes de la Segunda Guerra Mundial para defender a los franceses de los hunos invasores. El problema fue que orientaron las fortificaciones hacia el lado equivocado y los alemanes invadieron Francia antes de que alguien pudiera decir: «¡*Garçon*, un poco más de ese queso apestoso, por favor!»

Por otro lado está el factor envidia. La mayoría de los estadounidenses sabe que los franceses son más refinados, inteligentes y cultos que el estadounidense medio. No nos gusta admitir que fueron los franceses los que inventaron el cine, el automóvil, el estetoscopio, el Braille, la fotografía y, lo que es más importante, la Pizarra Mágica. Ellos nos dieron la Ilustración, que a su vez allanó el terreno para la aceptación generalizada de todas las ideas y principios sobre los que se fundó Estados Unidos. Sin embargo, cuando nos enteramos de que los franceses sólo trabajan treinta y cinco horas a la semana y todo el mundo disfruta de al menos un mes de vacaciones pagadas, les dedicamos comentarios maliciosos sobre sus sindicatos y el hecho de que el país siempre está en huelga.

Así pues, Francia es el país ideal para poner a caldo, actividad que, además, constituye una excelente distracción. Si tienes una empresa de noticias por cable, ¿por qué desperdiciar una cobertura valiosa en investigar si Irak posee o no armas de destrucción masiva cuando puedes hacer reportajes sobre lo despreciables que son los franceses?

Sin embargo, cuando se destaparon las primeras mentiras la gente empezó a recapacitar sobre lo que les habían contado sobre los franceses y lo que verdaderamente nos habían hecho.

En realidad, más bien se trataba de lo que los franceses habían hecho por nosotros.

Si la mayoría de los estadounidenses apenas recuerda quién ganó el campeonato de fútbol americano del año pasado, no es de extrañar que se acuerden aún menos de la verdadera historia de la fundación de este país.

A todos nos suena la destrucción de cargamentos de té y la cabalgada a medianoche de Paul Revere, pero tendemos a olvidar que nunca habríamos ganado la guerra sin los franceses. Qué diablos, ni siquiera nos gusta aceptar el hecho de que el padre de Revere era... francés (¡y no se apellidaba Revere, sino Rivoire!). Sin embargo, fue la guerra franco-británica por Canadá la que exasperó a los colonos. Los obligaron a pagar impuestos por los sellos y el té a la Corona para ayudar a costear los gastos de una guerra en la que las colonias no se habían metido voluntariamente. Cuando la frustración y la ira colonial llegaron al límite y las colonias decidieron independizarse, sabían perfectamente que necesitarían ayuda. Recurrieron a los franceses, que accedieron gustosamente a echarles una mano para humillar a los británicos. Aportaron soldados, barcos, el 90 % de la pólvora que utilizamos y decenas de millones de dólares.

La guerra acabó en Yorktown, donde los británicos se rindieron ante Washington y la banda que interpretaba *The World Turned Upside Down* [El mundo al revés], aunque en realidad capitularon ante los franceses. La armada francesa cerró el paso a los casacas rojas, y aquel día había más soldados franceses en las filas que colonos.

De hecho, Francia siempre ha sido el mejor amigo de Estados Unidos. Casi una tercera parte de las inversiones extranjeras directas de Francia se realizan en Estados Unidos. Es nuestro quinto inversor más importante y da empleo a 650.000 personas en este país. La comisión que redactó la Declaración Universal de Derechos Humanos estaba presidida por Eleanor Roosevelt junto con el francés René Cassin. Y, al igual que en Vietnam, compartimos una historia más bien sórdida en Irak, cuyo petróleo explotaba la Iraqi Petroleum Company, propiedad de las grandes petroleras estadounidenses, británicas, holandesas y francesas.

Sin embargo, los estadounidenses acusaron a los franceses de toda clase de perfidias relacionadas con Irak. Se llegó a afirmar que Francia sólo se oponía a la guerra para obtener beneficios económicos del Irak de Saddam Hussein. De hecho, eran los estadounidenses los que se estaban forrando. En 2001 Estados Unidos fue el principal socio comercial de Irak, ya que consumió más del 40 % de sus exportaciones de petróleo. El volumen de negocio con el dictador iraquí asciende pues a 6.000 millones de dólares. Por contraste, sólo el 8 % de las exportaciones de petróleo de Irak fueron a parar a Francia en 2001.

Fox News se puso al frente de quienes vinculan a Chirac con

Saddam Hussein mostrando unas viejas secuencias en las que los dos hombres aparecían juntos. Daba igual que la reunión se hubiera celebrado en la década de los setenta. Los medios no se molestaron en emitir (una y otra vez) las imágenes en las que se entregaba a Saddam una llave de la ciudad de Detroit ni tampoco unas de principios de los años ochenta, cuando Donald Rumsfeld fue a ver a Saddam a Bagdad para hablar sobre el progreso de la guerra con Irán. Al parecer, no valía la pena transmitir incansablemente los vídeos en los que Rumsfeld abrazaba a Saddam. Ni siquiera una vez. Vale, quizás una vez. En el programa de Oprah Winfrey. Y cuando ella mostró a Rumsfeld en actitud tan afectuosa con Saddam, el público del estudio se quedó boquiabierto. Al estadounidense medio le conmocionaba ver que el diablo era en realidad nuestro diablo. Gracias, Oprah.

Qué pronto olvidamos que fueron los franceses quienes encabezaron el Consejo de Seguridad de las Naciones Unidas al día siguiente del 11 de Septiembre para condenar los ataques y exigir justicia para las víctimas. Jacques Chirac fue el primer líder extranjero en desplazarse hasta Estados Unidos después de los atentados para ofrecer su ayuda y expresar sus condolencias.

Una de las pruebas de amistad verdadera es cuando un amigo te dice sin rodeos que la estás cagando. Ésa es la clase de amistad que deberíamos cultivar. Ésa es la clase de amigo que Francia demostró ser... hasta que escupimos sobre nuestro mejor amigo y nos tragamos el bulo mientras mandábamos a la libertad a freír espárragos.

N.º 6 BULO DOBLE CON EXTRA DE LECHUGA: «ESTADOS UNIDOS NO ES EL ÚNICO PAÍS QUE PARTICIPA EN LA INTERVENCIÓN EN IRAK. ¡ES UNA COALICIÓN DE LOS DISPUESTOS!»

Ésta es mi trola preferida porque no paro de reírme cada vez que pienso en ello.

Para calmar un poco las aguas internacionales, agitadas por la invasión de Irak, Bush declaró que oye, no somos los únicos que pensamos así sobre Saddam, ¿eh?: «Sin embargo, muchos países cuentan con la resolución y la fortaleza para actuar contra la amenaza que se cierne sobre la paz, y ahora se está formando una amplia coalición para hacer cumplir la exigencias del mundo. El Consejo de Seguridad de las Naciones Unidas no ha estado a la altura de sus responsabilidades, pero nosotros sabremos asumir las nuestras.»

Por supuesto, mola más compartir tu bulo con los amigos. Cuantos más, mejor. De ese modo a todos les tocará sacrificarse por igual. Ningún país se quedará solo viendo morir a sus jóvenes. Los ciudadanos de un único país no tendrán que pagar de su bolsillo los miles de millones de dólares necesarios para la guerra y la reconstrucción del país. Ningún país quiere que sus ciudades y estados quiebren y se endeuden por importes de miles de millones de dólares para eliminar a un dictador de mierda. Así que lo mejor es crear una coalición que comparta toda esa carga... ¡Qué idea tan maravillosa!

Sólo había un problema: casi nadie quería sumarse a esa «Coalición de los Dispuestos». Entonces, ¿cuál era el variopinto grupo de países excéntricos que se apuntaron a la locura de Bush? Echemos un vistazo a la lista. Comienza con...

Afganistán.

Vale, recapacitemos un poco. ¿Afganistán? ¿En qué consistiría exactamente su colaboración? ¿Caballos? ¿Diez palos y una piedra? ¿Acaso no tienen ya bastantes problemas en su país? ¿O es que les sobraban uno o dos señores de la guerra para ayudarnos en Irak? He solicitado al Departamento de Estado que me facilitase una lista con lo que Afganistán aportó para la guerra y, por el momento, no me han contestado.

El siguiente país de la «Coalición de los Dispuestos» tampoco tiene desperdicio: Albania. ¿Se trata de la misma Albania cuyo principal sector económico es la agricultura de subsistencia, donde hay un teléfono por cada treinta personas? Sigamos...

Australia. ¡Eso sí que es un país! Con el ligero inconveniente de que, según indicaban las encuestas realizadas en Australia antes de la guerra el 70 % de los ciudadanos se oponía a la intervención. Entonces, ¿cómo es posible que figuraran en la lista? George W. Bush tentó al primer ministro australiano, John Howard, con la posibilidad de firmar un tratado de libre comercio. Si no quieres unirte a ellos o ellos no quieren unirse a ti, ¡sobórnalos!

Mientras, la vecina Nueva Zelanda, que se negó a sumarse a la coalición, se quedó, oh sorpresa, fuera de las negociaciones sobre dicho tratado.

Pero volvamos a los «dispuestos»: Azerbaiyán (pronto iremos a por su petróleo así que no les quedaba otro remedio), Bulgaria (con Bulgaria de nuestra parte, ¿cómo vamos a perder? Además, eso me ha dado la oportunidad de escribir «Bulgaria» dos veces en el mismo libro), Colombia (para darse un respiro de la otra guerra que estamos librando allí), la República Checa (¡qué vergüenza! ¡Pero si de todos modos les íbamos a dejar ingresar en la OTAN!), Dinamarca (sólo por esto deberían declararlos indignos de pertenecer a Escandinavia, aunque la verdad es que siempre he pensado que no lo merecían. ¡Que entre Finlandia; ése es su lugar!), El Salvador (si lo anexionamos fue por algo), Eritrea (¿dónde coño está eso?), Eslovaquia, España (sólo el 13 % de los españoles estaba a favor de la guerra, y sólo en el caso de que fuera una invasión respaldada por la ONU), Estonia (toma nota, Francia, ¡algunos colaboradores de los nazis nos quieren!), Etiopía (¡no hay nada como enviar un pelotón de niños hambrientos para echar un cable!), Filipinas (quizá deberían ocuparse de sus propios miembros de al-Qaeda), Georgia, Gran Bretaña (¡nuestro mejor amigo en todo el mundo!). En el Reino Unido sólo el 9 % de la población apoyaba la acción militar contra Irak si Estados Unidos y Gran Bretaña se veían obligados a emprenderla solos. Los británicos estaban divididos respecto a quién suponía «la mayor amenaza para la paz mundial», con Bush y Hussein empatados con un 45 % de los votos. ¿Por qué se metió Tony Blair en esto? ¿Qué le prometió Bush?

Hungría, Italia (ése es el tercer país verdadero, con un 69 % de la población en contra de la guerra), Japón (¡ni hablar! ¡No me lo creo! ¿Saben los japoneses, el 70 % de los cuales se opuso a la guerra, que los han incluido en esta lista?), Corea del Sur, Letonia (otros colaboracionistas), Lituania (¡colaboracionistas también!), Macedonia, los Países Bajos (¿eh? ¿Se les habrá ido la olla por tantas drogas legalizadas?), Nicaragua, las islas Palau...

¿Palau?

Las Palau son un grupo de islas del Pacífico norte de unos veinte mil habitantes, apenas los suficientes como para llenar el Madison Square Garden. Tienen, como señaló *The Washington Post*, una tapioca de rechupete y cocos de primera, pero, por desgracia, no hay soldados. Por supuesto, el hecho de carecer de un ejército no impide formar parte de la Coalición de los Dispuestos. Otros miembros sin ejército son Islandia, Costa Rica, las islas Marshall, las islas Salomón y Micronesia. Pero, eh, ¡no esperamos que envíen a sus chavales a morir a la guerra! ¡Ése es nuestro trabajo! ¡Sólo queremos que se muestren «dispuestos» a hacerlo!

Polonia (¿no se enteraron de que el Papa dijo que la guerra estaba mal?).

¡Un momento! ¡Información de última hora! ¡Polonia sí que envió 200 soldados! ¡Gracias por su buena disposición!

Y aunque en Marruecos también escaseaba la ayuda militar se ofrecieron a enviar dos mil monos para ayudar a detonar las minas en Irak. Pero no los enviaron y, si no le das leña al mono, te quedas sin los beneficios de ser un miembro de la Coalición de los Dispuestos. De todos modos, la Coalición de los Dispuestos no necesita monos porque ya la encabeza un simio superior.

Pero me estoy yendo por las ramas. A ver, queda Rumania, y —agarraos— Turquía. Los políticos turcos rechazaron los 26.000 millones de dólares que les ofrecían a cambio del privilegio de acoger tropas estadounidenses en su territorio. Quizás hicieron caso de las encuestas que revelaban que el 95 % de los turcos se mostraba contrario a la invasión de Irak. Y para cerrar la marcha ¡Uzbekistán!

Pues ahí tenemos a la Coalición de los Dispuestos, que representa más o menos el 20 % de la población mundial. Pero incluso esa cifra resulta engañosa porque la mayoría de los ciudadanos de los países miembros de la coalición se opuso a la guerra en Irak, por lo que aquello se convirtió en la «Coalición de los Coaccionados». O, para ser más exactos, en la «Coalición de los Coaccionados, Sobornados e Intimidados».

Para que quede constancia, he aquí una lista con algunos de los países que no quisieron saber nada de este fiasco, la «Coalición de los NO Dispuestos»:

Alemania, Argelia, Argentina, Austria, Bélgica, Brasil, Canadá, Chile, China, Cuba, Egipto, Emiratos Árabes Unidos, Finlandia, Francia, Grecia, la India, Indonesia, Irán, Irlanda, Israel, Jordania, México, Nigeria, Noruega, Nueva Zelanda, Pakistán, Rusia, Suecia, Suiza, Suráfrica, Siria, Tailandia, Venezuela, Vietnam, Yemen, Zambia, Zimbabue y 103 países más.

Eh, ¿quién los necesita? ¡Gallinas! ¡Perdedores! ¡Comadrejas!

N.º 7 MENÚ INFANTIL BULO JUNIOR: «HACEMOS CUANTO ESTÁ EN NUESTRA MANO PARA EVITAR LAS BAJAS CIVILES.»

En la década de 1990 aprendimos mucho sobre cómo vencer batallas con un mínimo de bajas yanquis. Eso es lo que pasa cuando hay un progre en la Casa Blanca. Clinton cerró algunas bases, redujo el número de soldados e invirtió dinero en investigación para encontrar el modo de bombardear desde lejos. Si no armas follón, mejor. Para cuando Bill dejó de ser presidente teníamos una implacable maquinaria de guerra de alta tecnología.

Uno de mis proyectos de defensa de Clinton favoritos tenía su sede en Littleton, Colorado, no muy lejos del instituto Columbine. Allí, Lockheed Martin, el mayor fabricante de armas del mundo, construía cohetes que llevaban al espacio los nuevos satélites especiales que guiaban los misiles que caían sobre Bagdad. Bush no habría podido desatar su tormenta de fuego sobre la capital de Irak (cuya población civil es de cinco millones de personas) durante la segunda guerra del Golfo sin esos cohetes Lockheed. El bombardeo guiado de precisión inauguró una nueva era por lo que a sistemas de armamento se refiere. El margen de error era inapreciable y se podía coordinar desde el mando central del ejército en Tampa, Florida. Se utilizaron los mismos satélites para bombardear Afganistán después del 11 de Septiembre. Y entre las dos campañas de bombardeos, según algunos cálculos, perecieron unos nueve mil civiles. Tres veces el número de civiles que murieron el 11 de Septiembre. Y 8.985 más que los que murieron en el instituto Columbine.

El Pentágono se jacta de la perfección de los sistemas guiados y de que, al seleccionar como blancos sólo las instalaciones militares, no se producen bajas civiles.

Que se lo digan a Razek al-Kazem al-Jafayi, cuyos padres, esposa, seis hijos y dos hermanos murieron en un ataque.

«Que Dios se vengue de América», dijo llorando a los corresponsales entre los escombros y los cuerpos destrozados.

¡Qué ingratitud!

Otro ejemplo es el del niño que perdió a sus padres y los dos brazos cuando un misil estadounidense hizo pedazos su casa. Con el rostro bañado en lágrimas, suplicó a los periodistas que le ayudaran a encontrar sus brazos.

O la madre que rompió a sollozar de manera incontrolable y luego se desmayó al ver cómo extraían de un cráter humeante el torso de una joven y luego una cabeza arrancada de cuajo..., la de su hija. El cráter estaba causado por cuatro bombas estadounidenses dirigidas a un restaurante en el que Saddam Hussein «podría» haber estado. En vez de pulverizar al dictador, las bombas destruyeron por completo tres casas y acabaron con la vida de catorce personas, incluidos siete niños y la hija de la mujer.

Lo lógico sería que los iraquíes se mostrasen agradecidos por encontrar a sus familiares desmembrados por los estadounidenses en su afán por librarse de Saddam y las escurridizas armas de destrucción masiva, y no que se desmayen y lloriqueen de esa manera.

Sin embargo, una cosa estaba clara: por segunda vez desde el 11 de Septiembre las autoridades estadounidenses se quedaron rascándose la cabeza y preguntándose cómo era posible que se hubiera escapado otro de los grandes malvados.

Mientras asesinaban a civiles iraquíes, no se molestaron en hacer el recuento. Un grupo de investigadores británicos y estadounidenses anunció en Londres que, de acuerdo con sus cálculos, habían muerto entre 6.806 y 7.797 civiles a causa de la guerra. Demasiados accidentes para alardear de las armas «guiadas de precisión». Por supuesto, al Pentágono no le gusta hablar de las misiones de búsqueda y destrucción ni de las bombas de racimo.

Cada bomba de racimo de 450 kilos libera entre 200 y 300 bombas pequeñas que, a su vez, dispersan cientos de fragmentos en un área equivalente a varios campos de fútbol. Estas submuniciones, que un niño puede confundir con juguetes pequeños, según los propios cálculos del Pentágono, no explotan al hacer impacto en una proporción de entre el 5 y el 20 % de los casos, por lo que se quedan en el suelo hasta que las recoge alguna criatura desprevenida.

Por supuesto, sólo porque los blandengues de Human Rights

Watch digan que es una «atrocidad» lanzar bombas de racimo en zonas urbanas donde se convierten en un peligro que puede durar años no significa que no nos preocupen las bajas civiles. No, nos aseguraremos de que nuestros medios no falten al respeto a los pobres iraquíes mostrándonos a la hora de cenar imágenes desagradables de niños mutilados. Prometemos que sólo enseñaremos los cadáveres acribillados de los hijos de Saddam, Uday y Qusay. Una vez, dos veces, cientos de veces. Eso es todo.

Dado que desde el día en que Bush proclamó el fin de la guerra han muerto tantos soldados nuestros es comprensible que los militares estén nerviosos. Cualquier civil les parece un asesino en potencia, lo que los ha llevado a disparar contra iraquíes inocentes, como los diez niños y mujeres asesinados cuando la camioneta en la que viajaban no se detuvo en un control. Al parecer, creían que estaban cumpliendo la orden estadounidense de marchar HACIA el control. Lo sentimos mucho, dijo el general Richard Meyers.

Esta situación no mejorará nunca, al menos mientras nosotros seamos los ocupantes y ellos los que están sin electricidad.

N.º 8 BULO SIN MAYONESA: «¡ESTAMOS ALLÍ PARA PROTEGER LOS YACIMIENTOS PETROLÍFEROS DE IRAK!»

Eh..., bueno, esto es verdad.

N.º 9 BULO DOBLE CON QUESO Y UNA COCA-COLA: «¡LOS MEDIOS ESTADOUNIDENSES OS HAN CONTADO LA VERDAD SOBRE IRAK!»

Si lo que quieres es vender un montón de Whoppers necesitarás una buena campaña publicitaria. Las empresas pagan grandes sumas por esa clase de márketing, pero la administración Bush no tuvo que gastarse un centavo cuando los supuestos «medios progres» se unieron a la oficina de operaciones de la Casa Blanca con sede en Fox News para lanzar una ofensiva propagandística a favor de una guerra prácticamente imparable.

Y funcionó: hasta los vegetarianos se tragaron esos bulos. Las cadenas que ofrecían justificaciones patéticas en lugar de noticias mostraban imágenes implacables, acompañadas de una marcha militar patriótica y un diseño gráfico inspirado en las barras y las estrellas: emotivas despedidas de familiares orgullosos despidiéndose de los valientes soldados que se marchaban al extranjero; intrépidos jóvenes americanos salvando a jovencitas estadounidenses heroicas; bombas inteligentes realizando un trabajo de destrucción brillante; iraquíes agradecidos derribando la estatua de Saddam; una América unida en su apoyo a Nuestro Líder Resuelto y Decidido.

Luego nos llegaron las imágenes emitidas en directo desde el inclemente desierto iraquí: a los corresponsales que se «incrustaron» en las tropas de infantería se les concedió mucha libertad para que informaran sin intromisiones del Pentágono (o eso dijeron). ¿El resultado? Multitud de historias íntimas sobre las penurias y los peligros a los que se enfrentaban nuestros soldados..., y prácticamente nada sobre el motivo por el que se había enviado a esos jóvenes al infierno. Y todavía menos sobre lo que le estaba ocurriendo al pueblo iraquí.

Así, a menos que te olvidaras por completo de los informativos de Estados Unidos y sólo vieras la BBC, la CBC o *Le Journal* francés (con los prácticos subtítulos en inglés para un público estadounidense demasiado vago y poco educado como para aprender otro idioma), era bien posible que acabaras creyendo que todo ese sacrificio se realizaba por una causa justa.

Entonces, ¿cuál era exactamente el porqué de la guerra de Irak? Nos habíamos tragado tantas trolas que los sondeos revelaron que la mitad de los estadounidenses creía, erróneamente, que entre los secuestradores del 11 de Septiembre había iraquíes y, en un momento dado, casi la mitad de la población pensaba que Estados Unidos había encontrado armas de destrucción masiva en Irak, cuando jamás llegaron a descubrirse. Una cuarta parte de los encuestados estaba convencida de que Saddam había lanzado un ataque químico o biológico contra las fuerzas de la «coalición», lo cual también era falso.

Es comprensible que esas ideas falsas estuviesen tan generalizadas. En la televisión americana resultaba prácticamente imposible oír la versión de alguien que cuestionara o se opusiera a las razones que la administración Bush esgrimía para embarcarse en esa guerra deprisa y corriendo.

Un organismo de control de los medios, FAIR, analizó los informativos de la tarde de seis cadenas de televisión y canales de noticias estadounidenses durante tres semanas, a partir del 20 de marzo de 2003, el día siguiente al comienzo de los bombardeos de Estados Unidos en Irak. El estudio examinó las filiaciones y puntos de vista de más de 1.600 comentaristas y políticos que aparecieron en pantalla hablando de Irak. Los resultados no sorprendieron a nadie:

- Los telespectadores tenían 25 veces más probabilidades de ver a un estadounidense hablar a favor de la guerra que a una persona con una postura contraria.
- Los analistas militares aparecían dos veces más que los civiles.
- Sólo un 4 % de los comentaristas que aparecieron durante esas tres semanas pertenecían a universidades, gabinetes estratégicos u organizaciones no gubernamentales.
- De un total de 840 comentaristas estadounidenses que eran o habían sido funcionarios militares o gubernamentales, sólo cuatro manifestaron su oposición a la guerra.
- Las escasas intervenciones de personas con posturas de rechazo a la guerra se limitaban a fragmentos sonoros de una frase, normalmente pronunciada por individuos no identificados en entrevistas realizadas en la calle. En ninguna de las seis emisiones analizadas se llevó a cabo una entrevista de estudio con alguien que estuviese en contra de la guerra.

En algunos casos, los periodistas confesaron sin tapujos una absoluta falta de objetividad. El estudio de FAIR citó una declaración del presentador de CBS News, Dan Rather, en el programa de Larry King en la CNN: «Soy americano. Nunca he intentado engañar a nadie diciendo que soy internacionalista o algo parecido. Y cuando mi país está en guerra quiero que gane, sea cual sea la definición de "ganar". Por supuesto, no puedo decir que presento las noticias sin prejuicios. En ese sentido sí soy parcial.»

Durante las tres semanas que abarcaba su análisis, FAIR sólo encontró un fragmento «antiguerra» en *CBS Evening News*, de Rather. Esto... fue mi discurso de la ceremonia de los Oscar, donde hablé de una «guerra ficticia» librada por nuestro «presidente ficticio». En Fox News, Neil Cavuto replicó en directo a un detractor: «Tomar partido no tiene nada de malo en este caso... Usted no ve ninguna diferencia entre un gobierno que oprime al pueblo y uno que no, pero yo sí.»

MSNBC demostró su patriotismo con «America's Bravest», una valla publicitaria repleta de fotografías de militares que luchaban en la guerra, remitidas por amigos y familiares para su exhibición. Y Brian Williams, de NBC y MSNBC, dijo las siguientes palabras sobre el asesinato de civiles iraquíes: «Antes, los civiles eran objetivos militares deliberados. Los bombardeos incendiarios de Dresde y Tokio durante la Segunda Guerra Mundial tenían como objetivo matar a los civiles y luego aterrorizar a los supervivientes. En este caso ha pasado justo lo contrario.»

(El Ejército ha firmado recientemente un contrato por valor de 470 millones de dólares con Microsoft, que es copropietaria de MSNBC junto con NBC. NBC, a su vez, pertenece a General Electric, una de las principales empresas proveedoras del Departamento de Defensa. Los contratos de GE para motores de aviones militares ascienden a miles de millones de dólares. Sin embargo, el estudio de FAIR reveló que, de hecho, NBC presentaba más posturas de rechazo a la guerra —un asombroso uno por ciento más— que cualquier otra cadena estadounidense).

He aquí varias mentiras más relativas a la guerra de Irak que encontramos en los periódicos y las cadenas estadounidenses:

El 26 de abril de 2003 ABC dio la noticia de que «el ejército de Estados Unidos ha encontrado un depósito de armas a unos doscientos kilómetros al noroeste de Bagdad que, a juzgar por los primeros análisis, contiene agentes químicos. Entre los materiales encontrados hay catorce barriles de 200 litros, al menos una docena de misiles y 150 máscaras de gas».

Resultó que no había armas químicas en el almacén y los primeros informes eran erróneos. ABC no se retractó ni corrigió la información.

El *New York Times* contribuyó a difundir el bulo sobre las armas de destrucción masiva con el artículo publicado el 8 de septiembre de 2002 titulado «U.S. Says Hussein Intensifies Quest for A-Bomb Parts» [«Fuentes estadounidenses afirman que Hussein redobla sus esfuerzos por conseguir componentes para la bomba atómica»]:

> Funcionarios de la administración Bush han revelado hoy que, más de una década después de que Saddam Hussein se comprometiese a renunciar a las armas de destrucción masiva, Irak ha intensificado sus esfuerzos por desarrollar armas nucleares y ha emprendido una búsqueda mundial de materiales para fabricar una bomba atómica. Durante los últimos catorce meses Irak ha intentado comprar miles de tubos de aluminio de diseño especial que servirían, según los funcionarios estadounidenses, como componentes de las centrifugadoras para enriquecer uranio.

¿La historia? Una engañifa.

* * *

El *Washington Post* nos deleitó con la fascinante historia de la soldado Jessica Lynch, la joven rescatada de un hospital iraquí tras haber sufrido graves heridas durante un enfrentamiento en el desierto iraquí:

> La soldado Jessica Lynch, rescatada el martes de un hospital iraquí, luchó con valentía y abatió a varios soldados enemigos [...] Lynch, de 19 años y encargada de suministros, continuó disparando contra los iraquíes incluso después de haber recibido varios impactos de bala y vio morir alrededor de ella a varios soldados de su unidad durante el enfrentamiento del 23 de marzo, según informó un oficial [...] «Luchó hasta el final —declaró el oficial—. No quería que la capturaran con vida.»

El *New York Times* ofreció más detalles espectaculares sobre el heroico rescate:

Las fuerzas de operaciones especiales de los marines [...] liberaron a la soldado Lynch desafiando el fuego enemigo tanto al entrar como al salir [...] Lynch [fue] la primera prisionera de guerra estadounidense rescatada de las manos del enemigo desde la Segunda Guerra Mundial, y [fue] la primera ocasión en la que se rescataba a una mujer...

Cierto tiempo después, la historia se complicó bastante, como refleja un artículo del *New York Times* publicado al cabo de dos meses:

> Al parecer es posible que la valiente soldado no se defendiese como Rambo cuando su unidad tomó una decisión errónea durante una emboscada iraquí. Quizá no le disparasen ni la apuñalasen durante el tiroteo, que tal vez no se produjo, y parece probable que no fuese objeto de malos tratos en el hospital iraquí. Los heroicos salvadores no lucharon encarnizadamente hasta llegar al hospital; es más, seguramente el personal del hospital se alegró de entregarles a la soldado.

Por lo visto, Lynch recibió cuidados especiales por parte del personal del hospital iraquí para curarle las heridas, ninguna de las cuales se había producido en combate. Una enfermera iraquí la arrulló cantando una noche y le ofrecieron una ración extra de zumo y galletas. El personal del hospital ya había intentado entregarla a las autoridades estadounidenses y, de hecho, estaba esperando su llegada. Las fuerzas iraquíes ya habían abandonado el área.

Mientras Lynch se recuperaba en un hospital estadounidense, las cadenas de televisión se morían por conseguir la exclusiva. La CBS llegó a ofrecerle un contrato para un paquete que incluía un libro, un concierto y un telefilme que llegarían al público a través de CBS News, CBS Entertainment, MTV y Simon & Schuster..., todo ello bajo el control de la descomunal Viacom Corp.

Independientemente de cómo se acabe contando la historia de Jessica Lynch, lo más probable es que se parezca más a *Supervivientes* que a *Gran Hermano*.

La compadezco; esta chica que se ofreció a arriesgar su vida para defender a su país ha caído en las garras de quienes pretenden utilizarla, metiéndola en una ensalada de mentiras.

N.º 10 TRIPLE BULO EXTRAGRANDE: «NO HEMOS MENTIDO. Y AHORA NO MENTIREMOS PARA DISIMULAR LAS MENTIRAS QUE YA OS HEMOS CONTADO.»

Después de que algunos medios comenzaran a hacer bien su trabajo y sacaran a la luz las mentiras de la administración Bush, después de que Bush se esforzara por encontrar a alguien (a cualquiera) a quien culpar de todas las mentiras, y después de que se supiese que la mayoría de los estadounidenses creía que no le estaban contando toda la verdad sobre Irak, Bush y compañía decidieron que lo mejor era dar la cara y acabar con la crisis de una vez por todas.

Y esto es lo que nos ofrecieron: ¡Bulos extragrandes!

Esta estrategia se denomina efecto cumulativo: si has mentido y se descubre el pastel, tú niégalo una y otra vez y sigue mintiendo como si nada.

Richard Pryor esbozó este método en *Live on the Sunset Strip*, su monólogo cómico de 1982. Pryor sugería que cuando un hombre fuera descubierto por su mujer, el hombre debía negarlo todo, aunque su mujer estuviese delante de sus narices viéndolo desnudo en la cama con otra mujer. Simplemente niega que estuvieras haciendo el amor, decía Pryor, niega incluso que haya una mujer en la cama: «A ver, ¿a quién vas a creer: a mí... o a tus ojos traicioneros?»

Una de las primeras mentiras sobre mentiras (mentiras al cuadrado) fue la que dijo Colin Powell el pasado mes de febrero: «Amigos míos, todo lo que voy a decir hoy se halla respaldado por fuentes fidedignas. No son meras aseveraciones. Les presentaré hechos y conclusiones basados en información contrastada.»

Al parecer, apenas unos días antes Powell no estaba tan seguro. Durante una reunión de agentes de la CIA para repasar las pruebas contra Saddam Hussein, Powell arrojó los documentos al aire y declaró: «No pienso leerlos. Son chorradas.»

No le faltaban motivos para desconfiar de esa «información». Gran parte de los datos sobre la situación se habían extraído directamente de fuentes que podían localizarse con facilidad en Internet, incluido un trabajo de un alumno de posgrado basado en documentos que tenían doce años de antigüedad. Habían plagiado tan descaradamente algunos de los apartados que ni siquiera habían corregido los errores tipográficos. Sin embargo, Powell aseguró que esas mentiras estaban «contrastadas».

El entonces portavoz de la Casa Blanca, Ari Fleischer, ofreció su versión: «La declaración del presidente se basaba en el uranio de Nígera. Puesto que el informe sobre el uranio resultó no ser preciso, eso refleja el carácter más general de la declaración del presidente.»

¿Cómo?

Dejaremos la explicación en manos del Trolero Mayor, George W. Bush: «Creo que la información que me dan es de fiar. Y los discursos que he pronunciado se basaban en información fidedigna. Y hoy estoy plenamente convencido, como cuando pronuncié los discursos, de que Saddam Hussein desarrolló un programa de armas de destrucción masiva.»

Ari Fleischer añadió: «El presidente ha dejado atrás este tema. Y creo, sinceramente, que también la mayor parte del país.»

Quizás en su país, pero no en el mío. El secretario de Defensa, Donald Rumsfeld, se apresuró a desgranar unas cuantas mentiras más en *Meet the Press*: «Resulta que lo que el presidente dijo es correcto, en sentido estricto [...] En definitiva, ¿creemos que tenían armas biológicas y químicas y un programa nuclear en marcha? La respuesta es sí, eso creo.»

A continuación, Rumsfeld añadió: «Y justo antes, dije lo que dijo el presidente, y justo después, dije lo que él decía. Me limité a repetir lo que el presidente decía.»

¿Te has enterado de algo? Antes de volvernos locos, recurramos a Condoleezza Rice para que nos lo aclare todo. Esto fue lo que le dijo a Wolf Blitzer, de la CNN: «Wolf, para empezar, déjame decirte que son dieciséis palabras y que se les ha dado una importancia desmedida [...] Ahora estamos en Irak entrevistando a científicos, analizando los documentos y hemos descubierto, por ejemplo, que mandó enterrar piezas de centrifugadoras en el patio [...]»

Esa trola cantó tanto que incluso llamó la atención de Blitzer, y Rice tuvo que admitir que la «prueba» era de hacía doce años: «Antes de la primera guerra del Golfo... Bueno, en 1991.»

Impertérrita, Rice también apareció en *Face the Nation* ese mismo día e insistió en que «el presidente, en el discurso sobre el Estado de la Unión, señaló un hecho innegable. [...] Trabajamos con numerosos datos. Se los pasamos a los redactores. Preparan los discursos, que se someten a un proceso de autorización [...] Y si se fija bien, la declaración del presidente dice "en África". No es específica. Dice que lo buscó, no que lo recibiera o adquiriera. Lo que hizo fue buscar. Y al decirlo, estaba citando el documento británico».

Es el cuento de nunca acabar. Nos hacen tragar un bulo tras otro..., hasta la náusea.

Son tantos los bulos que incluso un entendido en mentiras de talla mundial, el asesor del ex presidente Nixon, John Dean, se vio inclinado a comentar: «Vale la pena recordar que cuando Richard Nixon dimitió, la Cámara de Representantes estuvo a punto de denunciarlo por servirse indebidamente de la CIA y el FBI.»

¿Por qué no se han depurado responsabilidades por todos estos bulos? ¿Por qué sigue George W. Bush en la Casa Blanca? ¿Dónde están los cargos contra el presidente?

¿Cuántos bulos harán falta para que el Congreso se harte?

3
PODEROSO CABALLERO ES DON PETRÓLEO

Anoche tuve un sueño. De hecho, tuve varios. En uno embadurnaba a un camello con helado sin lactosa. En otro paseaba al astro del golf Fred Couples en un carrito de la compra por un supermercado de Modesto, California, mientras me recitaba pasajes del Bhagavad Gita. Lo sé, necesito ayuda.

Fue una de esas noches en que sales de juerga hasta las tantas y luego, cuando apoyas la cabeza en la almohada, sientes como si una televisión por cable con tropecientos canales se te encendiera en el coco y no encontraras el mando a distancia para apagarla. Había salido a celebrar los asesinatos de Uday y Qusay Hussein con amigos y seres queridos. No hay que olvidar lo importante que es estar con los tuyos cuando el gobierno acorrala y se carga a gente que no nos gusta. Pero ventilarme todos esos chupitos de tequila mientras todo el bar gritaba «¡Uday! ¡Uday! ¡Uday!» fue demasiado, incluso para mí. No me había divertido tanto desde que el estado de Tejas ejecutó a aquel retardado mental.

En cualquier caso, volvamos al sueño principal. Era tan real que parecía sacado de Muchas Gracias, Mr. Scrooge. De repente, estaba en el futuro. Era el año 2054 y yo cumplía cien años ese día. O me había apuntado a una cooperativa de alimentos naturales unos años antes o, por algún motivo, el mundo se había quedado sin helados Ben & Jerry's porque, para la edad que tenía, estaba en plena forma.

En el sueño mi bisnieta Anne Coulter Moore me hacía una visita sorpresa. No tengo ni idea de dónde había sacado ese nombre y no me atreví a preguntárselo. Me contó que estaba preparando una exposición oral para la clase de historia y quería hacerme algunas preguntas. Pero no había luz, ella no tenía ordenador y el agua que bebía no venía en una botella. Ésta es la conversación, tal y como la recuerdo...

Anne Coulter Moore: ¡Hola, bisabuelo! Te he traído una vela. No sé por qué, pero en la ración de este mes había una de más. Pensé que a lo mejor no habría luz suficiente para la entrevista.

Michael Moore: Gracias, Annie. Cuando acabes, ¿podrías darme ese lápiz para que lo queme y me caliente un poco?

A: Lo siento, bisabuelo, pero si te lo diera no tendría con qué escribir durante el resto del año. Cuando eras joven, ¿no teníais otras cosas para escribir?

M: Sí, bolígrafos, ordenadores y maquinitas a las que hablabas y te lo escribían todo.

A: ¿Qué fue de todo eso?

M: Bueno, querida, se necesita plástico para fabricarlos.

A: Ah, sí, plástico. ¿A todo el mundo le gustaba el plástico?

M: Era una sustancia mágica, pero estaba hecha de petróleo.

A: Entiendo. Y desde que el petróleo se agotó hemos tenido que usar los lápices.

M: Exacto. Vaya, cómo echamos de menos el petróleo, ¿no?

A: ¿Cuando eras joven la gente era tan estúpida como para pensar que el petróleo no se acabaría nunca? ¿O es que no se preocupaban por nosotros?

M: Claro que nos preocupábamos por vosotros. Pero en mi época nuestros líderes juraron sobre una pila de Biblias que había petróleo de sobra y, por supuesto, quisimos creerles porque nos lo estábamos pasando en grande.

A: Entonces, cuando el petróleo empezó a agotarse y sabíais que se acercaba el final, ¿qué hicisteis?

M: Intentamos controlar la situación sometiendo a los países del mundo donde se encontraba la mayor parte del petróleo y gas natural que quedaban. Hubo muchas guerras. Para las primeras, las de Kuwait e Irak, nuestros líderes salieron con pretextos como «éste tiene armas malas» o «esa buena gente merece la libertad». Nos gustaba esa palabra, «libertad».

Pero las guerras nunca se libraban por esas razones. Siempre eran por el petróleo. En aquella época no llamábamos a las cosas por su nombre.

En las primeras guerras no murieron muchos de los nuestros, así que parecía que todo seguiría igual. Pero esas guerras sólo nos dieron petróleo para unos años más.

A: **He oído decir que cuando naciste había tanto petróleo que, de repente, todo empezó a hacerse a base de petróleo. Y que la mayoría de esas cosas eran de usar y tirar. Hace un par de años a papá y a mamá les concedieron permisos para hurgar en el vertedero. Mamá dice que tuvieron un golpe de suerte. Encontraron unas cuantas bolsas de plástico que no se habían degradado nada. Y dentro había muchas cosas de plástico. Realmente fuisteis muy listos al guardar tan bien todas esas cosas en las bolsas.**

M: Bueno, gracias, pero fue por pura casualidad. Tienes razón, hacíamos muchas cosas a partir del petróleo, que convertíamos en plástico: el tapizado de los muebles, las bolsas de la compra, los juguetes, las botellas, la ropa, los medicamentos e incluso los pañales para bebés. La lista de lo que se hacía con petróleo y sus derivados es interminable: aspirinas, cámaras de fotos, pelotas de golf, baterías de coche, alfombras, fertilizantes, gafas, champú, pegamento, ordenadores, cosméticos, detergentes, teléfonos, conservantes, balones de fútbol, insecticidas, equipaje, quitaesmalte, asientos de váter, medias, pasta de dientes, almohadas, lentillas, neumáticos, bolígrafos, cedés, zapatillas de deporte... Todo, de una manera u otra, provenía del petróleo. Dependíamos del petróleo. Bebíamos agua de una botella de plástico y luego la tirábamos. Éramos capaces de gastar varios litros de gasolina para conducir hasta una tienda y comprar un litro de leche (que también venían en una botella de plástico). Todas las Navidades tu abuela recibía regalos que eran casi todos de plástico, colocados debajo de un árbol de plástico (pero que parecía de verdad). Y, sí, es cierto que metíamos la basura en bolsas de plástico y las tirábamos.

A: ¿De dónde sacasteis la idea de quemar petróleo? ¿Por qué quemar algo que escaseaba? ¿La gente también quemaba diamantes entonces?

M: No, la gente no quemaba diamantes. Los diamantes eran preciosos. El petróleo también lo era, pero les daba igual. Lo convertíamos en gasolina, encendíamos una bujía y quemábamos litros y litros cada vez que podíamos.

A: ¿Qué se sentía cuando no se podía respirar porque el aire estaba contaminado por la quema de eso que llamas gasolina? ¿No os hacía eso pensar que quizá no se debía quemar nada que procediese del petróleo? Tal vez ese olor era la manera que la naturaleza tenía de deciros «¡no me queméis!»

M: Uf, uf, ese olor. Sí que era la forma en que la naturaleza nos decía que algo andaba mal. ¿En qué estaríamos pensando? ¿Qué estaríamos cantando?

A: ¿Qué?

M: Da igual.

A: Pero os estaba envenenando. Y en esa época no había centros de respiración como ahora. ¿Qué hacíais?

M: La gente no tenía más remedio que respirar ese aire. Eso ocasionó que millones de personas sufrieran y murieran. Nadie quería admitir que la contaminación causada por la quema de combustibles fósiles era la que nos dificultaba la respiración, así que los médicos decían que teníamos asma o alergias. Si bien para ti ir en coche es algo que se hace en los museos, en aquella época la mayoría de la gente recorría todos los días treinta, cincuenta e incluso sesenta kilómetros para ir al trabajo, y detestaban las horas que pasaban encerrados en el coche. Les ponía de mal humor.

A: O sea que, mientras agotabais las valiosas reservas de petróleo, os odiabais por ello. Qué raro.

M: Eh, no he dicho que nos odiáramos. Odiábamos el tiempo que desperdiciábamos en ir al trabajo, pero mucha gente creía que valía la pena porque no querían vivir en la ciudad, donde había toda clase de gente.

A: Lo que no entiendo es que si os lo estabais pasando en grande, dando unas vueltas por ahí en coche, consumiendo el petróleo, ¿por qué no se os ocurrió utilizar otro combustible antes de que se acabara el petróleo para poder seguir divirtiéndoos?

M: Los americanos hacían siempre las cosas a su manera y no querían cambiar.

A: **¿Quiénes eran los americanos?**

M: Mejor hablemos de otra cosa.

A: **Mi profesora de sexto nos dijo que uno de vuestros líderes creía que las «pilas de combustible de hidrógeno» sustituirían la gasolina de los coches, pero no fue así. ¡Vaya locura! Hoy cualquier chaval sabe que el hidrógeno no es fácil de conseguir. Claro que está en el H_2O, pero se necesita mucha energía para liberar el hidrógeno..., y era energía lo que más falta os hacía.**

M: Exacto, Anne: estábamos tan pasados de vueltas por culpa del Prozac y la televisión por cable que nos creíamos todo lo que nos decían nuestros líderes. Les creíamos incluso cuando nos aseguraron que el hidrógeno sería la panacea, ¡una fuente de energía ilimitada y no contaminante que pronto sustituiría al petróleo! Nos gastamos tanto dinero en el ejército para asegurarnos de no quedarnos sin petróleo que las escuelas se caían a pedazos y la gente era cada vez más estúpida... ¡Por eso nadie se dio cuenta de que el hidrógeno ni siquiera era un combustible! La situación era tan terrible que la mayoría de los estudiantes de posgrado ni siquiera sabía qué significaba «H_2O».

Las cosas se pusieron muy feas. Se nos acababa el petróleo y no había hidrógeno para los coches, así que la gente se cabreó. Pero ya era demasiado tarde. Fue entonces cuando comenzaron las muertes en cadena.

A: **Lo sé: se acabó la comida.**

M: En aquella época nos pareció una buena idea usar el petróleo para cultivar alimentos. Ahora resulta divertido pensar que a nadie le pasó por la cabeza que la producción alimentaria necesaria para alimentar a tanta gente no podría mantenerse durante mucho tiempo. Ésa fue, seguramente, nuestra mayor metedura de pata. Los fertilizantes, pesticidas y herbicidas artificiales, por no hablar de los tractores y la maquinaria agrícola, dependían de los combustibles fósiles.

Cuando la producción del petróleo alcanzó su nivel más alto, el precio de la comida subió a la par que el de los combustibles fósiles. Los primeros en morirse de hambre en el mundo fueron los pobres. Pero en cuanto la gente se percató de lo que estaba pasando arramblaron con todo lo que había en las tiendas y los almacenes, y ser rico ya no te garantizaba tener comida suficiente.

Para empeorar las cosas, cuando comenzaron las muertes en cadena la gente no podía ir a trabajar, calentar las casas ni utilizar electricidad. Algunos expertos predijeron que la producción de petróleo tocaría techo en 2015, y se rieron de ellos..., pero estaban en lo cierto. Los precios del combustible se dispararon, pero ya era demasiado tarde para poner en marcha una transformación gradual que permitiese el uso de energías alternativas. La catástrofe estaba a la vuelta de la esquina.

A: **Bisabuelo, ¿por qué estás empujando a un golfista en un carrito de la compra?**

M: Oh, lo siento. Es de mi otro sueño. ¡Venga, Fred, lárgate!

A: **Tengo una teoría sobre lo que ocurrió. He oído decir que a los de tu generación os encantaba pasar todo el día tumbados al sol, haciendo el vago. Creo que por eso agotasteis todo el petróleo barato, para calentar la Tierra, eliminar el invierno y estar siempre bien morenos y guapos.**

M: No, de hecho el sol nos daba mucho miedo. La mayoría trabajábamos en edificios con las ventanas cerradas herméticamente y con máquinas que filtraban y depuraban el aire y el agua. Cuando nos aventurábamos a salir al exterior nos embadurnábamos de protector solar y nos poníamos gafas de sol y sombreros para protegernos la cabeza. Pero aunque odiábamos el sol, todavía odiábamos más el frío. Todo el mundo se trasladaba a los estados cálidos, donde casi nunca nevaba, y se pasaban todo el día en casas y oficinas con aire acondicionado y se desplazaban en automóviles con aire acondicionado. Por supuesto, eso suponía un gasto mayor de gasolina, lo que calentaba aún más el planeta, por lo que la gente ponía un poco más fuerte el aire acondicionado.

A: ¿Por qué inventaron las bombas nucleares para matar a todo el mundo a la vez si ya tenían bombas de petróleo? Cuando transformaron las bombas nucleares en centrales eléctricas, ¿no sabían que una podría estallar y destruirlo todo?

M: Hace cien años nos dijeron que la fisión nuclear produciría electricidad «tan barata que saldría casi gratis». No fue así. El segundo presidente Bush... ¿o fue el tercero? Bueno, desde luego no fue el cuarto presidente Bush... El caso es que uno de los malditos Bush aumentó la producción de las centrales nucleares, pero después de que un obrero contrariado llenase su camioneta de fertilizante y detergente y la estampase contra el lugar en el que trabajaba, con lo cual arrasó un pueblo cercano, se suspendió el programa de inmediato.

A: Papá dice que en tu época había más de seis mil millones de personas en el mundo. A veces me asusto e intento no pensar en toda la gente que se murió de hambre o por enfermedad. En la escuela he oído decir que ahora hay unos quinientos millones de personas en el mundo. Me parece mucho. Pero a veces me preocupa que tal vez sigan produciéndose muertes en cadena. ¿Tú qué crees?

M: No te preocupes. Las muertes en cadena se han acabado. Ahora estás a salvo. Sigue desenterrando todo ese plástico y no te pasará nada.

A: Bisabuelo, ¿cómo sobreviviste?

M: Tu bisabuela y yo estábamos en el extranjero de viaje cuando comenzaron las muertes en cadena. Sobrevivimos porque, en alguna parte de la Gran Región del Petróleo, encontramos una cueva con mucha comida, teléfonos móviles y un buzón de FedEx. Nunca habría creído posible que alguien pudiera sobrevivir tanto tiempo en una cueva sin que le descubriesen. Pero nosotros lo conseguimos, al igual que quienquiera que hubiera usado la cueva antes. Lo más extraño de todo era que allí dentro había un dializador. Me decía una y otra vez «no, no es posible»...

A: Papá dice que confiaba en que la bisabuela y tú volvieseis a casa para estar todos juntos y calentitos. Aunque estoy enfadada con vosotros por haber gastado todo el petróleo sin siquiera habernos guardado una garrafa, lo mejor sería que toda la familia estuviese aquí cuando nos acurrucamos debajo del edredón familiar las noches en que la temperatura baja de los cero grados y los vecinos no pueden venir. Una vez hacía tanto frío que tuvimos que dormir con un par de animales y, aunque estábamos más calentitos, apestaba tanto que no pegué ojo. Mamá me dijo que a veces calentabais incluso el exterior para disfrutar del aire libre en mangas de camisa, tomando copas. ¿Os quedaréis con nosotros la bisabuela y tú?

M: Claro que sí, me encantaría, pero me temo que a nuestra edad también apestamos bastante.

A: **Mamá me contó que una vez fuiste famoso durante unos minutos por gritar algo durante una de las guerras del Petróleo. Ahora lo único que me queda es una vieja fotografía tuya con la boca abierta y señalando algo. ¡Con dos dedos extendidos! ¿Por qué estabas enfadado? ¿Por el petróleo?**

M: Esto..., bueno, la bisabuela no me dejará hablar de eso mientras viva. Esa noche se puso elegante, estaba guapísima y... ¡Venga, devuélveme la foto, pequeña! ¡Comienzo a oír abucheos en mi interior!

A: **Claro, toma. ¡Gracias, bisabuelo! ¿Quieres decir algo para terminar? La vela está a punto de apagarse.**

M: Sí, cuando recuerdo esa época, me doy cuenta de que los diez años transcurridos entre 2005 y 2015 representaron el momento más crítico para nuestra especie. La mayoría de nosotros intentó advertir a los demás del peligro de quedarnos sin petróleo, pero casi nadie hacía caso. Había gente buena, gente que se preocupaba por los demás, por nuestros hijos y el planeta. Luchamos, pero no lo suficiente. Las fuerzas de la codicia y el egoísmo pudieron con nosotros. Parecían empeñados en conducirnos a la extinción, y estuvieron a punto de lograrlo. Lo siento. Lo sentimos. Quizá vosotros podáis hacer mejor las cosas.

Fue justo entonces, cuando comenzaba a soltarle un sermón sensiblero, cuando me desperté del sueño bañado en un sudor frío, murmurando algo sobre una factura atrasada de una tintorería de Toledo. Me incorporé en la cama y entonces comprendí que se trataba de un sueño, que nunca sucedería algo tan ridículo, así que me recosté de nuevo, me arrebujé debajo de la manta eléctrica y soñé plácidamente con helado sin lactosa...

4
LOS ESTADOS UNIDOS DE ¡BUU!

No existe una amenaza terrorista.
Cálmate, relájate, escucha atentamente y repite conmigo:
No existe una amenaza terrorista.
¡No existe una amenaza terrorista!
¡no... existe... una... amenaza... terrorista!

¿Te sientes mejor? No mucho, ¿eh? Lo sé, no es fácil. Resulta increíble lo poco que tardaron en meternos en la cabeza que el país, el mundo, está plagado de terroristas. ¡Los chiflados andan sueltos con la misión diabólica de destruir hasta el último infiel estadounidense!

Por supuesto, el hecho de que viéramos el brutal asesinato de tres mil personas no ayuda mucho que digamos. Eso convencería hasta al más cínico de que hay gente a la que no le caemos bien y a quienes les gustaría librar al mundo de nosotros.

¿Por qué nos odian? Nuestro líder nos explicó por qué, apenas unos días después del 11 de Septiembre, cuando se dirigió al país: «Quieren que dejemos de viajar en avión y que dejemos de comprar. Pero este gran país no se dejará intimidar por esos malhechores.»

Veamos, cuando digo que no existe una amenaza terrorista no quiero decir que no haya terroristas o que no se cometan (o se vayan a cometer en el futuro) atentados terroristas. HAY terroristas, HAN perpetrado actos deplorables y, por desgracia, COMETERÁN acciones terroristas en un futuro no muy lejano. De eso estoy seguro.

Pero el hecho de que haya unos cuantos terroristas no significa que vivamos en un estado de peligro constante y angustioso. Sin embargo, algunos hablan de los terroristas como si hubiese millones de ellos, como si estuviesen por todas partes y nunca fueran a marcharse. Cheney ha dicho que ésta es «la nueva normalidad» a la que debemos acostumbrarnos, una situación que «se volverá permanente en la vida americana». Qué más quisieran.

Dicen que es una guerra contra el «terrorismo». ¿Cómo se puede declarar una guerra contra un sustantivo? Las guerras se declaran contra países, religiones y pueblos, no contra sustantivos o problemas, y siempre que el gobierno lo ha intentado —¿os acordáis de la «guerra contra las drogas» o de la «guerra contra la pobreza»?— ha fracasado.

Nuestros dirigentes quieren hacernos creer que se trata de una guerra de guerrillas, librada por miles de soldados-terroristas extranjeros escondidos en nuestro territorio. Pero eso no es lo que está ocurriendo y ya es hora de que nos concienciemos. Los norteamericanos rara vez son el blanco del terrorismo internacional, y menos aún en suelo estadounidense.

En el año 2000 las probabilidades de que un estadounidense muriese en un atentado terrorista en Estados Unidos eran exactamente cero. En 2002 esas probabilidades fueron, de nuevo, **cero**. Y en 2003, mientras escribo esto, ¿cuántas víctimas de acciones terroristas se han registrado en Estados Unidos? Cero. Incluso en el trágico año 2001, la posibilidad de que un estadounidense cayese víctima de un atentado terrorista en este país fue de 1 entre 100.000.

En 2001 fallecieron más americanos a causa de la gripe o la neumonía (1 de cada 4.500), el suicidio (1 de cada 9.200), un homicidio (1 de cada 14.000) o un accidente de coche (1 de cada 6.500). Sin embargo, nadie se sentía aterrorizado cada vez que se ponía al volante de su peligroso coche para ir a comprar un donut que provoca enfermedades cardíacas. El índice de suicidios implica que TÚ supones un mayor peligro para ti mismo que cualquier terrorista. Todas estas causas de muerte eran más peligrosas que el terrorismo, pero ninguna dio lugar a que se propusiesen proyectos de ley, se bombardease un país, se aprobasen presupuestos de emergencia por valor de miles de millones de dólares al mes, se movilizase a unidades de la Guardia Nacional, se declarasen alertas naranja o se desgranasen detalles en la parte inferior de la pantalla de la CNN para infundirnos pánico. No había otra reacción por parte del público que la indiferencia y el rechazo o, en el mejor de los casos, aceptación de que esas tragedias formaban parte de la vida.

Sin embargo, cuando se producen numerosas muertes a la vez, con tal salvajismo y en directo en la tele, ninguna racionalización provista de estadísticas como las anteriores puede impedir una reacción visceral ante algo tan terrible y real como el 11 de Septiembre. Hemos llegado a la conclusión de que no estamos a salvo, de que cualquiera de nosotros podría morir en cualquier momento en este enorme país. Da igual que las posibilidades de que eso ocurra sean prácticamente inexistentes. Una psicosis en masa se ha apoderado del país; de mí, de ti e incluso de los generales de alto rango que ahora lloran en público.

Exacto, yo también estoy obsesionado. Vivo parte del año en Nueva York y todos los días que paso allí me pregunto si ése será el último día de mi vida. Cada vez que oigo algún estruendo fuera de la ventana, me estremezco. Veo aviones que vuelan demasiado bajo y los observo con suspicacia. Escudriño bien a los que se sientan a mi lado cuando viajo en avión y siempre llevo un arma conmigo en el avión. Sí, llevo un arma. Un arma legal. Llevo una pelota de béisbol en mi equipaje de mano. Fue un regalo de Rudy Giuliani cuando grabamos un epidosio de *TV Nation* en Nueva York. La firmaron todos los New York Yankees de 1994. Supongo que podría lanzarla a unos 80 km/h si algún hijo de puta intentara derribar la puerta de la cabina de mando. (También sirve si se mete la pelota dentro de un calcetín largo; lo hondeas y ¡zas! Trallazo fulminante en la cabeza.) Los cordones de los zapatos son un buen recurso para estrangular al cabrón de turno si consigues rodearle el cuello con ellos. Lo que tengo claro es que venderé caro mi pellejo.

Yo también estoy tocado, ya lo ves. Supongo que haber tenido trato y trabajado con alguien que murió en uno de esos aviones te deja así.

¿Cómo llega a esta situación un pacifista de toda la vida como yo? Joder, estoy asustado, como todo el mundo. El miedo racional constituye una parte esencial de nuestra capacidad para sobrevivir. El instinto que nos permite percibir un peligro real y actuar en consecuencia le ha venido muy bien a nuestra especie a lo largo de los milenios.

Sin embargo, el miedo irracional es de lo peor que hay. Nos arrebata nuestra brújula de la supervivencia. Hace que desenfundemos la pistola cuando oímos un ruido por la noche (y así uno acaba por cargarse a su mujer, que iba al baño). Hace que no nos guste vivir cerca de alguien de otra raza. Y nos impulsa a renunciar de manera voluntaria a las libertades civiles que hemos disfrutado durante más de doscientos años simplemente porque nuestro «líder» nos dice que existe una «amenaza terrorista».

El miedo es tan elemental y tan fácil de manipular que se ha convertido tanto en nuestro mejor amigo como en nuestro peor enemigo. Y cuando se utiliza como un arma contra nosotros tiene la peculiaridad de destruir gran parte de aquello que amamos del estilo de vida americano.

Según la administración Bush y las historias que propagan los medios, los terroristas están por todas partes. Todos los días parece haber una nueva advertencia. ¡Otra alerta más! ¡Una nueva amenaza!

- *¡Ojo con los aeromodelos cargados de explosivos!* El boletín del FBI informó de que se enfrentaban a una «amenaza terrorista» de un «arma poco convencional» en forma de «gas Satin *[sic]*». Después de que hubieran confiscado el pequeño bote a un fabricante de aeromodelos y el personal de apoyo de materiales peligrosos lo hubiera transportado en un avión militar especial hasta una base militar especial, el entusiasta fabricante de aeromodelos admitió que había escrito «gas Satin *[sic]*» en un bote vacío a modo de «broma». No obstante, el gobierno hizo pública una alerta para dar con posibles aeromodelos cargados de explosivos que pudieran estrellarse contra un edificio, y las cadenas de noticias por cable presentaron a varios expertos a mediados de julio de 2003 para advertirnos de ese grave peligro.
- *¡Podría haber personas merodeando cerca de las vías para descarrilar trenes!* En octubre de 2002, el FBI advirtió a las agencias del orden de un posible ataque contra los sistemas de transporte, en especial los trenes. Los agentes de «inteligencia» dijeron que habían visto fotografías tomadas por al-Qaeda so-

bre motores de tren y cruces ferroviarios. (Por Dios, ¡espero que no hayan visto el montaje de trenes Lionel que tengo en el sótano!)

- *¡Cuidado con los zapatos-bomba!* El FBI dice que el explosivo que utilizó el terrorista del zapato, triperóxido de triacetona, no es detectable en los escáneres normales de los aeropuertos, y los expertos en explosivos afirman que cualquier licenciado en química podría fabricarlo en un laboratorio sencillo. La última vez que vi a alguien con los zapatos ardiendo fue en un concierto de ELO en 1978 en el Auditorio IMA, en Flint. Un tipo que había bebido demasiado se vomitó en los zapatos y luego alguien que estaba a su lado encendió una cerilla y la dejó caer, ¡y el vómito cargado de alcohol inflamó las Converse y provocó unas llamaradas bien guapas!
- *¡Ojo con las personas que parecen entretenerse más de la cuenta en las gasolineras!* Ahora hay algo que nunca vimos. El encargado de una gasolinera de Oklahoma llamó a las autoridades cuando dos camionetas y un camión aparcaron allí. A los pocos minutos, la policía y el FBI habían rodeado, con las armas desenfundadas, al grupo de rock Godspeed You! Black Emperor. Puestos en libertad tras varias horas de interrogatorio, el cantante Efrim Menuck declaró al *Seattle Weekly*: «Tenemos suerte de ser unos buenos chicos blancos de Canadá.»
- *¡Al-Qaeda podría estar provocando incendios incontrolados en el oeste de Estados Unidos!* El *Arizona Republic* informó de un memorándum en el cual el FBI alertaba a las agencias del orden de que al-Qaeda había planeado provocar incendios forestales en pleno verano en Colorado, Montana, Utah y Wyoming, «de modo que cuando se supiera que los incendios respondían a acciones terroristas los ciudadanos presionarían al gobierno de Estados Unidos para que cambiara su política».
- *¡Los terroristas comercian con artículos de consumo de imitación como equipos Sony falsos, zapatillas Nike falsas y vaqueros Calvin Klein falsos!* No hace mucho, un partidario de al-Qaeda envió un cargamento de colonia, champú y perfumes falsos desde Dubai hasta Dublín. Asusta pensar el daño que puede causar un perfume de imitación. El Congreso había ampliado el concepto de «artículos falsificados» a «fármacos falsificados».

Qué práctico resulta impedir el consumo de fármacos canadienses baratos diciendo que existe la posibilidad de que los terroristas nos envíen fármacos adulterados.

- *¡No se debe perder de vista a los agentes secretos de al-Qaeda con sopletes portátiles que intenten abrirse camino por entre los 21.736 cables metálicos que sostienen el puente de Brooklyn!* El FBI pescó a un camionero que había estado reconociendo el terreno y contando los cables. ¡Según los cálculos más optimistas se tardaría una semana en cortar los cables, así que ojo!

- *¡Informa de cualquier sustancia en polvo con la que te topes!* Tras recibir por correo una sustancia en polvo sospechosa, una mujer de Nueva Orleans llamó a las autoridades, y los bomberos, los funcionarios de correos, la policía y los agentes del FBI llegaron de inmediato para investigar el caso. Resultó ser una muestra gratuita de un detergente para la ropa. Pero eso no quiere decir que no haya terroristas (aunque las autoridades sospechen que el pánico del ántrax de 2001 fue obra de un estadounidense que tenía acceso a la sustancia en programas del gobierno o aprobados por el gobierno de Estados Unidos).

Caramba, ¡esos terroristas no paran! ¡Aeromodelos explosivos! ¡Gas Satín! ¡Incendios forestales! ¡Leones! ¡Tigres! ¡Osos! ¡El Coco vendrá a por mí! ¡SÁLVESE QUIEN PUEDA!

Si hay algo que me sorprende más que la tomadura de pelo del ¡BUU! es nuestra capacidad para picar. ¿Qué ha sido de nuestro sentido común? Sí, ese reflejo del cerebro que nos hacía decir, «¡chorradas!» cuando se nos planteaban tantas estupideces juntas. Eso es lo que pasa cuando el radar del miedo no funciona. Estás tan tocado que ya no sabes distinguir lo real de lo irreal.

¿Por qué el gobierno se ha esforzado tanto y de manera tan absurda por convencernos de que nuestras vidas corren peligro? Pues ni más ni menos que por su deseo de gobernar el mundo, primero controlándonos y luego logrando que les respaldemos para que dominen el resto del planeta. Una auténtica locura, ¿eh? Parece sacado de un guión de cine, ¿no? Sin embargo, Bush/Cheney/Ashcroft/Wall Street/Fortune 500 creen que, en este país sumido en el miedo tras el 11 de Septiembre, les ha llegado el momento —un momento que les ha regalado el destino por medio de los terroristas— de tomar las riendas y atacar a cualquiera que se atreva a cuestionar quién es el número uno. ¿Quién es el número uno? **he dicho, ¿quién es el número uno?** Exacto. ¡Dilo bien fuerte! Dilo, por George, Dick, Johnny y Condi: **¡somos el número uno! ¡usa! ¡usa! ¡usa!**

Saben que a los verdaderos estadounidenses no les va eso de dominar a los demás, así que tienen que vendérnoslo en un envoltorio de primera... y ese envoltorio se llama MIEDO. Para asustarnos bien necesitan a un enemigo poderoso y malo. Cuando la Unión Soviética desapareció, a Bush padre no se le ocurrió ninguno. Antes de que ni tan siquiera se hubiera dado cuenta, Clinton lo puso de patitas en la calle. La derecha se quedó al margen, pero tuvieron ocho largos años para tramar su regreso.

Al rescate de la derecha acudió un gabinete estratégico de gran empuje, The Project for a New American Century (PNAC), que estableció que Estados Unidos debería tener un único objetivo: un gobierno mundial de Estados Unidos, incuestionable y de carácter militar.

Dieron el primer paso el 26 de enero de 1998, en una carta abierta al presidente Clinton. Los neoconservadores del PNAC, Paul Wolfowitz y William Kristol, junto con Donald Rumsfeld y Richard Perle, advirtieron que la política para contener a Irak era «peligrosamente inadecuada» y que el propósito de la política exterior de Estados Unidos debería consistir en «apartar del poder a Saddam Hussein y a su régimen».

Cuando Bush hijo se hizo con el poder en 2000, dejó el Pentágono en manos de este grupo radical de conservadores chiflados. Después del 11 de Septiembre, Rumsfeld, Wolfowitz (que ya era el vicesecretario de Defensa de Rumsfeld) y los partidarios de la guerra propusieron atacar Irak como una de las primeras medidas de la nueva Guerra Permanente Contra el Terror. La siguiente decisión: acelerar la aprobación de un presupuesto de defensa por valor de 400.000 MILLONES de dólares, que incluía 70.000 millones de dólares para adquirir armas nuevas.

Gracias al 11 de Septiembre, Wolfowitz y sus colegas halcones de derechas habían dado con el enemigo que venderían al público. Se les unió el ex director de la CIA de la época Clinton, James Woolsey, quien declaró que había comenzado la cuarta guerra mundial (la guerra fría había sido la «tercera guerra mundial»). De esa manera, la «Guerra contra el Terror» sería unilateral e ilimitada; podría durar tanto como la guerra fría (cincuenta años) o más, quizá para siempre.

Y si no me crees, quizá Donald Rumsfeld te convenza: «Sin duda, será mucho más parecida a una guerra fría que a una guerra caliente —dijo Rummy—. Si se piensa en ello, la guerra fría duró cincuenta años, más o menos, y no hubo ninguna batalla muy importante. Lo que sí hubo fue una presión continua. [...] Me da la impresión de que sería la manera más apropiada de pensar en aquello a lo que nos enfrentamos ahora.»

Guau... una guerra sin final. Si consigues que la gente lo crea, te permitirán hacer lo que quieras siempre y cuando sea para protegerles. Ésta es la versión de Bush del concepto de chantaje de la antigua mafia. Ahí fuera hay alguien que va a ir a por ti. ¡Ossama, fue él! ¡Saddam, fue él! ¡Esos ayatolás locos, podrían ser ellos! ¡Corea del Norte, podría hacerlo! ¡Hola, OLP! Te protegeremos, sólo tienes que darnos todo tu dinero y tus derechos. ¡Y no abras la boca!

Hasta las elecciones de 2004, Bush repetirá hasta la saciedad que hay una guerra en marcha, una guerra contra el terror, una guerra para liberar y reconstruir Irak, una guerra contra los religiosos iraníes, una guerra contra los chiflados pronucleares de Corea del Norte, una guerra contra los carteles de la droga de Colombia, una guerra contra el extremismo, una guerra contra el comunismo en Cuba, una guerra contra Hamás, una guerra contra...

Y para sustentar esa guerra infinita, necesitan un miedo infinito, un miedo que sólo puede prolongarse de manera indefinida si nos arrebatan los derechos civiles más básicos.

La derecha necesita que esa guerra o aquella guerra duren lo máximo posible porque eso distrae a la gente. A todo el mundo —salvo a las víctimas— le gusta una buena guerra, sobre todo si se gana rápidamente. Nosotros, buenos. Ellos, malos. Ellos, muertos. ¡Nosotros ganar! ¡Cámaras, acción, el victorioso presidente de Estados Unidos aterriza en el portaaviones!

Así es como Bush piensa organizar la campaña para volver a presentarse como candidato. «Gané una guerra para vosotros. Luego gané otra. Pero hay más guerras y ¡necesitáis que las gane todas!» Será igual que el viejo dicho: «No hay que cambiar de caballo en medio del arroyo.»

Pero esta vez no se trata de un arroyo, amigos. Será un maremoto que podría anegar nuestra democracia. Si esos tipos siguen en el poder otros cuatro años, ¿creéis que cederán sus planes megalómanos de manera pacífica a un demócrata o ecologista elegido debidamente? ¿Cuántas libertades e hijos estamos dispuestos a sacrificar para que se forren con el dinero que puedan sacar a un país aterrorizado y de una guerra permanente?

No te asesinará un terrorista. Hemos perdido el sentido de la perspectiva. Y lo están utilizando contra nosotros, y no los terroristas, sino los líderes que quieren aterrorizarnos.

Un gran presidente dijo en cierta ocasión que no debemos tener miedo a nada, salvo al miedo mismo. Alentó e inspiró a un país. Ahora sólo debemos temer a George W. Bush. Estoy convencido de que Bush y sus compinches (sobre todo el fiscal general John Ashcroft) sólo tienen un propósito: aterrorizarnos de tal modo que sea cual sea el proyecto de ley que quieran aprobar o sean cuales sean los poderes que quieran que les otorgue el Congreso, nosotros accederemos con mucho gusto.

Justo después del 11 de Septiembre Bush consiguió que aprobaran la ley USA PATRIOT (siglas que significan «Unir y fortalecer América proporcionando las herramientas adecuadas y necesarias para interceptar y obstruir el terrorismo»). La ley otorga al gobierno una libertad sin precedentes para recabar información sin apenas tener en cuenta los derechos civiles o la intimidad. El Senado votó 98 a 1 a favor de la ley. Russ Feingold, demócrata de Wisconsin, fue el único patriota auténtico en el Senado aquel día, al emitir el único voto en contra, como demostraron las palabras de su elocuente discurso:

Ha habido periodos en la historia de nuestro país en los que las libertades civiles han quedado subordinadas a lo que parecían ser las exigencias legítimas de la guerra. Nuestra conciencia nacional todavía tiene las cicatrices y las máculas de aquellos acontecimientos: las leyes de extranjería y sedición, la suspensión del hábeas corpus durante la guerra de Secesión, el internamiento de los estadounidenses de origen japonés, alemán e italiano durante la Segunda Guerra Mundial, la lista negra de los supuestos simpatizantes del comunismo durante la era McCarthy y la vigilancia y hostilidad contra los manifestantes que se oponían a la guerra, incluido el doctor Martin Luther King Jr. durante la guerra de Vietnam. No debemos permitir que estos fragmentos del pasado se conviertan en un prólogo.

Los líderes del partido demócrata, que querían que los republicanos obtuviesen un voto unánime, se esforzaron por mantener a Feingold a raya, pero éste se opuso y no votó a favor de la legislación (y sufrió la ira de Tom Daschle, dirigente del partido demócrata, en la sala del Senado). Feingold reveló a *Congressional Quarterly*: «No sé si [disentir] es peligroso o no y, honestamente, me da igual. [...] Si lo peor que pudiera pasarme fuera que me echaran del cargo, entonces me consideraría un tipo afortunado si tenemos en cuenta la situación a la que nos enfrentamos.»

La ley USA PATRIOT es, cuando menos, un nombre inexacto. La ley es cualquier cosa menos patriótica. La ley «patriota» es tan antiamericana como *Mi lucha*. El nombre forma parte de un plan magistral diseñado para camuflar un hedor más intenso que el agua de los pantanos de Florida.

Es posible leer la ley si se dispone de varios días y un grupo de abogados. Esta ley no es como otras que, de manera clara, dicen «puedes hacer esto» o «no puedes hacer aquello». La ley USA PATRIOT consiste, básicamente, en la enmienda de leyes existentes. Son 342 páginas que no dicen nada concreto sino que te remiten a cientos de pasajes de otras leyes redactadas durante los últimos cien años. O sea, que para leerla necesitarás todas las leyes escritas el siglo pasado para comprobar qué frase o cláusula cambia la ley USA PATRIOT. Por ejemplo, el Artículo 220 reza así:

ART. 220. SERVICIO NACIONAL DE ÓRDENES DE REGISTRO PARA PRUEBAS ELECTRÓNICAS

a) EN GENERAL: Se enmienda el capítulo 121 del título 18, Código de EE.UU.

1) en el artículo 2703, suprímase «bajo las Leyes Federales de

las Normas Procesales» cada vez que aparezca y añádase «utilizando los trámites descritos en las Leyes Federales de las Normas Procesales por un tribunal con jurisdicción sobre el delito investigado»; y

2) en el artículo 2711
A) en el párrafo 1), suprímase «y»;
B) en el párrafo 2), suprímase el punto y añádase «;y»; y
C) añádase al final lo que sigue:
3) el término «tribunal de la jurisdicción competente» tiene el significado designado en el artículo 3127 e incluye cualquier tribunal Federal observado en esa definición, sin limitaciones de carácter geográfico.
b) ENMIENDA DE CONFORMIDAD: Se enmienda el artículo 2703 d) del título 18, Código de EE.UU., suprimiéndose «descrito en el artículo 3127 2) A)».

¿Lo has pillado todo?

*　*　*

Por eso, cuando alguien les cuestiona, los tipos del Departamento de Justicia levantan las manos e instan «al público a leer el redactado de la ley» para que quede claro. No hay forma humana posible de hacerlo.

El 11 de octubre de 2001, sólo un mes después del 11 de Septiembre, el Senado aprobó una versión del proyecto de ley que, en opinión de los defensores de los derechos civiles, resultaba menos tolerable que la versión de la Cámara de Representantes para someterla a votación el día siguiente.

A la administración Bush no le gustaron las protecciones que incluía el proyecto de la Cámara y, junto con el portavoz de la Cámara, trabajó toda la noche para despojarla de las protecciones de los derechos civiles a favor de las que habían votado las comisiones de la Cámara. Se entregó por fin a las 3.45 de la mañana. Cuando el Congreso se presentó al cabo de unas horas para votarla, los congresistas pensaron que votaban el texto acordado el día anterior. En cambio, votaron el proyecto de ley cuyas escasas protecciones se había cargado el fiscal general John Ashcroft durante la noche. Según la American Civil Liberties Union, pocos congresistas llegaron a leer la versión final de la ley. Quizá se trate de la acción más insensata e irresponsable que haya emprendido jamás el Congreso.

Esto es lo que hace esta ley. Ahora tu gobierno puede «interceptar y rastrear» los innumerables mensajes de correo electrónico que pensabas que eran privados. Si esto sigue así, ya puedes ir borrando la palabra «CONFIDENCIAL» del diccionario. Asimismo pueden inspeccionar: el historial bancario, el expediente académico, la lista de libros de la biblioteca que tú o tu hijo de nueve años habéis sacado este año (o incluso con qué frecuencia te has conectado a Internet en la biblioteca) y las compras realizadas. ¿Crees que exagero? La próxima vez que estés sentado en la sala de espera del médico o haciendo cola en el banco, lee sus nuevas declaraciones de confidencialidad. Enterrada entre la jerga legal encontrarás advertencias nuevas sobre el hecho de que la protección de tu intimidad no cubre las disposiciones tipo Gran Hermano de nuestra nueva ley USA PATRIOT.

Hay más. De acuerdo con la nueva disposición «CHAFARDEO», ahora los agentes pueden entrar en tu casa y registrar todas tus cosas y —agárrate— ¡ni siquiera deben informarte de que han estado allí!

Uno de los apartados más importantes de nuestra Declaración de Derechos es la Cuarta Enmienda. Todos apreciamos nuestra intimidad y nos gusta vivir en un lugar que fomenta el libre flujo de ideas. La idea básica es la INTIMIDAD. Por eso, de acuerdo con la Constitución estadounidense, para registrar una casa se necesita una orden de registro respaldada por alguna prueba que suponga un buen motivo para ello. Pero ahí llega Ashcroft con la nueva orden que viola nuestra amada noción de casa y hogar. La ley de Ashcroft no tiene nada que ver con el patriotismo. Ni mi maestra de historia de séptimo curso, la hermana Mary Raymond, ni nuestros Colegas Fundadores (sobre todo Jefferson) me perdonarían si no señalara que en cuanto permites que los gobernantes metan las narices en tu vida y violen tu «espacio», la idea de vivir en una sociedad libre cae por su propio peso.

En vez de presentar una causa probable ante un tribunal convencional, los agentes de Ashcroft obtienen las órdenes secretas de un tribunal secreto (el Tribunal de Vigilancia de Inteligencia Extranjera, FISA, creado en 1978), y los federales pueden presentarse como si nada, pronunciar las palabras mágicas «para fines informativos» y los jueces del tribunal secreto autorizan todas y cada una de las peticiones. Además, los periódicos publicaron que en 2002 se emitieron más de 170 órdenes de «emergencia», en comparación con las 47 de los 23 años anteriores. Las denominadas órdenes de emergencia no son más que documentos firmados por Ashcroft, que permiten a los agentes del FBI realizar escuchas telefónicas y registros durante 72 horas sin ninguna revisión por parte del tribunal de FISA.

Asimismo, la USA PATRIOT también incorpora el secreto sumarial de forma que cuando el FBI recoge los registros de la biblioteca, nadie puede decir ni una palabra sobre el registro so pena de que se le procese. (A lo mejor las bibliotecas no correrían ningún riesgo si colgaran carteles actualizados cada semana que dijeran: «Ningún agente del FBI ha espiado aquí esta semana» y cuando el cartel no esté, imagínate lo peor.) Dado que no corren el riesgo de que alguien controle su comportamiento, Bush, Cheney, Ashcroft y compañía pueden pastar libremente por el paisaje de nuestra vida.

La USA PATRIOT también permite que la oficina del fiscal general pida y reciba la información que le venga en gana de cualquier persona con sólo emitir lo que se denomina «carta de seguridad nacional». Han estado saliendo a tal velocidad de la oficina de Ashcroft que nadie, ni siquiera la Comisión Judicial de la Cámara de Representantes, sabe cuántas ha enviado. La Comisión Judicial exigió saberlo pero Ashcroft, amparándose en sus nuevos poderes, utilizó tácticas obstruccionistas. Con estas cartas de seguridad nacional, lo único que tienen que hacer los policías es presentar una y ¡listo!, la información relativa a negocios, estudios, Internet, consumo y otros datos personales se les entrega sin tener que presentar una causa probable o una necesidad de información extranjera. El FBI puede ir a por cualquiera, y Ashcroft se niega a revelar detrás de quién va, sin ni siquiera someterlo al examen del Congreso.

Y ahí no acaba la cosa. Ahora tenemos el precedente del arresto secreto que es la envidia de las repúblicas bananeras. Unos cinco mil jóvenes, la mayoría estudiantes, han sido «entrevistados» por el FBI por el mero hecho de no ser ciudadanos estadounidenses o por ser de origen árabe. Otras mil doscientas personas han sido detenidas y retenidas en secreto de forma indefinida, la mayoría por pequeñas infracciones relacionadas con la ley de inmigración que no habrían revestido ninguna importancia en el pasado. El 11 % de los detenidos por el Servicio de Inmigración y Naturalización permanecieron encarcelados durante más de seis meses antes de ser puestos en libertad o deportados. La mitad aproximadamente pasaron más de tres meses en prisión.

En un informe sumamente crítico, el propio inspector general del Departamento de Justicia reveló que mientras estaban encarcelados en el centro de detención federal de Brooklyn, los detenidos se enfrentaron a «unas pautas de abuso físico y verbal» así como a unas condiciones de detención «excesivamente duras», que incluían internamiento durante 23 horas al día, iluminación de la celda durante 24 horas, incomunicación, esposamientos excesivos, grilletes y cadenas gruesas. El informe también criticaba al FBI por «esforzarse poco por diferenciar» a los inmigrantes que pudieran tener vínculos con los terroristas y la amplia mayoría que no los tenía, incluyendo a muchos detenidos al azar.

Es antiamericano encarcelar a un grupo numeroso de personas cuando no hay ningún motivo creíble para considerarlas peligrosas.

Lo que es peor, algunos detenidos han sido sometidos a procesos de deportación secretos. Poco después de los atentados del 11 de Septiembre, los tribunales de inmigración de todo el país empezaron a celebrar cientos de vistas en secreto y a los funcionarios del tribunal incluso se les prohibió confirmar la existencia de los casos.

Ahora bien, tal vez algunos de vosotros os estéis diciendo que, como ciudadanos estadounidenses de pleno derecho, estáis a salvo del terror de Bush. No contéis con ello. La administración Bush nunca ha permitido que la ley limite sus objetivos prioritarios. Bush sostiene que él tiene el poder inherente como comandante en jefe, es decir, sin basarse en las leyes del país, para calificar a cualquiera de «combatiente enemigo» y luego encerrarlo y tirar la llave. De acuerdo con esta nueva perspectiva, que es una violación flagrante del derecho internacional y de todo aquello que representa este país, un combatiente enemigo es una persona que carece de todos los derechos legales.

La USA PATRIOT y la designación «combatiente enemigo» no son más que una pequeña muestra de lo que Bush nos depara. Plantéate la existencia de algo llamado Alerta de Información Total desarrollada por el Pentágono. Cuando alguien puso objeciones al término «total», lo atenuaron convirtiéndolo en Alerta de Información sobre el Terrorismo. Este programa, dirigido al comienzo por el autor de la operación Irán-Contra, el almirante John Poindexter, y auspiciada por la Agencia de Proyectos de Investigación Avanzados para la Defensa (DARPA), tendrá capacidad para consultar los registros de todo tipo de transacciones realizadas por cientos de millones de estadounidenses. Todas las búsquedas de información que realice el bueno del almirante, por ejemplo «dame los nombres de la gente que se compró un ratón óptico en CompUSA esta semana», equivalen a que el gobierno formule a todos los habitantes del país una pregunta indiscreta e inoportuna sobre su vida. Pero estas preguntas no se hacen a la cara, se formulan en secreto, ya que el gobierno accede a datos sobre ti que ni siquiera sabes que se han recogido y no te brinda la oportunidad de responder a las preguntas por ti mismo de forma que quizá pudieras explicar errores o circunstancias atenuantes en la información que se ha recopilado sobre ti. Otra creación de Poindexter y la DARPA fue el «Mercado de Análisis de Políticas» que el gobierno pensaba colocar en un sitio web. Al parecer, Poindexter razonó que el mercado de futuros de materias primas funcionaba tan bien para los amiguitos que Bush tenía en Enron que podía adaptarlo para predecir el terrorismo. Las personas invertirían en contratos de futuros hipotéticos relacionados con la probabilidad de sucesos tales como «el asesinato de Yassir Arafat» o «el derrocamiento del rey de Jordania, Abdulá II». Habría otros futuros disponibles basados en la riqueza económica, la estabilidad civil y la participación militar en Egipto, Irán, Irak, Israel, Jordania, Arabia Saudí, Siria y Turquía, todos ellos países productores de petróleo. El mercado propuesto duró aproximadamente un día después de que el Senado supiera de su existencia. Los senadores Wyden y Dorgan protestaron ante la petición de 8 millones de dólares por parte del Pentágono, y Wyden declaró: «Desde luego, en esta guerra contra el terror, no parece lo más sensato utilizar el dinero de los contribuyentes en los mercados imaginarios que comercian con posibilidades que revuelven el estómago.» Como consecuencia del alboroto que se armó, Poindexter tuvo que dimitir.

Estados Unidos siempre se ha guiado por el principio de que el gobierno no puede espiar a sus ciudadanos a no ser que haya una causa probable para creer que un ciudadano comete delitos. Incluso en ese caso, un juez debe aprobar tal espionaje. Cuando se nos interroga legalmente, siempre hemos tenido el derecho constitucional de negarnos a responder a la pregunta. Esos derechos quedan anulados con programas como el de la Alerta de Información sobre el Terrorismo.

Los terroristas suelen dejar pocos rastros electrónicos o en papel. Pagan en efectivo y son discretos. Sin embargo, tú y yo dejamos rastros por todas partes: tarjetas de crédito, teléfonos móviles, historiales médicos, Internet, todo lo que hacemos. Así pues, ¿a quién vigilan realmente?

Da igual que no sea más que otra capa de burocracia creada por el partido que se pasa la mayor parte del tiempo clamando contra el Gobierno federal y sus niveles de burocracia.

*   *   *

Y luego están los que viven en una especie de limbo del terror: los prisioneros de Guantánamo. De repente, estamos muy emocionados por tener a Cuba al lado, ¿qué mejor lugar para colocar a nuestros malos recién apresados? Seiscientas ochenta personas, incluidos tres menores de edades comprendidas entre los trece y los dieciséis años, están allí encarceladas de forma indefinida. No hay cargos, no cumplen ninguna sentencia, no tienen ni abogado ni nada. ¿A alguien le sorprende que haya habido 28 intentos de suicido entre los prisioneros?

Hasta el momento, se han documentado por lo menos treinta y cuatro casos de abusos del FBI en aplicación de la USA PATRIOT, y por lo menos 966 personas han presentado quejas formales. Muchas de estas personas se dedicaban a asuntos personales o intentaban ser partícipes de nuestra sociedad libre y abierta. Analiza estos ejemplos:

- John Clarke, organizador de la Coalición Contra la Pobreza de Ontario (OCAP), los agentes de inmigración le detuvieron en la frontera estadounidense cuando se dirigía a dar una conferencia en la Universidad Estatal de Michigan. Un agente del Departamento de Estado se desplazó en coche desde Detroit e interrogó a Clarke sobre su participación en las protestas antiglobalización, sobre si se «oponía a la ideología de Estados Unidos» e incluso sobre el paradero de Ossama bin Laden. El agente le enseñó una carpeta del Departamento de Estado sobre la OCAP que incluía el nombre de un hombre con quien Clarke se había alojado en Chicago y folletos sobre anteriores conferencias de Clarke en Estados Unidos.

- Un juez de las afueras de Nueva York preguntó a Anissa Khoder, ciudadana estadounidense de origen libanés, si era «terrorista» cuando se presentó en el juzgado por unas multas por estacionamiento indebido.

- En mayo de 2002 seis periodistas franceses fueron detenidos en el aeropuerto internacional de Los Ángeles, interrogados y sometidos a cacheos. Los retuvieron durante más de un día y los expulsaron de Estados Unidos antes de que pudieran llegar a su destino final: una feria de videojuegos.

- En un instituto de Vermont, un agente de policía uniformado entró en el aula del profesor Tom Treece a la 1.30 de la madrugada para fotografiar el proyecto artístico de un estudiante que mostraba al «presidente Bush con la boca tapada con cinta aislante» y la leyenda: «UTILIZA BIEN LA CINTA AISLANTE. CÁLLATE LA BOCA.» A Treece le impidieron seguir impartiendo clases sobre sucesos actuales.

- Una estudiante universitaria de Carolina del Norte, A. J. Brown, recibió la visita de dos agentes del servicio secreto que la interrogaron sobre la posesión de material «antiamericano». Sin permitirles la entrada, Brown enseñó a los agentes lo que supuso que buscaban: un póster en contra de la pena de muerte en el que se veía a Bush con un grupo de cuerpos linchados con la leyenda: «DEPENDEMOS DE TUS PALABRAS.»

- Doug Stuber, activista del partido verde de Carolina del Norte, fue detenido e interrogado mientras intentaba viajar a Praga en avión y luego le dijeron que ese día no se permitía viajar a los verdes. Los interrogadores le mostraron un documento del Departamento de Justicia que mostraba que los verdes eran posibles terroristas y el servicio secreto le hizo una foto para el archivo policial. Le obligaron a regresar a su casa.

Hay otros incidentes que, aunque quizá no sean obra de los federales, representan el efecto escalofriante que esto ha tenido en nuestra sociedad. He aquí dos ejemplos:

- CBS despidió a un productor de *Hitler: The Rise of Evil* por realizar unas declaraciones en las que comparaba el ambiente que se respiraba en Estados Unidos con el de Alemania cuando Hitler ascendió al poder.
- Una profesora de un instituto de Lynn, Massachusetts, se vio obligada a dejar de pasar mi película *Bowling for Columbine* en clase porque el director decidió que contenía «mensajes contrarios a la guerra».

Como ves, los efectos de las acciones de Bush van más allá de los temas relacionados con el terrorismo. Se ha creado un ambiente en el que la gente tiene que ir con cuidado con lo que dice o hace, todos los días. (De hecho, nada menos que una autoridad como Ari Fleischer, portavoz de la Casa Blanca, advirtió a los críticos de la administración Bush, y sobre todo al humorista Bill Maher, que «fueran con cuidado con lo que decían, fueran con cuidado con lo que hacían».)

Lo que realmente me molesta es la forma con que esta banda de impostores ha utilizado el 11 de Septiembre como excusa para cualquier cosa. Ya no se trata de aprobar medidas para protegernos de una «amenaza terrorista». Ahora la respuesta es el 11 de Septiembre. Es el maná caído del cielo por el que la derecha siempre ha rezado. ¿Quieren un nuevo sistema armamentístico? ¿Es necesario? ¿Por qué? ¡Bueno... 11-S! ¿Quieren suavizar las leyes sobre contaminación? ¡Es imprescindible! ¿Por qué? ¡11-S! ¿Quieren prohibir el aborto? ¡Por supuesto! ¿Por qué? ¡11-S! ¿Qué tiene que ver el 11 de Septiembre con el aborto? Eh, ¿por qué pones en duda al gobierno? ¡Que alguien llame al FBI!

El resto del mundo tiene la impresión de que nos hemos vuelto locos. La población de muchos otros países ha sufrido atentados terroristas durante años, algunos incluso durantes décadas. ¿Qué hacen? Pues no enloquecen de miedo. El alemán medio no deja de ir en metro. Han aprendido a convivir con ello. Son cosas que pasan.

¿Y qué hacemos nosotros? Nos inventamos gráficas de amenaza codificadas con colores. Cacheamos a hombres de noventa años en silla de ruedas. Atacamos la Declaración de Derechos. Sí, ¡así aprenderán los terroristas! Desmantelemos nuestra forma de vida para que así no tengan que hacerla saltar por los aires.

No tiene sentido.

Todo esto no quiere decir que no haya que tomar ciertas precauciones racionales para evitar que se produzcan esos pocos atentados terroristas.

Tal vez George W. Bush debería haberse propuesto leer los informes que la CIA le enviaba. El 6 de agosto de 2001, según el *Washington Post*, unas semanas antes del 11 de Septiembre, a Bush le dieron un informe completo «Urgente» en el que se le advertía que al-Qaeda planeaba un atentado de gran magnitud en Estados Unidos. (Se desconoce el contenido total del memorando porque Bush se ha negado a darlo a conocer, a pesar de que Condoleezza Rice haya repetido en infinidad de ocasiones que no había nada concreto en el informe. Si no hay nada concreto, ¿por qué no lo dan a conocer?) Algo peor, un informe de 1999 ya había advertido que al-Qaeda consideraba la posibilidad de utilizar aviones como misiles con la intención de estrellarlos contra edificios gubernamentales.

¿Por qué Bush, con un memorando de los servicios secretos en las manos que advertía de la inminencia de los atentados, junto con los informes que le había pasado la administración Clinton, no alertó a la nación? ¿Estaba demasiado ocupado tomándose un mes de vacaciones en Crawford, Tejas? Bush no hizo su trabajo y eso pudo costarle la vida a tres mil personas. Sólo eso debería bastar para que le acusaran ante un tribunal. Decir mentiras sobre sexo, que yo sepa, no costó la vida de nadie en la Casa Blanca de Clinton.

Por ejemplo, ¿qué habría pasado si, a finales de la década de 1990, los republicanos hubieran permitido que los agentes del FBI cumplieran con su deber —proteger la vida de nuestros ciudadanos— en vez de hacerles pasar incontables horas investigando las costumbres sexuales del presidente o los negocios de poca monta relacionados con terrenos de la primera dama? En un momento determinado, más de doscientos agentes del FBI estaban asignados a la investigación de la caza de brujas contra los Clinton. Doscientos agentes que, tal vez, podrían haber estado devolviendo llamadas a las academias de vuelo de Tejas que estaban preocupadas porque tenían a unos tipos raros que no querían aprender a hacer despegar o aterrizar un avión. Doscientos agentes del FBI que deberían haberse dedicado a averiguar por qué los terroristas seguían en el país mucho después de que les expirara el visado. Doscientos agentes del FBI que deberían haber preparado al personal de seguridad de los aeropuertos.

Doscientos agentes que deberían haberse dedicado a CUALQUIER OTRA COSA que no fuera perder el tiempo por culpa de unos republicanos vengativos, obsesos sexuales y derechistas que querían escribir un libro porno valorado en 50 millones de dólares sobre el lugar donde el presidente guardaba los puros.

Se ha hablado mucho de lo que Bush podría haber hecho para evitar el 11 de Septiembre el mes anterior a que ocurriera. Pero nadie habla de una acción acaecida catorce años antes del 11 de Septiembre que, con toda seguridad, habría evitado la tragedia, con un coste de cincuenta centavos más por billete de avión. En 1987 trabajé durante una temporada en la oficina de Ralph Nader en Washington. ¿Era uno de los proyectos en los que los Raiders de Nader trabajaban entonces? Presionaban al gobierno para que los viajes en avión fueran más seguros y presionaban a todas las compañías aéreas para instalar unas puertas nuevas en las cabinas de mando que fueran impenetrables. La industria aérea se opuso de forma contundente y se negó a tomar medidas. Está claro que si entonces hubieran hecho caso de Nader, ¿habrían podido hacerse con el control de los aviones los diecinueve piratas aéreos? Me atrevo a garantizar que las tres mil personas que murieron aquel día de septiembre hoy estarían vivas si el grupo de Nader se hubiera salido con la suya hace catorce años.

Cuando hablamos de terroristas debemos aceptar y reconocer que la mayoría de los atentados tienen un origen interno y que la mayor parte de los terroristas son del país. Tenemos que dejar de pensar que es el extranjero, el desconocido, el que quiere hacernos daño. Pocas veces es así. Hemos aprendido mucho al respecto en la época moderna. Ahora sabemos que cuando se asesina a una persona, en la mayor parte de los casos la víctima conocía al asesino. Los niños sufren abusos no por parte del mítico desconocido con gabardina sino por alguien de la familia, un vecino o un sacerdote amable. Los pirómanos son con demasiada frecuencia ex bomberos, en muchos casos los ladrones son personas que han estado en la casa o han trabajado en ella. Teniendo en cuenta todo el despliegue de seguridad del ayuntamiento de Nueva York para protegerlo de espantosos terroristas al estilo del 11 de Septiembre, fue un concejal el que permitió saltarse los detectores de metales a su asesino con el consentimiento de la policía. Y cuando se trata de secuestrar y estrellar aviones, las únicas dos veces que ocurrió antes del 11 de Septiembre, se trató de trabajadores de la compañía aérea, no de extranjeros locos. Hasta el 11 de septiembre de 2001 sólo los empleados de líneas aéreas habían provocado matanzas como ésa. (Un trabajador descontento de USAir que no tenía que pasar por los controles de seguridad, subió a bordo con una pistola en 1987 y estrelló un avión en California; y el 16 de noviembre de 1999, el empleado de una compañía aérea egipcia asumió el control del avión y lo estrelló en el océano Atlántico.)

Es crucial dejar de pensar en los «terroristas» como ocultos, anónimos y extranjeros. Es más probable que sea alguien que conoces. Ahora mismo te estás tomando una copa con él.

Siempre me ha parecido interesante que, supuestamente, la matanza del 11 de Septiembre fuera obra de un multimillonario. Siempre decimos que lo hizo un «terrorista» o un «fundamentalista islámico» o un «árabe», pero nunca definimos a Ossama bin Laden con su título justo: multimillonario. ¿Por qué nunca hemos leído un titular que diga: «Multimillonario mata a 3.000 personas»? Sería un titular correcto, ¿no? Nada de esto es falso: Ossama bin Laden tiene un patrimonio que asciende por lo menos a 30 millones de dólares, es multimillonario. Así pues, ¿por qué no vemos a esta persona como a un cabrón rico que mata gente? ¿Por qué eso no se ha convertido en un motivo para trazar el perfil de posibles terroristas? En vez de hacer una redada con árabes sospechosos, ¿por qué no decimos «¡Oh Dios mío, un multimillonario ha matado a tres mil personas! ¡Que hagan una redada de multimillonarios! ¡Que los metan a todos en la cárcel! ¡Sin cargos! ¡Sin juicio! ¡Que deporten a los millonarios!?»

Necesitamos protección de nuestros propios multimillonarios, de los terroristas corporativos, los que nos timan con las pensiones de jubilación, destruyen el medio ambiente, reducen los combustibles fósiles insustituibles en nombre de los beneficios, nos niegan el derecho universal a los servicios sanitarios, le quitan el trabajo a la gente cuando les viene en gana. ¿Cómo calificarías el aumento del 19 % en el número de personas sin techo y hambrientas de 2001 a 2002? ¿Acaso no son actos de terrorismo? ¿No cuestan vidas? ¿Acaso no forma todo parte de un plan calculado para infligir daños a los pobres y a los pobres que trabajan, de manera que unos cuantos ricos lo sean todavía más?

Tenemos que combatir a nuestros propios «terroristas» y necesitamos centrarnos en ellos por completo para que algún día vivamos en un país en el que el pueblo vuelva a elegir al presidente, un país en el que los ricos aprendan que tienen que pagar por sus actos. Un país libre, seguro, pacífico que comparta de verdad sus riquezas con los menos afortunados del mundo, un país que crea que todas las personas merecen un trato justo y en el que el miedo sea lo único que realmente deba infundirnos temor.

5
¿CÓMO ACABAR CON EL TERRORISMO? ¡DEJANDO DE SER TERRORISTAS!

Bienvenido a la Guía Fácil y Rápida de Mike para evitar futuros atentados terroristas.

Sí, eso es, habrá atentados terroristas en el futuro. ¿Cómo lo sé? ¡Porque es lo que se pasan todo el santo día diciéndonos!

Sé que acabo de decir que en realidad no existe una amenaza terrorista pero, por si me equivoco, probablemente no sea mala idea estar preparado.

He analizado este asunto en profundidad y, puesto que paso buena parte del año en la isla de Manhattan —el objetivo elegido por los malhechores internacionales— he convertido este estudio en una prioridad máxima. ¿Por qué? ¡Porque quiero vivir! Siento ser tan interesado pero tengo una película entre manos, estoy a punto de comprarme un coche híbrido, acabo de adelgazar veintidós kilos y ¡por supuesto quiero vivir para perder los otros veintidós que me sobran!

El programa de Bush para la seguridad nacional no nos ofrece ningún tipo de seguridad. Si de verdad quieres seguridad, te sugiero que tengas en cuenta mis ideas, que definitivamente harán de Estados Unidos un país más seguro:

1. **Apresar a Ossama bin Laden.** Guau, ¡qué idea tan original la mía! Supongo que a alguien se le ha olvidado hacerlo. ¿No nos habían dicho que Ossama era el cerebro del 11 de Septiembre? ¿Eso no le convierte en el autor de una matanza? Con toda la tecnología de la que disponemos (que nos permite leer el número de una matrícula desde un satélite espía

situado en el espacio sideral), ¿por qué no han apresado a este hombre? ¿Quién es su agente de viajes? Mi teoría: ha vuelto a Arabia Saudí, protegido por quienes le han financiado y está recibiendo la asistencia médica que necesita para sus problemas de riñón. O está en Newark. O... ¡está detrás de ti, ahora mismo! ¡Corre! ¡Corre!

2. **Cuando se da un golpe y se derroca al líder de otro país elegido democráticamente, hay que hacerlo bien.** No hay que obligar a la población de esos países a vivir bajo una dictadura patrocinada por Washington como hicimos en Chile, Indonesia y Guatemala. Esos regímenes se establecen principalmente para permitir que las corporaciones estadounidenses se lleven por delante a la gente. Este tipo de comportamiento provoca que cierto segmento rebelde de la población nos tenga un odio visceral. Lo sé, lo sé, menuda panda de lloricas. De todos modos, nosotros somos los que acabamos sufriendo. La mejor manera de ayudar a extender la democracia quizá consista en no anular las decisiones democráticas que han tomado los ciudadanos de otros países.

3. **Respaldar a los dictadores existentes no nos granjea el cariño de la población que vive bajo su gobierno.** En numerosas ocasiones nos hemos puesto del lado del tipo equivocado. Hemos escogido a más perdedores que un ejecutivo de la televisión. Saddam y la monarquía saudí no son sino el comienzo de una lista larga. Quienes viven bajo el yugo de tales déspotas saben que nosotros somos responsables de su sufrimiento.

4. **Al intentar apoyar a un dictador latinoamericano, hay que tratar de hacerlo sin matar a demasiadas monjas y arzobispos.** Tiende a dejar un mal sabor de boca en los nativos, que suelen ser muy religiosos, y a algunos de ellos quizá les entre el curioso deseo de matar a unos cuantos de los nuestros para vengarse.

5. **Al intentar asesinar al presidente de Cuba, hay que asegurarse de conseguir el tipo adecuado de puros con explosivo.** Si no nos deshacemos de él como es debido, después de haber pasado décadas apoyando a sus predecesores corruptos, la postura estadounidense perderá credibilidad.

6. **Sería bueno descubrir por qué cientos de millones de personas de tres continentes, que van desde Marruecos, en el Atlántico, hasta las Filipinas, en el Pacífico, están tan cabreadas con Israel.** Bueno, no me refiero a los típicos antisemitas, que están en todos los continentes, incluida la Antártida. No, me refería a que se tiene la idea de que los estadounidenses apoyamos a Israel en su opresión del pueblo palestino. Vamos a ver, ¿de dónde se han sacado los árabes una idea como ésa? Quizá fuera cuando un niño palestino dirigió la vista al aire y vio un helicóptero Apache estadounidense lanzando un misil al dormitorio de su hermana pequeña justo antes de que la niña volara en mil pedazos. ¡Qué susceptibles! ¡Hay gente que se ofende a las primeras de cambio! ¿Acaso es motivo suficiente para bailar en la calle cuando el World Trade Center se derrumba?

Por supuesto muchos niños israelíes han muerto también a manos de los palestinos. Eso hace pensar que todos los israelíes desearían exterminar al mundo árabe. Pero el israelí medio no tiene esa actitud. ¿Por qué? Porque, en su corazón, sabe que se equivoca y sabe que haría lo mismo que los palestinos si estuvieran en su situación.

Eh, hay una forma de detener los atentados suicidas: dar a los palestinos unos cuantos helicópteros Apache cargados de misiles y dejar que se enfrenten a los israelíes de igual a igual. Cuatro mil millones de dólares al año para Israel, cuatro mil millones de dólares al año para los palestinos: que se maten entre ellos y nos dejen en paz a los demás.

7. **El 5 % de la población mundial (ésos somos nosotros) gasta el 25 % del total de recursos energéticos mundiales, y los ricos, que son el 16 %, básicamente Estados Unidos, Europa y Japón, consumen el 80 % de las mercancías del mundo.** A algunos, esto les parece una muestra de avaricia y consideran que tiene que cambiar. Si no hay suficiente para subsistir porque lo acaparamos todo, eso hará que ciertas personas se enfaden. Tal vez se digan: «Vaya, ¿cómo es que nosotros vivimos con un dólar al día y ellos no?» No es que queramos que vivan con un dólar al día y, si pudiéramos, sin duda les daríamos cincuenta centavos más a la se-

mana, pero Dios bendijo a América porque no podemos evitarlo.

8. **Tenemos que ofrecer al mundo un vaso de agua.** En la actualidad, 1.300 millones de personas no pueden tomarse un vaso de agua limpia. ¿MIL TRESCIENTOS MILLONES? Eso es mucha gente sedienta. Yo digo ¡que les den una puñetera bebida! Si eso es lo que hace falta para evitar que vengan aquí a matarme, es un precio que pagaré gustoso.

No hay excusa, teniendo en cuenta nuestra riqueza y tecnología, para no asegurar que todos los habitantes de este planeta gocen de unas condiciones de vida seguras, limpias e higiénicas. ¿Y si nos propusiéramos suministrar agua potable a toda la Tierra en un plazo de cinco años? ¡Y lo consiguiéramos! ¿En qué consideración se nos tendría entonces? ¿Quién querría matarnos? Un vaso de agua limpia, y luego algo de la HBO y un Palm Pilot o dos y, antes de que nos demos cuenta, ¡nos querrán de verdad! (Y no, no hay que hacerlo permitiendo que Betchel o Nestlé intervengan, compren todas las existencias de agua y las vendan como ya hacen en muchos lugares.)

9. **Las personas deberían poder comprar los productos que confeccionan.** Tal y como están las cosas, Manuel de Monterrey, que acaba de montar un Ford nuevo, nunca podrá comprarse ese Ford. Eso podría hacer que Manuel estuviera un poco tenso con nosotros. O ¿qué me dicen de esa trabajadora de El Salvador que gana 24 centavos por cada jersey de la NBA que confecciona y que costará 140 dólares? ¿O los trabajadores de las fábricas de China que ganan 12 centavos haciendo esos juguetes tan monos de Disney, o los trabajadores que hacen ropa para The Gap en Bangladesh, mujeres embarazadas incluidas, a las que golpean y abofetean por los errores de producción?

América se enriqueció cuando sus trabajadores ganaban dinero suficiente para comprarse las casas, los coches y los equipos de música que fabricaban con sus propias manos. Eso les hacía felices, les satisfacía y no se ponían a pensar en revoluciones ni terrorismo. La genialidad de Henry Ford no fue sólo inventar la cadena de montaje sino la idea de que todo el mundo debía ganar cinco dólares al día (un buen sueldo en aquella época). Manteniendo el precio del Ford lo suficientemente bajo, todos sus trabajadores podían comprarse uno.

¿Por qué las corporaciones estadounidenses han olvidado esta lección cuando van al extranjero? Será su muerte. Dicen que pagan a sus trabajadores extranjeros una miseria a fin de que los precios se mantengan bajos para los consumidores estadounidenses. Lo cierto es que han trasladado tales fábricas a otros países para embolsarse el beneficio. Les iba de maravilla cuando fabricaban artículos en Estados Unidos; Henry Ford y sus coetáneos eran hombres ricos. Pero los nuevos ricos no se contentan con la mera riqueza, tienen el deseo insaciable de ganar todo lo inhumanamente posible. Nunca tienen suficiente. Esta avaricia hará que más norteamericanos pierdan la vida a manos de terroristas iracundos del tercer mundo. Que los potentados compartan su riqueza con quienes fabrican sus productos en el extranjero. Es una buena manera de que los demás estemos a salvo.

10. **Ningún niño debe ser un trabajador esclavizado**. Ya sabes cómo son los padres, quieren que sus hijos vayan a la escuela, no a fábricas donde se les explota. Mientras tú envías a tu hijo al colegio con un plátano en la fiambrera, los niños ecuatorianos de diez años van corriendo al trabajo junto a sus padres a las plantaciones bananeras donde ganan... ¡nada! Si alguien se queja, la empresa despide a los niños y espera que los padres asuman la carga de trabajo adicional. ¿Quién crees que lo paga cuando el niño se convierte en un adulto airado?

11. **Cuando matamos civiles no deberíamos llamarlo «daños colaterales»**. Cuando ellos matan a civiles, lo llamamos «terrorismo». Pero lanzamos bombas en Irak y más de seis mil civiles iraquíes acaban masacrados. Acto seguido, nos disculpamos por el «desliz». Al-Qaeda bombardea el World Trade Center y el Pentágono, mueren tres mil personas y es terrorismo. Pero ¿qué derecho teníamos a bombardear a la población civil iraquí? ¿Acaso esos civiles amenazaban nuestra vida? Siempre he pensado que la única situación en que está

permitido quitar la vida de alguien es cuando ese alguien está a punto de quitarte la tuya... ¿o es que me he perdido algo?

Por supuesto, es difícil no matar a civiles cuando incluso las bombas más inteligentes se vuelven tontas; en Irak una de cada diez se desvió de su rumbo y estallaron en casas, mercados y panaderías en vez de en los sistemas de defensa de misiles. Joder, algunos de los misiles inteligentes ni siquiera estallaron en Irak, cayeron sobre Irán, Turquía y Arabia Saudí. ¡Lo sentimos!

12. **Al declarar «misión cumplida», hay que asegurarse de que realmente lo está.** De lo contrario, se puede acabar con un montón más de soldados muertos. Tanto Kennedy como Johnson y Nixon declararon en un momento dado que los comunistas vietnamitas estaban huyendo, derrotados o destruidos, y siempre había una «luz al final del túnel». Una vez muertos 58.000 jóvenes estadounidenses, por no hablar de los cuatro millones de vietnamitas, camboyanos y laosianos, acabamos por darnos cuenta de que la única forma de «cumplir la misión» era largarnos de allí. Todavía tenemos que pedir perdón por la matanza. No sé por qué tengo la impresión de que los pobres del mundo no han olvidado esa «misión».

13. **Una forma infalible de estar realmente seguros sería destruyendo las armas de destrucción masiva que siguen en manos de la nación que ha matado a más gente que el resto de las naciones nucleares juntas.** Sí, destruyamos nuestras armas de destrucción masiva, aquí en Estados Unidos. Luego llamemos a Hans Blix para que certifique que lo hemos hecho. Hasta que no destruyamos todas las bombas atómicas y las convirtamos en uranio empobrecido no tendremos derecho a decir a Corea del Norte, la India, Pakistán, Israel y los demás que ELLOS no necesitan tales armas. No sólo daremos buen ejemplo, sino que también ahorraremos un montón de dinero. Además, seguiremos teniendo arsenal suficiente de alta tecnología para incinerar a quien nos venga en gana o sobrepasar en potencia de fuego a cualquier país canalla.

14. **Debemos renegar inmediatamente de la política de guerra preventiva de Bush.** Tenemos que cerrar de golpe esta caja de Pandora demente que Bush y Cheney han abierto: la idea de que es ético matar a gente «por si» quieren atacarnos no es el mejor método de relajar al resto del mundo cuando ven las Barras y Estrellas.

15. **Dejar de actuar como un ladrón que dice «arriba las manos, dame las armas y, bueno, ahora dame el petróleo».** Más vale ir directamente a por el petróleo y dejarse de tonterías sobre la construcción de la nación o la democracia. Claro que estaría mal, pero saldría más barato y sería más sencillo; aparte de que no tendríamos que reducir a civiles a cenizas.

16. **Dejar de aterrorizar a nuestros ciudadanos con la USA PATRIOT.** Y ya puestos, leer *1984* de George Orwell y dejar de poner nombres a las cosas que nos recuerdan a los dictadores totalitarios. Si no tienes tiempo de leerlo, aquí están mis pasajes preferidos para enganchar en la nevera:

«Los dos objetivos del Partido son conquistar la faz de la tierra en su totalidad y extinguir de una vez por todas la posibilidad de pensamiento independiente.»

«Lo único que se les exigía era un patriotismo primitivo al que poder apelar cuando fuera necesario para hacerles aceptar jornadas laborales más largas o raciones más escasas.»

«Se les podía hacer aceptar las violaciones más flagrantes de la realidad porque nunca acababan de aprehender en su totalidad la enormidad de lo que se les pedía, y los acontecimientos públicos no les interesaban lo suficiente como para darse cuenta de lo que sucedía.»

«Los capitalistas poseían el mundo entero y los demás eran sus esclavos. Eran propietarios de todas las tierras, las casas, las fábricas y todo el dinero. Si alguien les desobedecía, lo podían encarcelar o quitarle el empleo y dejarlo morir de hambre. Cuando alguna persona normal y corriente hablaba con un capitalista, tenía que encogerse y hacerle una reverencia, quitarse el sombrero y dirigirse a él como "Señor".»

17. **Empezar a bombardear a gente de piel blanca.** Me refiero a que ahora mismo parece que tenemos prejuicios o algo así, porque sólo atacamos a naciones con población de piel oscura, no cristiana. Cuando Francia y Alemania nos contrariaron, ¡teníamos que haberles bombardeado!

18. **Y por último... demos buen ejemplo.** ¿Recuerdas aquello de tratar al prójimo como a ti mismo? ¡Sigue vigente! Si se trata bien a las personas, el 99,9 % de las veces responden con la misma moneda. ¿Y si toda nuestra política exterior se basara en ese concepto novedoso? ¿Y si se nos conociera como el país que primero desea ayudar a la gente en lugar de querer explotarla por su trabajo o recursos naturales? ¿Y si nos conocieran por ser el país que comparte su increíble riqueza, compartirla hasta el punto de prescindir de algunos lujos a los que estamos acostumbrados? ¿Qué sentirían por nosotros entonces los pobres y desesperados del mundo? ¿Acaso así no reduciríamos nuestras posibilidades de ser víctimas de atentados terroristas? ¿No sería un mundo mejor en el que vivir todo el año? ¿Acaso no es lo correcto?

Lo cierto es que la cantidad de personas que desean volar por los aires para matarte es infinitamente pequeña. Sí, cualquiera dispuesto a morir por la causa puede acabar consiguiéndolo, pero esas personas existen en todas partes, y siempre han existido. La «Guerra contra el terror» no debería ser una guerra en Afganistán o Irak o Corea del Norte o Siria o Irán o cualquier otro lugar que acabemos invadiendo. Debería ser una guerra contra nuestros impulsos más oscuros.

Necesitamos respirar hondo y dar un paso atrás. ¿Qué haría falta para que te entraran ganas de matar a alguien? ¿Qué me dices de tres mil personas? ¿O cuatro millones? Eso es... haría falta algo terrible que te hubiera desquiciado por completo. Así pues, si sabes qué engendra a un terrorista y te das cuenta de que tú y yo somos quienes los engendramos, ¿no sería más sensato dejar de hacerlo?

No estoy diciendo que Ossama, o quien sea, deba tener la libertad de salirse con la suya. De hecho, eso fue el primer objetivo: ¡pillar a ese cabrón! Pero ¿qué se consigue empezando una guerra que reparte a los miembros de al-Qaeda por todo el mundo? ¿Y qué mensaje se envía a los musulmanes que han vivido bajo gobiernos opresores que vosotros, en un momento dado, habéis ayudado a mantener en el poder?

Sí, ha llegado la primavera a la tierra del terror y estamos germinando una región entera. ¿Es ésta la manera de hacer que el mundo sea un lugar seguro?

La única seguridad verdadera procede de garantizar a todo el mundo, aquí y en todas partes, las necesidades básicas y la posibilidad de soñar con una vida mejor. Por lo menos, tenemos que asegurarnos por completo de no ser quienes roban ese sueño.

6
Jesús W. Cristo

Hola, Dios al habla.

Espero que no te importe que interrumpa el libro de Mike con unas palabras mías, tu Creador Todopoderoso, pero eh, soy Dios, ¿quién va a detenerme?

Es probable que hayas oído mencionar Mi nombre bastante últimamente y si hay algo que de verdad Me fastidia son los chismorreos. Otra cosa que Me pone de mal humor y que Me retrotrae al Antiguo Testamento es que la gente tome Mi nombre en vano. Y existe una persona que Me invoca cada vez que tiene ocasión. Se está haciendo pasar ante vosotros por Mi mensajero personal. Recuerda, yo lo veo y oigo todo, y aquí tienes algunas de las perlas que le he oído decir a ese tipo:

«No podría ser gobernador si no creyera en un plan divino que desbanca todos los planes humanos.»

«Creo que Dios quiere que sea presidente.»

«Siento el consuelo y el poder de saber que literalmente millones de americanos que nunca voy a conocer [...] le dicen mi nombre al Todopoderoso y le piden que me ayude [...] Mi amigo, Jiang Zemin de China, tiene unos mil millones y medio de habitantes y no creo que pueda decirlo. Y mi amigo, Vladímir Putin, me cae bien, pero no puede decirlo.»

¿Es posible que este bobo hable en serio? Lo cierto es que

Putin y Jiang me caen muy bien. ¿Te piensas que sigo haciendo tantos chinos y rusos porque me disgustan?

Tengo que confesar algo: a veces la fastidio. No todas Mis creaciones son perfectas. Y, en el caso del humano que conoces como George W. Bush, bueno, la verdad es que con él se Me fue la mano.

No estoy demasiado seguro de cómo ocurrió. Sigo un proceso para inventariar bastante estricto y es raro que algo de lo que creo resulte ser un cacharro. Pero cuando meto la pata, la meto hasta el fondo. Piensa en Pompeya, todavía no sé qué demonios ocurrió allí. Estaba experimentando con una nueva mezcla de azufre y dióxido y cola sin azúcar y para cuando me di cuenta ¡BUM! Por lo menos está bien para el turismo (a diferencia de la Atlántida, que fue verdaderamente vergonzoso). Luego está Bangladesh. Intentaba conseguir los niveles adecuados de agua y tierra pero calculé mal y no hubo forma de arreglarlo. Es como cuando estás haciendo la cama y después de meterlo todo en su sitio siempre hay una parte de la sábana que no hay forma de alisar, así que se mete de cualquier manera debajo del colchón. Así es Bangladesh. Todo ese sitio está por debajo del nivel del mar. Todas esas inundaciones nunca han sido fruto de Mi ira.

Y sí, me habría gustado poneros a todos ojos en el cogote. Un fallo de diseño. Además, tenéis razón, el día NO tiene suficientes horas. Cuando creé los cielos y la Tierra, debería haber rotado su eje de forma un tanto distinta y haberos dado al menos cinco horas de luz solar más para tener tiempo de hacer todos los recados y llegar a casa a tiempo para la barbacoa. Además, ¿a quién no le gustaría tener un par de horas más para dormir todas las noches? Hay otras cosas que también haría de forma distinta: nunca le habría dado a ninguno de vosotros la inteligencia suficiente para inventar el césped artificial. Me cargaría Clear Channel con un rayo implacable. Pondría algo de cerebro en la cabeza de Tony Blair. Y castigaría con violencia a toda la liga de fútbol americano.

Creedme, cuando lo vuelva a hacer (después de que destrocéis el mundo), lo haré bien.

Pero, hoy por hoy, ¿qué hago con este tal Bush? No paro de oír que «actúa» en Mi «nombre». Pongamos las cosas claras: este tipo NO habla por Mí ni por nadie de aquí arriba. Yo hablo por Mí mismo o, cuando estoy cansado, envío a un profeta o dos para que se quejen por Mí. Una vez envié a Mi Hijo, pero eso no hizo más que armar una gorda que todavía no ha acabado. Las cosas no le fueron demasiado bien y, la verdad, nuestra relación está un poco tensa por aquello. Me ha dicho de forma rotunda que nunca volverá a la Tierra, con o sin segundo Advenimiento. «Envía a Gabriel», es todo lo que Me dice cuando saco el tema.

Odiaría tener que bajar en persona para arreglar la situación porque, cuando aparezco, no soy muy agradable de ver. Yo no envié a George W. Bush a ninguna misión. No le enviaron para eliminar a Saddam, no le enviaron para luchar contra un eje del mal y no estaba predestinado a ser presidente. No tengo ni idea de cómo ha podido pasar. En primer lugar, respondí a todas vuestras plegarias y retiré a su padre de la presidencia. Luego, cuando apareció su hijo al cabo de ocho años, volví a responder a todas vuestras plegarias y ese tal Gore consiguió la mayoría de los votos. Al igual que vosotros, no conté con la intromisión de ningún otro ser supremo o tribunal supremo. También estaba el problemilla de Lucifer levantando su fea cabeza en forma de alguien que se hacía llamar «Katherine Harris». ¿Cuántas veces os he dicho que Belcebú tiene muchas caras (Jim Baker, Antonin Scalia) y que actúa de forma taimada y engañosa?

Al comienzo nunca Me preocupé realmente por el joven Bush porque, en Mi plan divino, lo creé para que fuera uno de los típicos niños ricos juerguistas. En la Gran Mezcla del universo, permito la existencia de todo tipo de gente, y creo entre doscientos y trescientos juerguistas al día (más durante las vacaciones de primavera). Son tan necesarios como los científicos del espacio y los violonchelistas que os envío. Estos chicos son decisivos para que no decaiga la fiesta: hacen reír a la gente; preparan las actuaciones musicales; compran las bebidas alcohólicas a los menores. Luego, después de la fiesta, de vez en cuando tienen que matar a alguien en la carretera porque yo necesito almas de manera continua y rotatoria. Así funciona la cosa y el pequeño Georgie lo estaba haciendo bien hasta que apareció ese programa de los doce pasos y lo echó todo a perder.

Tío, odio a esos grupos «anónimos»: Alcohólicos Anónimos, Narcóticos Anónimos, Ludópatas Anónimos; todos ellos invocan Mi nombre para dejar la bebida, dejar de drogarse y dejar de jugar.

¡De repente, se acaban los pecadores! La cosa NO funciona así. Necesito que los pecadores pequen y luego se arrepientan y vuelvan a pecar y estén en mis garras para que hagan un poco de penitencia y buenas obras. Cuando dejan de pecar y empiezan a «rendirse» a un «poder superior» entonces toda la amenaza de fuego eterno y condena que les hace hacer lo que Yo quiero se va al garete.

Bueno, esto es precisamente lo que le pasó a este juerguista. Antes de que pudiera provocar una plaga de langostas, W. se escapó del plan divino. Hice todo lo posible para que fuera desgraciado. Me encargué de que todos sus negocios fracasaran. Me aseguré de que su equipo de béisbol sumara derrota tras derrota. Incluso Me aparecí ante él en sueños una noche y le convencí para que traspasara a Sammy Sosa y luego, para refregárselo por las narices, convertí a Sosa en el rey del *home-run* cuando se fue a su nuevo equipo.

Pero nada iba a derrotar a George W. Así que coloqué a su padre en la Casa Blanca, pensando, ¿cómo va a sobrevivir a esto el pequeño Georgie? Hizo que su hermano Neil se metiera en el escándalo de S&L y obligó a su hermano Marvin a esconderse.

Pero George ni se inmutó y encontró la forma de aprovecharse de la situación. Antes de que me diera cuenta, era gobernador de Tejas y comenzó a decidir cuándo moriría la gente. ¡ÉSE ES MI TRABAJO! No sé, a lo mejor me estoy haciendo viejo, o voy cada vez más lento, pero nada de lo que hice, ni siquiera asegurarme de que perdía las elecciones, sirvió para nada.

Poco después era todopoderoso y gobernaba el mundo. Muchos de vosotros pasasteis de Mí. Se acabaron los rezos y empezaron los insultos. Oh, sí, yo también tengo sentimientos. Y me duele. De verdad que sí. ¿A quién puedo recurrir en Mis momentos de necesidad? ¿Al Espíritu Santo? Este Tío es un inútil, nunca está, nunca deja una dirección de contacto.

Así pues, para los pocos de vosotros que todavía tenéis algo de fe en Mí, os voy a asegurar lo siguiente:

1. Soy el Señor vuestro Dios y ÉL es el Hijo de George, no el Hijo de Dios. Le haré pasar la eternidad aparcando coches en el párking de los VIP del infierno en cuanto le ponga las manos encima.
2. No ordené a Bush que invadiera ningún país. Sigue estando

mal matar a otros seres humanos a no ser que te amenacen con un cuchillo enorme en el cuello y todas las súplicas de clemencia y un disparo de alerta no hayan servido para nada. Matar humanos es asunto Mío y, chico, cuánto me gusta. ¡Me tenéis tan harto que esta noche a lo mejor me cargo a diez mil tipos!

3. No quiero que los colegiales Me recen en clase. Que lo dejen para la iglesia y para antes de acostarse: es suficiente para los pilluelos. ¡Si seguís obligándoles a rezar ante Mí, me van a odiar! ¡Parad de una vez!

4. Un embrión es un embrión, un feto es un feto y un bebé es un bebé. Así es como lo establecí. Cuando se trata de un bebé, entonces se convierte en un ser humano. Vosotros los humanos ya sois difíciles de por sí, no os necesito a ninguno antes de lo necesario. Y ya que hablamos del tema, vuestra vida sexual no me importa lo más mínimo, siempre y cuando seáis adultos y actuéis de forma voluntaria. Así que guardadla para vosotros, ¿de acuerdo?

5. Una cosa más sobre el tema de la creación: permitidme que os diga de una vez por todas que Yo no inventé ni apruebo el «creacionismo». Es un concepto tan absurdo como la primaria de Nueva Hampshire y la cerveza sin alcohol. Soy partidario de la evolución, a pesar de lo que los hombres de Neandertal afirman en Mi nombre. ¿Quién creéis que ha creado la ciencia? Sólo a un Poder Superior podría ocurrírsele algo tan complejo y milagroso.

6. No estoy de acuerdo con las placas y monumentos con los Diez Mandamientos y otro material religioso que se exhibe en los edificios públicos. ¿Mi poco conocido Undécimo Mandamiento? Guardaos las creencias religiosas para vosotros.

7. Con respecto a las otras religiones, debo aclarar dos asuntos. Uno: nunca va a haber setenta y dos vírgenes esperándote allá arriba. No hemos tenido a una virgen aquí arriba desde la madre de Jesús y tú no te le vas a acercar. Así pues, ahórrate la dinamita y los cuerpos hechos pedazos porque no vas a conseguir habitación en Mi casa. Y dos, la «Tierra Prometida» no existe. ¿Ese cargamento de arena que tiré en esa pequeña y horrorosa franja situada entre el Mediterráneo y el río Jordán? Se suponía que NADIE iba a vivir allí, y mucho menos luchar por

ella hasta el extremo de estar a punto de provocar el fin del mundo. No le di esa tierra a los israelíes, no le di esa tierra a Mahoma y si todo el mundo Me sigue utilizando como el terrateniente voy a zanjar la disputa de una vez por todas, así que vale ya.

8. Y, por último, basta ya de tanto «Que Dios bendiga América». ¿Qué os hace pensar que vosotros estáis bendecidos y los demás no? Yo no tengo preferidos. No oiréis a nadie en Yibuti diciendo «Que Dios bendiga Yibuti». Nunca he oído a nadie pronunciar las palabras «Que Dios bendiga Botswana». No son tan tontos. Que quede claro, Dios no bendice América, Dios no bendice a nadie, Dios está muy ocupado con el trabajo que tiene a medio hacer y no tiene tiempo de que le interrumpan con esta jerigonza patriótica. Id a bendeciros vosotros solos y dejad de utilizar Mi nombre como justificación para sentiros superiores ante los demás. No lo sois. De hecho sois uno de los pueblos más tontos del planeta. ¿No estáis de acuerdo? Dime el nombre del presidente de México. ¿Lo ves? Pregúntale a cualquier persona del mundo el nombre del gobernante del país vecino y lo sabrá. ¿Que Dios bendiga América? Yo diría que Dios le de un toque a América.

Mirad, voy a pediros un poco de ayuda. Soy consciente de que debía haber puesto fin a esta locura unos pocos días después del 11 de Septiembre cuando George W. dijo en el altar de la catedral nacional que su misión era «acabar con el mal en el mundo». La gente empezó a creer que iba a hacerlo. Bueno, no se puede acabar con el «mal» en el mundo porque el mal es necesario para definir el bien. Si no hubiera mal, Yo no existiría. El mal es un elemento necesario para los humanos, una forma que Yo tengo para poneros a prueba, retaros, para daros la oportunidad de decidir con vuestro libre albedrío si elegiréis el bien o el mal.

¿Queréis libraros de un poco de maldad? ¿Por qué no empezar eliminando un poco del mal que habéis creado? Permitir que la gente viva en la calle sin techo es malvado. Permitir que millones de niños pasen hambre es malvado. Pasarse horas y horas viendo telebasura mientras podríais estar manteniendo relaciones sexuales de las buenas con alguien que queréis es malvado.

¿Queréis enfrentaros a un malvado? Ve a darte unas cuantas bofetadas durante una hora. Luego sal a derrotar al demonio de la gran casa blanca.

Ésa es tu misión. Si me fallas, estás acabado.

Eso es todo. Dios ha hablado.

Ahora sigamos con el resto del libro...

7
HORATIO ALGER DEBE MORIR

Tal vez el mayor éxito de la guerra contra el terror haya sido la capacidad para distraer al país de la guerra corporativa contra nosotros. En los dos años transcurridos desde los atentados del 11 de Septiembre, las empresas estadounidenses han practicado un saqueo sonado que ha dejado a millones de ciudadanos de a pie sin ahorros, sin pensiones y con pocas o nulas esperanzas de poder dar un futuro agradable a su familia. Los bandidos del mundo de los negocios (y sus cómplices del gobierno) que han destrozado nuestra economía han intentado culpar a los terroristas, a Clinton y a nosotros.

Pero, de hecho, la destrucción sistemática de nuestro futuro económico se basa meramente en la codicia del *muyahid* corporativo. Hay un plan general, amigos míos, todas las empresas tienen uno, y cuanto antes superéis la tendencia a no querer creerlo, y dejéis de preocuparos porque el hecho de creerlo os sitúe en las filas de los chiflados que prosperan con teorías conspiratorias, antes tendréis la oportunidad de detenerles. Su curioso objetivo es asumir el control suficiente de vuestras vidas para que, al final, prometamos lealtad, no a una bandera o a alguna noción etérea de libertad y democracia sino a los dictados de Citigroup, Exxon, Nike, GE, GM, P&G, y Philip Morris. Sus ejecutivos son quienes tienen la última palabra y ya podéis votar y protestar y timar a Hacienda todo lo que queráis para vengaros de ellos, pero reconocedlo: ya no estáis al mando. Vosotros lo sabéis y ellos lo saben, y lo único que queda es el día en el que se codifique en un trozo de papel: la Declaración de los Estados Corporativos de América.

«Consideramos estas verdades manifiestas: que todos los hombres y mujeres y sus hijos menores de edad son iguales para servir a la Corporación, para ofrecer su trabajo sin rechistar, para aceptar cualquier remuneración sin quejas y para consumir sus productos sin pensar. A cambio, la Corporación proveerá el bien común, asegurará las defensas de la nación y recibirá el grueso de impuestos del pueblo...»

Ya no suena tan absurdo, ¿verdad? El traspaso se ha producido delante de nuestras narices. Nos han administrado a la fuerza unas «drogas» muy potentes para mantenernos callados mientras la banda de presidentes corporativos descontrolados nos asaltan a mano armada. Una de estas drogas se llama temor y la otra se llama Horatio Alger.

La droga del temor funciona de la siguiente manera: os cuentan repetidas veces que la gente mala y terrorífica os va a matar y que depositéis toda su confianza en ellos, vuestros líderes corporativos, y que os protegerán. Pero puesto que ellos saben qué es lo mejor, no les pongáis en duda si quieren que vosotros carguéis con la factura de su recorte de impuestos, o si deciden recortar drásticamente vuestra cobertura sanitaria o aumentar los gastos que supone comprar una casa. Y si no os calláis y acatáis la disciplina y trabajáis como burros, os despediremos, y luego intentad encontrar otro trabajo en esta economía, ¡imbéciles!

Esta mierda da tanto miedo que claro que hacemos lo que nos dicen, vamos con pies de plomo en nuestros cubículos deprimentes y ondeamos nuestras banderitas americanas para demostrar que sí, jefe, creemos en su guerra contra el terrorismo.

La otra droga es mejor. Se nos receta por primera vez cuando somos niños en forma de cuento de hadas, ¡pero es un cuento de hadas que puede convertirse en realidad! Es el mito de Horatio Alger. Alger era uno de los escritores estadounidenses más famosos de finales del siglo XIX (uno de sus primeros libros, para jóvenes, se titulaba *Ragged Dick*). Las historias de Alger las protagonizaban personajes de entornos empobrecidos que, mediante el coraje, la determinación y el trabajo eran capaces de conseguir grandes éxitos en esta tierra de infinitas oportunidades. El mensaje era que cualquiera puede triunfar en Estados Unidos y a lo grande.

En este país somos adictos al mito feliz de pasar de la pobreza a la riqueza. Las personas de otras democracias industrializadas se conforman con ganar un buen sueldo para pagar las facturas y mantener a su familia. Pocas tienen el deseo furibundo de hacerse ricas. Si tienen un trabajo que les permite volver a casa después de siete u ocho horas de trabajo, y luego tienen entre cuatro y ocho semanas de vacaciones pagadas al año, son relativamente felices. Y como sus gobiernos les financian la sanidad, buenas escuelas públicas y una pensión garantizada para vivir bien cuando sean ancianos, todavía están más contentas.

Seguro que algunos fantasean con ganar un montón de dinero más, pero la mayoría de las personas del resto del mundo no vive su vida pensando en los cuentos de hadas. Viven en la realidad, donde saben que sólo habrá unos cuantos ricos y que no serán ellos. Así que vete acostumbrando.

Por supuesto, los ricos de esos países se cuidan muy mucho de no alterar el equilibrio. Aunque hay unos cuantos cabrones avariciosos entre ellos, se rigen siguiendo ciertos límites. En el sector de las manufacturas, por ejemplo, los presidentes de las empresas británicas ganan veinticuatro veces más que el trabajador medio, la diferencia más amplia de Europa. Los presidentes alemanes sólo ganan quince veces más que sus trabajadores mientras que los suecos ganan trece veces más. Pero en Estados Unidos el presidente medio gana 411 veces más que los obreros. Los europeos ricos pagan hasta un 65 % de sus ingresos en impuestos y no se les ocurre quejarse demasiado alto o el pueblo les hará desembolsar todavía más.

En Estados Unidos nos da miedo meternos con ellos. Odiamos encarcelar a nuestros presidentes de empresa cuando infringen la ley. ¡Estamos más que dispuestos a recortarles los impuestos mientras los nuestros aumentan!

¿Por qué? Porque nos tragamos la mentira de que nosotros también podemos ser ricos algún día. Por consiguiente, no queremos hacer nada que nos perjudique el día que acabemos siendo millonarios. La zanahoria americana cuelga delante de nuestras narices toda la vida y creemos que estamos a punto de alcanzarla.

Resulta tan creíble porque hemos visto que se convertía en realidad. Una persona salida de la nada se hace rica. En la actualidad hay más millonarios que nunca. Este aumento en el número de millonarios ha resultado muy útil para los ricos porque implica que en todas las comunidades hay por lo menos una persona que se pavonea como ejemplo del pobre convertido en rico, lo cual transmite el poco sutil mensaje: «¡VEIS! ¡LO HE CONSEGUIDO! ¡VOSOTROS TAMBIÉN PODÉIS!»

Este mito tan tentador ha hecho que millones de personas trabajadoras inviertan en bolsa desde la década de los años noventa. Vieron qué ricos se hicieron los ricos en la década de los ochenta y pensaron, eh, ¡me puede pasar a mí!

Los ricos hicieron todo lo posible para alentar esa actitud. Hay que saber que en 1980, sólo el 20 % de los estadounidenses tenía acciones. Wall Street era un juego para ricos y estaba fuera del alcance de la gente de a pie. Y por buenos motivos: la gente normal era consciente de lo que era, un juego arriesgado, y cuando uno intenta ahorrar el máximo de dólares posible para enviar a los hijos a la universidad, los juegos de azar no son precisamente el lugar donde depositar el dinero que tanto ha costado ganar.

Sin embargo, hacia finales de los años ochenta, los ricos habían agotado prácticamente los excedentes y no sabían cómo hacer que el mercado siguiera creciendo. No sé si fue idea de algún genio de una agencia de corredores de bolsa o la conspiración poco sincera de todos los ricachones, pero el juego se convirtió en: «¡Eh, vamos a convencer a la clase media de que nos dé su dinero y así nos enriqueceremos todavía más!»

De repente, parecía que todos mis conocidos se subían al tren de la bolsa, colocaban el dinero en fondos de inversión o abrían planes de pensiones. Permitieron que los sindicatos invirtieran el dinero de las jubilaciones en acciones. ¡Los medios de comunicación no paraban de publicar artículos en los que se hablaba de gente trabajadora que se jubilaría casi como millonaria! Fue como una enfermedad contagiosa. Nadie quería quedarse al margen. Los trabajadores cobraban rápidamente el cheque de la paga y llamaban al corredor de bolsa para que comprara más acciones. ¡El corredor de bolsa! Ooh, qué bien sentaba... después de trabajar como un imbécil toda la semana en algún empleo ingrato y mísero, uno sentía que estaba un paso por delante y una cabeza por encima porque ¡tenía un corredor de bolsa privado! ¡Igual que los ricos!

Al cabo de cierto tiempo, ni siquiera quería cobrar en efectivo.

¡Págame en acciones! ¡Pásalo a mi plan de pensiones! ¡Llama a mi corredor de bolsa!

Luego, cada noche, uno estudiaba minuciosamente los índices bursátiles en el periódico mientras una de las cadenas por cable dedicada a dar información financiera las veinticuatro horas bramaba a todo volumen al fondo. Uno compraba programas informáticos para planear la estrategia. Había altibajos pero sobre todo subidas, muchas subidas, y uno decía: «¡Mis acciones han subido el ciento veinte por ciento! ¡Mi valor se ha triplicado!» Se aliviaba el dolor de la vida diaria imaginando el chalé para la jubilación que se compraría algún día o el coche deportivo que podría comprarse mañana si hiciera efectivas las acciones. ¡No, no las haga efectivas! ¡Van a seguir subiendo! ¡Invierta a largo plazo! ¡A forrarse!

Pero era una farsa. Fue una artimaña tramada por los que mandan a nivel corporativo que nunca tuvieron ninguna intención de permitirte la entrada en su club. Sólo necesitaban tu dinero para llegar al siguiente nivel, el que incluso les permite no tener que trabajar para vivir. Sabían que el gran auge de la década de los años noventa no podía durar, así que necesitaban tu dinero para inflar de forma artificial el valor de sus empresas para que las acciones alcanzaran un precio tan fantasmagórico que, llegado el momento de hacerlas efectivas, tendrían la vida solucionada, por maltrecha que estuviera la economía.

Y eso es lo que pasó. Mientras el típico incauto escuchaba a todos los fanfarrones de la CNBC diciéndole que debería comprar más acciones, los multimillonarios iban saliendo rápidamente del mercado vendiendo antes las acciones de su propia empresa. Mientras decían al público, y a sus empleados leales, que debían invertir más en la empresa porque los analistas predecían un crecimiento incluso mayor, los ejecutivos se deshacían de las acciones lo más rápido posible.

En septiembre de 2002, la revista *Fortune* publicó una lista asombrosa de sinvergüenzas corporativos que se largaron como bandidos mientras el precio de las acciones de su empresa descendía un 75 % o más entre 1999 y 2002. Sabían que se acercaba el bajón, por lo que esos ejecutivos hicieron efectivas las acciones en secreto mientras sus propios trabajadores y accionistas compraban más acciones («Mira, cariño, ahora podemos comprar acciones de

GM muy baratas») o conservaban su «valor» que se reducía a marchas forzadas con la esperanza de que se recuperara («¡Es inevitable! ¡Siempre ha pasado lo mismo! ¡Dicen que hay que estar en el mercado a largo plazo!»)

En los primeros puestos de la lista de malhechores estaba Qwest Communications. En su momento de máximo esplendor, las acciones de Qwest se cotizaban a casi cuarenta dólares. Al cabo de tres años las mismas acciones valían un dólar. Durante ese periodo, el director de Qwest, Phil Anschutz, y el ex presidente, Joe Nacchio, y el resto de los directivos se llevaron 2.260 millones de dólares, sencillamente vendiendo antes de que las acciones estuvieran a precio de saldo. Mis caciques corporativos de AOL Time Warner se embolsaron 1.790 millones de dólares. ¿Bill Joy y Ed Zander y sus amigos de Sun Microsystems? 1.030 millones de dólares. Charles Schwab de, sí, Charles Schwab, se llevó él solito más de 350 millones de dólares. La lista continúa y abarca todos los ámbitos de la economía.

Con su hombre, Bush, en la Casa Blanca y la economía manipulada al máximo, el mercado se estrelló. Al comienzo se enmascaró con el viejo cuento de «el mercado es cíclico, no saquéis el dinero, chicos, ya subirá, como hace siempre». Y por tanto el inversor medio no se retiró, hizo caso de todos esos consejos corruptos. Y el mercado siguió bajando, bajando, bajando... hasta llegar a unos límites tan ínfimos que parecía una locura sacar el dinero. A estas alturas ya tenía que haber tocado fondo, así que aguanta. Y entonces bajó todavía más y, antes de que nos diéramos cuenta, el dinero había desaparecido.

En el mercado de valores se perdieron más de cuatro billones de dólares. Más billones de dólares en fondos de pensiones y donaciones para universidades han dejado de existir.

Pero lo que no ha desaparecido es lo siguiente: los ricos. Siguen entre nosotros y les va mejor que nunca.

Se fueron riendo al banco suizo por el chanchullo del milenio. Lo consiguieron, legalmente en su mayor parte, y si infringieron la ley alguna vez, ningún problema, no hay más que un puñadito de ellos entre rejas mientras escribo esto. El resto está en una playa privada con la arena bien cuidada.

Por tanto, allá va mi pregunta: tras desplumar al público estadounidense y destruir el sueño americano para la mayoría de la clase trabajadora, ¿cómo es que el Congreso en vez de destriparlos, descuartizarlos y colgarlos al amanecer a las puertas de la ciudad, les dio a los ricos un gran beso en forma de recorte fiscal sin precedentes y nadie dice ni mu? ¿Cómo es posible?

Creo que se debe a que seguimos siendo adictos a la droga de la fantasía de Horatio Alger. A pesar de todo el daño y las pruebas que apuntan a lo contrario, el estadounidense medio sigue queriendo aferrarse a esta creencia de que quizá, sólo quizá, él o ella (sobre todo él) lo consiga algún día. Así que no ataques al rico porque algún día ¡ese hombre rico puedo ser yo!

Escuchad, amigos, tenéis que enfrentaros a la verdad: **Nunca seréis ricos**. Las posibilidades de que eso ocurra son una entre un millón. No es que nunca vayas a hacerte rico, sino que vas a tener que pasarte el resto de la vida dejándote la piel trabajando para pagar la factura del cable y las clases de música y bellas artes para tus hijos en la escuela pública, esas que antes eran gratis.

EL LOCO MUNDO DE LOS NEGOCIOS

Si los presidentes cuyo comportamiento ha planteado cuestiones delictivas no siguieran en el mundo de los negocios, se les consideraría sociópatas, sostiene un psicoanalista.

«Analizados como individuos, es fácil considerarlos sociópatas», declaró Kenneth Eisold, presidente de la Sociedad Internacional para el Estudio Psicoanalítico de las Organizaciones, refiriéndose a los ejecutivos de empresas como Kenneth Lay de Enron y Dennos Kozlowski de Tyco, en un discurso ante psiquiatras. «Pero en el contexto de un grupo que nunca les cuestiona, su comportamiento inmoral se convierte en normativo, no tienen ningún conflicto interno.»

Vista la predisposición a pasar por alto las consideraciones éticas durante el *boom* económico de la década de los noventa, cuando muchos estadounidenses se beneficiaron del mercado de valores, Eisold concluyó que «tenemos los presidentes que nos merecemos».

Y la situación no va sino a empeorar. Las prestaciones que tengas ahora van a quedar reducidas a la nada. Olvídate de la pensión, olvídate de la Seguridad Social, olvídate de que tus hijos se ocupen de ti cuando seas viejo porque apenas tendrán dinero para mantenerse. Y ni se te pase por la cabeza tomarte unas vacaciones porque lo más probable es que tu trabajo haya desaparecido para cuando vuelvas. Eres prescindible, no tienes derechos y, por cierto, «¿qué es un sindicato?»

Lo sé, muchos pensáis que la cosa no está tan mal. Claro, la situación es dura pero creéis que sobreviviréis. Seréis las únicas personas que, de alguna manera, lograrán salvarse de la locura. No vais a prescindir del sueño de conseguir algún día una porción del pastel. De hecho, algunos creéis que algún día la tarta entera podría ser vuestra.

Tengo noticias: ni siquiera vais a poder lamer la bandeja. El sistema está montado de tal forma que favorece a unos pocos y tu nombre no está en la lista, ni ahora ni nunca. Está tan bien montado que embauca a personas decentes, trabajadoras, sensibles para que crean que también funciona para ellas. Les sostiene la zanahoria tan cerca de la cara que consiguen olerla. Y con la promesa de que algún día podrán comerse la zanahoria, el sistema recluta un ejército de consumidores y contribuyentes que, con mucho gusto y pasión luchan por los derechos de los ricos, independientemente de que signifique darles miles de millones de dólares en forma de recorte fiscal mientras ellos envían a sus propios hijos a escuelas ruinosas o aunque signifique mandar a sus hijos a morir a guerras para proteger el petróleo del hombre rico. Sí, es cierto: los trabajadores/consumidores sacrificarán incluso la vida de la carne de su carne si así los ricos siguen gordos y felices, porque los ricos les han prometido que algún día ¡podrán reunirse con ellos a la mesa!

Pero ese día nunca llega y para cuando el tonto de capirote se entere, estará en un hogar de ancianos vomitando un montón de paparruchas amargas sobre la autoridad y desquitándose con la auxiliar que sólo intenta vaciarle el orinal. Podría haber pasado el fin de sus días de una forma más humana, pero se gastó el dinero que lo habría financiado en las fabulosas acciones de AOL Time Warner y World-Com, y el resto se lo gastó el gobierno en ese sistema de armas para el espacio sideral que nunca ha acabado de funcionar.

Si todavía te aferras a la idea de que no toda la América corporativa es tan mala, analiza estos tres ejemplos de lo que han estado haciendo últimamente nuestros buenos capitanes de la industria.

Para empezar, ¿eres consciente de que tu empresa puede haber suscrito una póliza de seguro de vida para ti? Oh, ¿qué detalle por su parte, dices? Sí, mira qué detalle:

Durante los últimos veinte años, empresas entre las que figuran Disney, Nestlé, Procter & Gamble, Dow Chemical, JP Morgan Chase y Wal-Mart han estado suscribiendo pólizas de seguro de vida para sus empleados de nivel bajo y medio y luego se han nombrado a ellos mismos, la Corporación, ¡beneficiarios! Eso es: cuando te mueras, la empresa, no quienes te sobrevivan, cobra el seguro. Si mueres en el trabajo, mucho mejor, puesto que la mayoría de las pólizas de seguro de vida están montadas para pagar más cuando alguien muere joven. Y si vives hasta una edad avanzada, incluso mucho después de que hayas dejado la empresa, ésta seguirá cobrando por tu muerte. El dinero no servirá para ayudar a los familiares afligidos en un mal momento ni para pagar el funeral y el entierro; pasará a manos de los ejecutivos de la empresa. E independientemente de cuándo la diñes, la empresa puede pedir dinero a cuenta de la póliza y deducir los intereses de los impuestos corporativos.

Muchas de estas empresas han dispuesto un sistema para que el dinero sirva para pagar las primas, coches, casas y viajes al Caribe de los ejecutivos. Tu muerte sirve para ayudar a que tu jefe sea un hombre muy feliz sentado en un *jacuzzi* de St. Barts.

¿Y cómo llama en privado la América Corporativa a esta forma especial de seguro de vida?

Seguro de los Palurdos Muertos.

Eso es. Palurdos Muertos. Porque eso es lo que sois para ellos: palurdos. Y a veces les resultáis más valiosos muertos que vivos. (A veces también le llaman el seguro de los «Conserjes Muertos».)

Cuando leí esta noticia en el *Wall Street Journal* el año pasado, creí que por equivocación había tomado una de esas versiones paródicas del periódico. Pero no, era el auténtico, y los periodistas, Ellen Schultz y Theo Francis, contaban historias desgarradoras de trabajadores que habían muerto y a cuyas familias les habría ido muy bien el dinero.

Escribieron sobre un hombre que murió a los veintinueve años por complicaciones del sida, que no tenía seguro de vida propio. Su familia no recibió ninguna prestación por su muerte pero CM Holdings, la sociedad matriz de la tienda de discos en la que trabajaba, cobró 339.302 dólares por su muerte.

CM Holdings suscribió otra póliza de una auxiliar administrativa que ganaba 21.000 dólares al año y que murió de esclerosis lateral amiotrófica (la enfermedad de Lou Gehrig). Según el artículo del *Journal*, la empresa rechazó una petición de sus hijos mayores, que cuidaron de ella durante la enfermedad, para ayudarles a comprar una silla de ruedas de cinco mil dólares para poder llevar a su madre a la iglesia. Cuando la mujer murió en 1998, la empresa recibió un pago de 180.000 dólares.

Algunas empresas, Wal-Mart entre ellas, han dejado de hacerlo. Algunos estados han promulgado leyes que prohíben las pólizas de los «Palurdos Muertos» y otros se están planteando emprender acciones similares. Y supervivientes de empleados fallecidos que pretenden ser nombrados beneficiarios de las pólizas han entablado numerosas demandas contra empresas. Pero, por el momento, las pólizas siguen en muchas empresas. ¿La tuya es una de ellas? Quizá desees enterarte. Es bueno saber que, después de tu muerte, tu cadáver podría convertirse en un Porsche nuevo para el presidente.

¿Todavía no estás convencido de que a los ricos les importas un pimiento? Aquí tienes otro ejemplo de lo poco que significas para tus patronos corporativos en cuanto tienen tu voto y tu obediencia. El Congreso está estudiando un proyecto de ley que permitirá a las empresas depositar menos dinero en los fondos de pensiones si eres un obrero porque, según dicen, como consecuencia de las condiciones laborales indecentes e insalubres que han creado para ti, no vivirás demasiado. Así pues, las empresas no necesitan plantearse darte todo el dinero de la jubilación porque, ¡qué diablos!, no vivirás lo suficiente para usarlo. Te morirás porque no instalaron ventilación suficiente o porque te hicieron trabajar tanto que puedes darte por satisfecho si no toses sangre cuando tengas cincuenta y ocho años. Así pues, ¿por qué hacerles reservar todo ese dinero para tu jubilación?

Lo que resulta incluso más asqueroso de esta legislación es que la apoyen sindicatos como el UAW que quieren que el dinero de las pensiones se utilice ahora para aumentar el sueldo de sus trabajadores. Pero las cuentas no cuadran: los obreros que están afiliados al sindicato viven más tiempo que los trabajadores industriales no afiliados porque se les paga mejor y tienen buenas prestaciones sanitarias. La gente con más dinero que tiene acceso a servicios de salud tienden a vivir más y, por tanto, necesitan más, y no menos, dinero en las pensiones para mantenerse durante su larga vida de jubilados.

El tercer ejemplo de lo prescindible que eres procede de nuestros buenos amigos de la Agencia de Protección del Medio Ambiente (EPA) de la administración Bush. Tienen un plan llamado «descuento por muerte en la tercera edad». Los contaminantes corporativos hace tiempo que se quejan de cómo calcula el gobierno el coste real, en vidas humanas, de su contaminación del aire y el agua. La EPA establece sus regulaciones, y estipula las multas, en parte calculando cuánta gente muere a consecuencia de la contaminación. Así pues, han obtenido una cifra para el «valor» real de la vida humana: 3,7 millones de dólares. (¿Ves? ¡Al fin y al cabo vales millones!)

Pero los representantes del mundo de los negocios se quejaron. Dijeron: «¡Es imposible que todos estos inútiles valgan casi cuatro millones de dólares!» Por tanto, a la EPA de Bush se le ocurrió un buen truquillo de matemáticas y dijo, bueno, para que reduzcáis costes y esfuerzos para limpiar vuestra contaminación, ahora diremos que toda persona mayor de setenta años sólo vale 2,3 millones de dólares. Al fin y al cabo, ya casi están acabadas y ya no producen nada, así que sus vidas no valen tanto.

Ahí es cuando los críticos acuñaron la política del «descuento por muerte en la tercera edad». Los ancianos protestaron y la directora de la EPA, Christie Whitman afirmó que la agencia dejaría de utilizar ese cálculo. Acto seguido dimitió.

Así pues, has trabajado como un esclavo toda la vida, has hecho más horas de las que te tocaban, diste todo lo que tenías para ayudar a tu empresa a obtener un récord de beneficios. Cuando fuiste al colegio electoral votaste a sus candidatos republicanos (y demócratas) como te pidieron y, cuando te jubilas, así es como te lo agradecen. Un descuento por ser de la tercera edad, no sólo en el cine o en McDonald's sino en tu propia vida.

Mira, no sé cómo decirlo de forma más suave pero los desgraciados que mandan en nuestro país son una panda de gilipollas maquinadores, ladrones y petulantes a los que hay que hacer caer, eliminar y reemplazar con un sistema totalmente nuevo controlado por nosotros. Se supone que eso es la democracia: el pueblo al poder, joder. ¿Qué nos ha pasado? Tal vez nunca llegamos a estar realmente en el poder y esas palabras sólo sonaron bien en el salón de la Independencia ese día sofocante de 1776. Tal vez si los Padres Fundadores hubieran tenido aire acondicionado y un jet corporativo no habrían escrito una chorrada semejante. Pero la escribieron y con eso nos tenemos que apañar.

Así pues, ¿cómo dejamos que ganaran los malos, los que se habrían cargado a George III por aquel entonces si hubieran tenido media oportunidad? ¿Cuándo vamos a tener a este país y su economía en nuestras manos, eligiendo a representantes que repartan el pastel con justicia y se encarguen de que nadie reciba más de lo que le toca?

Por el contrario, lo que tenemos son tristes realidades como ésta: los dos amigos del alma, George W. Bush (director general de Estados Unidos) y Kenneth Lay (presidente de Enron, la séptima empresa en orden de importancia de Estados Unidos). Antes de su quiebra, Enron, empresa con sede en Houston, se embolsaba 100.000 millones de dólares al año, en su mayor parte gracias a contratos comerciales de materias primas como petróleo, gas y electricidad en todo el mundo. El mercado energético, cada vez más liberalizado, era una mina de oro para la empresa, conocida por sus transacciones agresivas.

Lay, a quien Bush apoda cariñosamente «Kenny Boy», nunca disimuló las muestras públicas de amistad. Enron donó 736.800 dólares a Bush desde 1993. Entre 1999 y 2001, el presidente Lay recaudó 100.000 dólares para su amigo y a título personal contribuyó con 283.000 dólares al Comité Nacional Republicano. Asimismo, Lay cedió amablemente al candidato Bush el jet corporativo de

Enron durante la campaña presidencial para que pudiera viajar con su familia por todo el país y hablar de su plan para «devolver la dignidad a la Casa Blanca».

Ciertamente esta amistad era mutua. Bush interrumpió un importante viaje de campaña en abril de 2000 para volver en avión a Houston el día que Lay hizo el lanzamiento de honor en el partido de inauguración del Enron Field donde iba a jugar el Houston Astros. ¿Quién ha dicho que los hombres no son sentimentales?

Después de que Bush se convirtiera en presidente, invitó a Lay a Washington para que entrevistara en persona a la gente que prestaría sus servicios en la administración Bush, sobre todo para los cargos más destacados del Departamento de Energía: el mismo organismo regulador que supervisa a Enron.

Harvey Pitt —presidente de la Comisión de Vigilancia del Mercado de Valores por aquel entonces— había sido abogado de la empresa contable de Enron, Arthur Andersen. Lay y el equipo de Andersen también trabajaron para asegurarse de que las firmas contables estarían exentas de numerosas regulaciones y que no se las consideraría responsables de ninguna «irregularidad contable», acuerdo que posteriormente les vendría muy bien.

Lay pasó el resto de su tiempo en Washington puerta con puerta con su viejo amigo, el vicepresidente Dick Cheney. Los dos formaron un «grupo de trabajo para la energía» responsable de la preparación de una nueva «política energética», una política que podía afectar prácticamente a todas las relaciones comerciales de Enron. Cheney o sus ayudantes se reunieron con los ejecutivos de Enron por lo menos seis veces durante ese periodo, pero nadie conoce el alcance real de las reuniones porque Cheney se ha negado a hacer públicas las actas de tales encuentros. Mientras tanto, los trapicheros de Enron estaban urdiendo planes para manipular una crisis energética en California que acabaría llenándoles los bolsillos con unos cuantos millones más.

¿Te suena algo de todo esto? Quizás hayas olvidado, después de todas las distracciones militares que han desviado la atención de Enron, que éste es uno de los mayores escándalos corporativos de la historia del país. Y lo ha cometido uno de los amigos íntimos del presidente. Estoy convencido de que Bush da las gracias a Dios todas las noches porque la guerra contra el terror, el 11 de Septiembre, Afganistán, Irak, y el eje del mal le han asegurado que Enron desapareciera de las noticias y de la mente de los votantes. Este escándalo debería haber provocado ya una acusación formal o juicio político contra Bush y la destitución de su cargo en la Casa Blanca, pero el destino a menudo actúa de forma curiosa a favor de Bush y le permite escapar de las consecuencias de sus acciones. Como he indicado antes, la persona que ha tenido tres roces con la ley, como él, y nunca ha pasado una sola noche en la cárcel, es que tiene buena estrella y para la gente eso es algo que no suele cambiar.

Pero yo, por lo menos, no olvidaré Enron y tú tampoco deberías hacerlo. Es un suceso que va más allá de la acción ilícita corporativa para convertirse en un plan coordinado destinado a destrozar nuestra economía y elegir a políticos de tres al cuarto que les protegerán en su plan de atacar Estados Unidos desde dentro.

Cuando la situación era buena en Enron, era muy, pero que muy buena. Lay y otros mandamases se llevaban un sueldo astronómico a casa y disfrutaban de cuentas para gastos generosas y espléndidos beneficios extra. La buena vida en Enron les ayudó a permitirse el lujo de hacer donaciones considerables a políticos de los dos partidos mayoritarios, políticos que podían garantizar que el entorno regulador permanecía muy, pero que muy favorable a los intereses de Enron. Según el Centro para las Políticas Receptivas, Enron donó casi 6 millones de dólares a los partidos republicano y demócrata desde 1989, y el 74 % fue a parar a los republicanos. Esto significa que cuando el Congreso empezó a investigar a Enron a comienzos de 2002, 212 de los 248 diputados y senadores de los comités investigadores habían aceptado donaciones para la campaña de Enron o del auditor deshonesto, Arthur Andersen.

Incluso los empleados de más bajo nivel de Enron pensaron que la cosa iba bien: se cruzaron de brazos y observaron cómo sus planes de jubilación, invertidos en exceso en acciones de Enron, no paraban de crecer.

Pero el éxito meteórico de la empresa fue efímero... y fraudulento. Gran parte de la rentabilidad de Enron se consiguió a través de la creación de sociedades fantasma y se apoyó en prácticas contables dudosas (y probablemente fraudulentas). No está claro hasta qué punto se conocerá la historia real ya que se destruyeron documentos importantes antes de que los investigadores los analizaran.

¿Es usted el director general de una empresa que pronto necesitará destruir documentos para evitar las duchas carcelarias los próximos diez años? En ese caso, para prestarle un servicio, le sugerimos que invierta en una de estas maravillas muy resistentes y de uso industrial para despedirse para siempre de documentos incriminatorios:

La DestroyIt CrossCut 5009
Cuenta con un carro triturador con dos receptáculos de 0,2 metros cúbicos para recoger el papel, cinta transportadora, capacidad para 500 hojas a la vez y un rendimiento de 3.000 kilos por hora.
Precio: 26.999 dólares
http://www.destroyit-shredders.com

La Ameri-Shred Corp AMS 10000
Con una velocidad de 53 metros por minuto, un rendimiento de 4.500 kilos por hora, capaz de manejar hasta 1.100 hojas a la vez. También destruye mylar, microfilmes, microfichas, sujetapapeles y grapas.

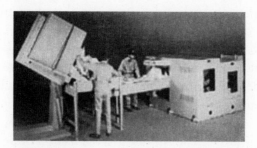

Precio: 88.066 dólares
http://machinerunner.com/Industrial-Paper-Shredders-Strip-Cut-2502000-Sheet/Ameri-Shred-Corp-AMS-1000.html

En otoño de 2001, la confabulación piramidal de Enron implosionó. Y mientras el resto del país estaba conmocionado por el 11 de Septiembre, los ejecutivos de Enron estaban muy ocupados huyendo, vendiendo acciones y destruyendo documentos.

Además, la crisis nacional no les impidió recurrir a sus amiguitos de la administración Bush. Varios ejecutivos de Enron llamaron al secretario de Comercio Don Evans y al entonces secretario del Tesoro, Paul O'Neill, para pedir ayuda mientras la compañía estaba al borde de la quiebra.

Evans y O'Neill declararon que no hicieron nada cuando Enron les contó el ardid fraudulento y fracaso inminente y la administración utilizó con orgullo esa declaración como prueba de que no se concedieron favores especiales a uno de los mayores partidarios del presidente.

Eso es: se enorgullecieron de no hacer nada mientras estafaban a millones de estadounidenses. Y la ruina fue posible, en su mayor parte, gracias a la predisposición de la administración Bush de dejar campar a Enron a sus anchas.

Cuando finalmente tuvo que presentarse ante la prensa, George W. Bush intentó distanciarse de su viejo amigo y, básicamente, dijo: «¿Ken qué?» Bush explicó que su buen amigo no era en realidad su buen amigo sino un hombre de negocios de Tejas. «¡Él [Kenny Boy] apoyó a Ann Richards cuando me presenté [a gobernador] en 1994!», declaró Bush a los medios de comunicación. (De hecho, Lay aportó casi cuatro veces la misma cantidad a la campaña de Bush para que fuera elegido gobernador.)

Cuando Enron quebró de forma oficial en diciembre de 2001, los expertos de Wall Street y los inversores de todo el país se quedaron anonadados.

Pero para los altos directivos de Enron «quiebra» no significa lo mismo que para nosotros. El expediente de quiebra de la empresa de 2001 muestra que 144 altos ejecutivos recibieron un total de 310 millones de dólares en concepto de indemnización y otros 435 millones en acciones. Eso supone una media de 2 millones de dólares de indemnización y 3 millones en acciones por cabeza.

Y mientras los peces gordos contaban millones, miles de trabajadores de Enron perdían sus puestos de trabajo y gran parte de sus ahorros. Enron había instaurado tres planes de ahorro para sus empleados y, en el momento de la quiebra, veinte mil de ellos participaban en tales planes. El 60 % de los planes estaban formados por acciones de Enron. Cuando las acciones se transformaron en calderilla después de haber alcanzado un máximo de 90 dólares en agosto de 2000, esos empleados se quedaron prácticamente sin nada. Las pérdidas en planes de pensiones ascendieron a más de mil millones de dólares.

Pero las enormes pérdidas derivadas de la quiebra de Enron se extendían más allá de sus empleados, afectaban a miles de personas que tenían acciones de Enron en fondos de jubilación públicos que, según el artículo del *New York Times*, perdieron por lo menos 1.500 millones de dólares.

Y la quiebra de Enron hizo bajar todo el mercado de valores, con un efecto onda negativo que todavía se nota en la actualidad.

Sin embargo, mientras escribo estas palabras, en el verano de 2003, se ha acusado a menos de dos docenas de personas de delitos relacionados con Enron. Cinco de ellas han firmado acuerdos de conformidad y esperan la imposición de sentencia mientras otras quince están en espera de juicio.

No se han presentado cargos contra el ex presidente Ken Lay o el director general Jeff Skilling.

Así pues, ¿qué hacemos?

Para los ricos el único valor verdadero de tu vida es que necesitan tu voto siempre que hay elecciones a fin de conseguir que los políticos a los que han financiado asciendan al poder. No pueden hacerlo ellos solos. Este sistema tan deplorable que tenemos y que permite que el país esté gobernado por la voluntad del pueblo es pésimo para ellos ya que sólo representan el 1 % del «pueblo». No se aprueban recortes fiscales para los ricos cuando los ricos no tienen votos suficientes para conseguirlos. Por eso odian tanto la democracia: porque los coloca en la clara desventaja de ser la menor de las minorías. Por tanto necesitan embaucar o comprar al 50 % del pueblo para conseguir la mayoría necesaria para dirigir el cotarro. Lo cual no es sencillo. La parte más fácil es comprar a los políticos, primero con donaciones para la campaña y luego con favores especiales y beneficios adicionales mientras están en el cargo y después con un buen trabajo de asesor cuando dejan la política. Y la mejor manera de asegurar que tu político siempre gana es dar dinero a diestro y siniestro, que es lo que hacen casi todos los Comités de Acción Política corporativos.

Engañar a la mayoría de los votantes para que voten al candidato (o candidatos) del hombre rico es mucho más complicado, pero han demostrado que es posible. Haciendo que los medios de comunicación repitan sus palabras como si fueran verdad, sin que apenas las cuestionen, es un método. Como hemos visto, asustar a la gente también funciona. Igual que la religión. Así pues, los ricos tienen un ejército incondicional de conservadores, derechistas y tipos de la Coalición Cristiana que actúan como soldados de infantería. Es un matrimonio curioso porque los ricos, por lo general, no son ni conservadores ni liberales, ni de derechas ni de izquierdas, ni son cristianos ni judíos devotos. Su verdadero partido político se llama Codicia y su religión es el Capitalismo. Por eso, lo que más les satisface es ver a millones de blancos pobres e incluso millones de personas de clase media tirando de la palanca alegremente en las urnas para los candidatos que no harán más que esquilmar a estos blancos pobres y gente de clase media en cuanto tomen posesión del cargo.

Así pues, nuestro reto, nuestra misión, es encontrar maneras de llegar a esos millones de trabajadores y demostrarles que están votando en contra de sus propios intereses. Hizo falta que Enron quebrara para que miles de sus trabajadores conservadores, muchos de los cuales dijeron haber votado con orgullo a George W. Bush y los republicanos, despertaran. ¿Cuántos de ellos crees que votarán al mejor amigo de Ken Lay en las próximas elecciones? Pero es una forma desagradable de crear un partido de la oposición. Estas personas, buenas por lo demás, no deberían recibir un castigo por haber pensado que Rush Limbaugh y Tom DeLay les defenderían. Les engañaron y utilizaron. Creo sinceramente que cuando se enteren de chanchullos como el Seguro de los Palurdos Muertos y el descuento por muerte en la tercera edad, cuando se enteren de lo que les ha costado este último recorte fiscal en forma de reducción de servicios y aumento de los impuestos locales, se espabilarán y se enfadarán, y mucho. En cuanto caigan en la cuenta de que nunca se llamarán Horatio Alger y que los cuentos de hadas son para niños, se harán mayores, y se alzarán, a toda prisa.

8
¡YUJU! ¡HE CONSEGUIDO UN RECORTE FISCAL!

George W. Bush
Rancho de los Bush
Crawford, Tejas

Querido George:

Tengo que reconocer que, como muchos de mis compatriotas, cuando oí hablar por primera vez de tu último recorte fiscal de 350.000 millones empecé a pensar: «Vaya, ya está otra vez, ayudando a sus amiguitos ricos.»

Pero resulta que un día abrí el buzón y, junto con el correo basura de costumbre, había un cheque de mi editor por todos los libros que vendí el año pasado. De verdad, George, me quedé un rato ahí sentado mirando la cifra del cheque. Luego saqué la calculadora para comprobar a cuánto ascendía tu nuevo alivio fiscal y...

Oh... Dios... mío... ¡George! ¡ME HA TOCADO LA LOTERÍA! ¡Aleluya! ¡Gracias! ¡Gracias! ¡GRACIAS! ¡Tío, yo que te había malinterpretado! Pensaba que hacías este recorte fiscal sólo para ti, Cheney y Kenny Lay. Al fin y al cabo, ganarás unos 33.000 dólares con el recorte de este año y Dick Cheney va a embolsarse unos buenos 85.924 dólares. (Quien se va a llevar la gorda en 2004 es Cheney con un recorte fiscal de 171.850 dólares.)

Pero, te diré la razón por la que me temo que nadie va a reconocerte el mérito: ¡no lo has hecho sólo por ellos, en realidad lo haces por MÍ! Allí estabas tú, sentado en la Casa Blanca durante el último año y medio cuando cada semana alguien te presentaba un resumen con malas noticias: «Bueno, señor, el paro ha superado el seis por ciento, hemos perdido dos millones más de puestos de trabajo, hay trece países más que nos odian oficialmente, los Texas Rangers están consiguiendo los peores resultados de su liga, *esta* semana no han detenido a ninguno de sus parientes, oh, y el libro más vendido del año sigue siendo, hummm, *Estúpidos hombres blancos*, que trata, básicamente, de usted, señor, y lo ha escrito ese tipo que subió al escenario en la ceremonia de los Oscar y le gritó a usted, a Nuestro Líder.» Joder, ¡cuánto lo siento por el pobre pringado que tuvo que darle esa noticia!

Tío, ¡tenías motivos más que suficientes para llamar a los chicos de Langley y deshacerte de mí igual que hizo Clinton con esas cuarenta y siete personas a las que asesinaron de forma misteriosa! Habrías tenido todo el derecho de amargarme la vida, de convertirla en un infierno, acompañada de inspecciones de Hacienda dos veces al año e inspecciones de todas mis cavidades corporales cada vez que saliera de casa. Podías haber hecho todo esto, y más, pero no lo hiciste.

No, dijiste a tus asesores económicos: «¿Sabéis qué? Podíamos haber aprobado esta gran amnistía fiscal el año pasado, pero entonces Mike estaba arruinado y no habría reunido los requisitos necesarios. O podríamos esperar hasta el año que viene, lo cual nos dará tiempo suficiente para iniciar tantos rumores sobre él en Fox-MSNBC que nadie volverá a comprar un libro suyo ni una entrada para ver una de sus películas. Pero, chicos, creo que lo más cristiano es aplicar la amnistía fiscal este año, cuando Mike está ganando más dinero que yo y MÁS QUE Cheney. ¡Pongamos la otra mejilla y démosle a ese cabrón el cheque más grande que ha visto en su vida!»

George, no sé qué decir. No eres el hombre que creía que eras. En vez de castigarme me has abierto el corazón y el talonario de cheques del Gobierno. ¡A MÍ!

La Oficina Presupuestaria del Congreso lo ha sumado todo y pronostica que en 2003 el déficit federal superará los 401.000 millones de dólares. Así me gusta, George, vas a batir el anterior récord de 290.000 millones, que consiguió tu papá en 1992.

¡USA! ¡USA! Y a comienzos de 2003, el Departamento del Tesoro pronosticó déficits incluso mayores en años venideros, que sumarían un total de 44 billones de dólares. Pero tus hombres de la Casa Blanca decidieron no dar a conocer estos datos hasta después de la aprobación del recorte fiscal. ¡Menuda jugada!

Mientras los libros de contabilidad del Gobierno gotean tinta roja como para llenar cubos, está claro que unos cuantos de mis dólares te irían mejor que nunca. Pero no los quisiste, no quisiste quedártelos. Fue como si hubieras dicho: «No, Mike, quédate con tu dinero y gástatelo como quieras. Por nosotros no sufras, ya nos apañaremos. La siguiente generación ya se inventará una forma de recuperarse de la deuda, así que a caballo regalado no le mires el diente.» ¡Qué enrollado!

Este último recorte fiscal, ¡el RECORTE FISCAL DE MIKE MOORE!, fue increíble. ¡No sólo redujiste el tipo del impuesto federal sobre la renta que paga un tipo como yo, del 39 al 35 %, sino que conseguiste no hacer absolutamente nada por la gente que menos gana! No mentías cuando dijiste: «Mi plan de empleo y de crecimiento reducirá los tipos impositivos para todos los que pagan el impuesto sobre la renta.» Lo único que pasaba era que no decías la verdad. La gente que pagaba entre el 10 y el 15 % sigue pagando entre el 10 y el 15 %. Sí, dejaste a 8,1 millones de personas al margen de la «desgravación fiscal». Y ¿por qué no? ¡Eso significa más dinero para tipos como tú y como yo! Mientras los pobres primos que ocupan la mitad inferior en la escala de ingresos se ahorrarán aproximadamente 100 dólares al año, el 5 % de los más ricos acumularán la friolera del 50 % del recorte fiscal.

Bueno, por supuesto entiendo que hay un montón de gente que sufre por esto pero, eh, seamos claros, alguien tiene que sufrir y ¿por qué íbamos a ser tú o yo? ¿Qué tiene de malo que el recorte fiscal cueste a los estados unos 3.000 millones en los dos años siguientes y 16.000 millones durante la década siguiente? ¡El país es grande!

Tomemos como ejemplo a los niños de Oregón, donde las escuelas cerraron a comienzos de este año porque se quedaron sin el dinero de los impuestos. Te aseguro que acabamos de hacer felices a un montón de jovencitos alargándoles las vacaciones de verano. Oh, estoy convencido de que has oído hablar de la nueva biblioteca estatal de Hawai que ni siquiera se puede inaugurar porque se han acabado los fondos de los impuestos federales. Bueno, ¿a quién se le ocurre construir una biblioteca en Hawai? ¡A Hawai se va para estar al aire libre y disfrutar del clima, no para sentarse a leer un libro! ¡Lo sabe todo el mundo! Y estoy seguro de que sabes que se ordenó a la mayoría de los edificios gubernamentales de Misuri que desenroscaran una de cada tres bombillas para ahorrar dinero después de los recortes fiscales. ¿Una de cada tres bombillas? ¡Quejicas! ¡Les siguen quedando las otras dos! Estas cosas de lloricas son las que me sacan de quicio.

Mira, hay un montón de historias inútiles por ahí. Sabe Dios que las viví en carne propia no hace tanto. Entonces nadie me hacía mucho caso, pero... ¡mírame ahora! Ves, no hacer ningún caso a personas como yo que lo pasaban mal no es tan malo. ¡Tarde o temprano los pobres se hartan de que pasen de ellos y deciden hacerse ricos! Seguro que esto es lo que pensaba tu estratega político, Karl Rove, cuando dijo que eras un «populista» y que la eliminación de los impuestos sobre dividendos estaba destinada al «hombre humilde».

Tal vez la jugada genial del recorte fiscal reciente sea que pudiste decir al pueblo americano: «Estamos ayudando a familias con hijos que se verán aliviadas de inmediato.» El único problema era que tú y los republicanos os encargasteis de que el proyecto de ley excluyera a 12 millones de niños cuyos padres ganan entre 10.000 y 26.000 dólares al año, incluyendo al millón de niños de familias de militares. Quienes más necesitaban el dinero fueron los que recibieron la patada. Pero, al fin y al cabo, ¿cuánto contribuyeron esas personas de ingresos bajos a la campaña de Bush? Lección aprendida: si quieres recibir, será mejor que des.

Pero, eh, ¡YO, YO, YO he conseguido un recorte fiscal! ¿Qué voy a hacer con él? Según George, voluntariamente voy a reciclarlo en nuestra economía y así repercutirá en los más desfavorecidos, lo cual se traducirá en más empleos y mejores salarios.

Como hay tantos millonarios que recuperan tantos millones gracias a George W., Hacienda tiene un impreso exclusivamente para ellos...

Form **8302**	**Direct Deposit of Tax Refund of $1 Million or More**	
(Rev. December 2001) Department of the Treasury Internal Revenue Service	▶ Attach to your income tax return (other than Forms 1040, 1120, 1120-A, or 1120S), Form 1045, or Form 1139.	OMB No. 1545-1763

Name(s) shown on income tax return | Identifying number

| Phone number (optional) ( )

1. Routing number (must be nine digits). The first two digits must be between 01 and 12 or 21 through 32.

2. Account number (include hyphens but omit spaces and special symbols):

3. Type of account (one box must be checked):
☐ Checking ☐ Savings

General Instructions

Purpose of Form

File Form 8302 to request that the IRS deposit a tax refund of $1 million or more directly into an account at any U.S. bank or other financial institution (such as a mutual fund, credit union, or brokerage firm) that accepts direct deposits.

The benefits of a direct deposit include a faster refund, the added security of a paperless payment, and the savings of tax dollars associated with the reduced processing costs.

Who May File

Form 8302 may be filed with any tax return other than Form 1040, 1120, 1120-A, or 1120S to request a direct deposit of a refund of $1 million or more. You are not eligible to request a direct deposit if:

• The receiving financial institution is a foreign bank or a foreign branch of a U.S. bank or

• You have applied for an employer identification number but are filing your tax return before receiving one.

If Form 8302 is filed with **Form 1045,** Application for Tentative Refund, or **Form 1139,** Corporation Application for Tentative Refund, both of which allow for more than one year's reporting, direct deposits may be made only for a year for which the refund is at least $1 million.

Note. Filers of Form 1040 must request a direct deposit of refund by completing the account information on that form. Filers of Forms 1120, 1120-A, or 1120S must request a direct deposit of a refund using Form 8050, Direct Deposit of Corporate Tax Refund. This includes a request for a refund of $1 million or more.

Conditions Resulting in a Refund by Check

If we are unable to process this request for a direct deposit, a refund by check will be generated. Reasons for not processing a request include:

• The name on the tax return does not match the name on the account.

• The financial institution rejects the direct deposit because of an incorrect routing or account number.

• You fail to indicate the type of account the deposit is to be made to (i.e., checking or savings).

• There is an outstanding liability the offset of which reduces the refund to less than $1 million.

How To File

Attach Form 8302 to the applicable return. To ensure that your tax return is correctly processed, see **Assembling the Return** in the instructions for the form with which the Form 8302 is filed.

Specific Instructions

Identifying number. Enter the employer identification number or social security number shown on the tax return to which Form 8302 is attached.

Line 1. Enter the financial institution's routing number and verify that the institution will accept a direct deposit.

For accounts payable through a financial institution other than the one at which the account is located, check with your financial institution for the correct routing number. **Do not** use a deposit slip to verify the routing number.

Line 2. Enter the taxpayer's account number. Enter the number from left to right and leave any unused boxes blank.

Privacy Act and Paperwork Reduction Act Notice

We ask for the information on this form to carry out the Internal Revenue laws of the United States. You are required to give us the information. We need it to ensure that you are complying with these laws and to allow us to figure and collect the right amount of tax.

In addition, the Privacy Act requires that when we ask you for information we must first tell you our legal right to ask for the information, why we are asking for it, and how it will be used. We must also tell you what could happen if we do not receive it and whether your response is voluntary, required to obtain a benefit, or mandatory under the law.

Our authority to ask for information is sections 6001, 6011, and 6012(a) and their regulations, which require you to file a return or statement with us for any tax for which you are liable. Your response is mandatory under these sections. Section 6109 requires that you provide your social security number or employer identification number on what you file. This is so we know who you are, and can process your return and other papers. You must fill in all parts of the tax form that apply to you.

You are not required to provide the information requested on a form that is subject to the Paperwork Reduction Act unless the form displays a valid OMB control number. Books or records relating to a form or its instructions must be retained as long as their contents may become material in the administration of any Internal Revenue law. Generally, tax returns and return information are confidential, as required by section 6103. However, section 6103 allows or requires the Internal Revenue Service to disclose or give the information shown on your tax return to others as described in the Code. For example, we may disclose your tax information to the Department of Justice to enforce the tax laws, both civil and criminal, and to cities, states, the District of Columbia, U.S. commonwealths or possessions, and certain foreign governments to carry out their tax laws. We may also disclose this information to Federal, state, or local agencies that investigate or respond to acts or threats of terrorism or participate in intelligence or counterintelligence activities concerning terrorism.

Please keep this notice with your records. It may help you if we ask you for other information. If you have any questions about the rules for filing and giving information, please call or visit any Internal Revenue Service office.

The time needed to complete and file this form will vary depending on individual circumstances. The estimated average times are: **Recordkeeping,** 1 hr., 25 minutes; **Learning about the law or the form,** 30 minutes; **Preparing, copying, assembling, and sending the form to the IRS,** 33 minutes.

If you have comments concerning the accuracy of these time estimates or suggestions for making this form simpler, we would be happy to hear from you. You can write to the IRS at the address listed in the instructions of the tax return with which this form is filed.

Cat. No. 62280S   Form **8302** (Rev. 12-2001)

Y eso es exactamente lo que voy a hacer. Voy a dedicar todo mi recorte fiscal a algo que beneficiará a quienes se han quedado atrás, a los que trabajan con tesón y no tienen ningún privilegio, a los que envías a luchar en tus guerras y mueren. Tengo una idea que creo que contribuirá mucho a hacer de Estados Unidos un lugar mejor, a construir un futuro mejor para nuestros hijos, para asegurar que el planeta en el que vivimos cuente con alguna posibilidad de llegar al siglo XXII.

¿Cómo voy a gastar mi recorte fiscal?

George, ¡me lo voy a gastar todito en librarme de ti!

Eso es. Hasta el último centavo de mi recorte fiscal repercutirá en tu cabecita puntiaguda con la esperanza de que, cuando llegue el día de las elecciones, pases a engrosar las filas del paro y te envíen de una patada de vuelta al rancho. Daré la máxima cantidad legalmente permitida al candidato que tenga las mayores posibilidades de derrotarte. Daré la máxima cantidad legalmente permitida a cualquier candidato del Congreso que tenga alguna posibilidad de ayudar a arrebatar el Congreso o el Senado a los republicanos. Extenderé cheque tras cheque tras cheque tras cheque hasta que no me quede ni un centavo del recorte fiscal. Pediré a los lectores de este libro que me envíen sus ideas sobre la mejor manera de gastar mi recorte fiscal, incluyendo los mejores candidatos de su zona a los que apoyar. He abierto un sitio web: *www.SpendMikesTaxCut. com*, y le pediré a la gente que lo visite y me ayude a gastar los miles de dólares que me has dado para retirarte del cargo. Pediré a otras personas que pueden prescindir de sus recortes fiscales que se unan a mí y utilicen su dinero extra para recuperar a nuestro país de las manos de quienes desean socavar todo lo que hemos representado.

Espero que comprendas que nada de esto es personal y que te estoy agradecido por hacerme este regalo. Será un dinero bien invertido.

Atentamente,
Michael Moore

9
Un paraíso liberal

Existe un país sobre el que me gustaría hablarte. Se trata de un país único en el planeta. Estoy seguro de que a muchos de vosotros os encantaría vivir en él.

Es un país muy, muy liberal, liberado y librepensador.

Sus ciudadanos odian la idea de ir a la guerra. La gran mayoría de sus hombres nunca ha hecho ningún tipo de servicio militar y no corren a alistarse ahora. Detestan las armas y apoyan todo tipo de esfuerzos para limitar el uso privado de armas de fuego.

Sus ciudadanos defienden los sindicatos y los derechos de los trabajadores. Consideran que las corporaciones no tienen buenas intenciones ni son dignas de confianza.

La mayoría de sus residentes están firmemente convencidos de la igualdad de derechos para las mujeres y se oponen a todo intento por parte del gobierno o grupos religiosos de controlar sus órganos reproductivos.

En cantidades abrumadoras, la población de este país del que hablo considera que los gays y las lesbianas deberían tener las mismas oportunidades que los heterosexuales y que no deberían sufrir ningún tipo de discriminación.

En este país casi todo el mundo quiere tener las fuertes protecciones necesarias para garantizar un medio ambiente limpio. Y asumen una responsabilidad personal haciendo ciertas cosas todos los días para reducir la contaminación y los residuos.

Este país está tan a la izquierda que el 80 % de la población cree en la sanidad pública para todos y en la diversidad racial en los campus universitarios.

Este país que conozco es tan partidario de la idea hippie del amor libre y todo eso que sólo una cuarta parte de la población considera que los consumidores de drogas deberían ir directamente a la cárcel, tal vez porque, igual que su presidente, ¡el 41 % de los ciudadanos ha reconocido haber consumido drogas ilegales! Y con respecto al sacramento del matrimonio, el número de parejas que viven juntas sin estar casadas ha aumentado en un 72 % en la última década y el 43 % de ellas tiene hijos.

Os lo digo, este país es tan rojillo y raro que el partido conservador nunca conseguirá unir a más del 25 % de sus votantes, mientras que la mayoría de los ciudadanos se define como miembros del partido liberal o, peor, independientes o anarquistas (¡estos últimos sencillamente se niegan a votar!).

Así pues, ¿dónde está esta utopía sobre la que escribo, esta tierra de izquierdismo liberal, de gente pacífica abrazaárboles (y cuándo nos podemos mudar tú y yo allí)?

¿Es Suecia?

¿El Tíbet?

¿La Luna?

¡No! No hace falta ir a la luna porque... ¡ya estás allí! Esta Tierra del Paraíso de la Izquierda de la que hablo no es otra que... ¡los Estados Unidos de América!

¿Sorprendido? ¿No te lo crees? ¿Por fin te has convencido de que se me ha caído el último tornillo que me faltaba? No te culpo. Es difícil pensar en Estados Unidos como un país que no esté gobernado por una mayoría conservadora, una nación cuyo programa moral parece obra de la Coalición Cristiana, una gente que parece cortada por el mismo patrón que sus antepasados puritanos. Al fin y al cabo, ¡mira quién está al mando de la Casa Blanca! ¡Y fíjate en los índices de aprobación que consigue!

Pero la triste y cruda realidad, y el secreto político mejor guardado de nuestra época, es que los estadounidenses son más liberales que nunca en lo que se refiere al estilo de vida que llevan y a la postura que adoptan sobre los grandes temas sociales y políticos del momento. Y no tienes que creerme a pie juntillas, está en los sondeos de opinión, es un hecho y nada más que un hecho.

Si se le dice esto a un liberal no se pondrá a reír por lo bajo (los liberales hace tiempo que dejaron de reír, lo cual forma parte del problema), negarán con la cabeza y repetirán el mantra que han aprendido de un medio de comunicación con un interés personal en hacerles creer que están del lado de los perdedores todos los miserables días de su vida: «¡América se ha vuelto conservadora!» Pregúntale a cualquier persona de tendencias liberales que describa este país y oirás una serie de invectivas sobre cómo vivimos en una nación de camionetas y estantes para armas y banderas que ondean por doquier. Hablarán con tono de derrota sobre lo mucho que empeorará la situación y se resignarán a tragar durante cuatro años más la porquería que nos hemos estado tragando durante los últimos cuatro (o catorce o cuarenta) años.

La derecha se alegra cada vez que escucha esta rendición, y luego la refuerza con cualquier mazo que tenga a mano. ¡Sí! ¡América apoya la guerra! ¡Sí! ¡América ama a su líder! ¡Sí! ¡Toda América estaba viendo *The Bachelorette* anoche! Así pues, si no formas parte de Toda América, entonces cállate la boca y ve a arrastrarte a esa cabina de teléfonos con el club de fans de Noam Chomsky, ¡miserable perdedor!

La razón por la cual la derecha se muestra tan agresiva para intentar machacar cualquier tipo de desacuerdo es que sabe el secretito sucio que la izquierda no capta: que hay más estadounidenses de acuerdo con la izquierda que con la derecha. La derecha lo sabe porque mira las cifras, lee los informes y vive en el mundo real que se ha vuelto cada vez más liberal en la última década más o menos. Y lo odian. Así que, siguiendo la tradición de todos los propagandistas, mienten. Crean una verdad opuesta: AMERICA ES CONSERVADORA. Nos bombardean con ese mensaje falso con tal insistencia y tan a menudo que incluso sus adversarios políticos creen que es cierto.

Quiero que todas las personas que lean este libro dejen de repetir esta Gran Mentira. Y para ayudarte a perder esta costumbre, voy a presentarte los hechos sencillos e irrefutables. Lo que estoy a punto de compartir contigo no es información procedente de gabinetes estratégicos liberales, las páginas del *People's Daily* o mis manipuladores de La Habana (a los que envío un informe cada hora). Procede de fuentes que son tan convencionales y establecidas como la Gallup Organization y tan estadounidenses como la Asociación Nacional del Rifle. Los sondeos se obtuvieron gracias a organizaciones como Harris Poll, *The Washington Post*, *The Wall Street Journal*, *USA Today*, la Universidad de Harvard, el Centro de Investigación sobre la Opinión Nacional, *NewsHour with Jim Lehrer* de PBS, *The Los Angeles Times*, ABC News y sí, Fox News (en la sección Notas y fuentes encontrarás la lista completa del origen de los sondeos).

Por favor, permíteme que te presente a tus **compatriotas estadounidenses:**

El 57 % del público estadounidense cree que el aborto debería ser legal en todos o en la mayoría de los casos. El 59 % piensa que el aborto debería ser una decisión tomada entre la mujer y el médico, mientras que el 62 % no quiere que el Tribunal Supremo anule el precedente jurídico de *Roe vs. Wade*. De hecho, un unánime 53 % considera que la legalización del aborto fue POSITIVA para el país (en comparación con sólo el 30 % que considera que fue negativa), y el 56 % de nosotros quiere dejar el acceso de una mujer al aborto tal como está o, agárrate, ¡facilitarlo!

No es de extrañar que la derecha haya perdido el juicio: ¡LA MAYORÍA DE LOS ESTADOUNIDENSES SON ASESINOS DE NIÑOS!

En este país se han practicado 40 millones de abortos desde que se legalizó en 1973. Una de cada tres mujeres se habrá sometido a un aborto para cuando cumpla 45 años y, entre las que abortan, casi la mitad abortará más de una vez.

¿Qué significa esto para los conservadores? Significa que las mujeres deciden cuándo traer vida a este mundo. Las mujeres tienen el control total de esta decisión. Es duro de tragar para los conservadores; al fin y al cabo sólo hace ochenta y tres años que se permite el voto a las mujeres. Permitirles decidir quiénes de nosotros naceremos, ¡uf! ¡Eso significa que el próximo Sean Hannity puede acabar tirado en algún tarro de desechos médicos mientras hablamos! Imagínate qué impotentes se sienten por esto los hombres de derechas. Nosotros fecundamos, vosotras no decidís. Así ha funcionado siempre hasta hace unos años. Se necesita algo de tiempo para acostumbrarse a un cambio después de varios milenios.

Un abrumador 86 % del público estadounidense dice «estar de acuerdo con los objetivos del movimiento en defensa de los Derechos Civiles». Cuatro de cada cinco estadounidenses dicen que «es importante que las universidades tengan un alumnado racialmente variado». Vaya, hasta el Tribunal Supremo de Estados Unidos está de acuerdo en esto. Y más de la mitad de nosotros consideramos que la discriminación positiva es necesaria para ayudar a quienes se han visto privados de tales oportunidades a lo largo de la historia. El 64 % no está de acuerdo con esta afirmación: «No tengo mucho en común con personas de otros grupos étnicos o razas», lo cual nos sitúa por delante de Gran Bretaña, Francia, Alemania y Rusia cuando se formula la misma pregunta en esos países. El 77 % de nosotros adoptaría a un niño de otra raza y el 61 % afirma tener amigos o familiares que salen o están casados con alguien de otra raza. Además, de hecho, en los últimos veinte años, el número de matrimonios interraciales se ha más que duplicado, ha pasado de 651.000 a 1.460.000.

¡Eso es! ¡Los estadounidenses somos una panda de mezcla-razas y de traidores de la raza!

Oh, seguro que te imaginas cómo le hierve la sangre a los conservadores, ¿verdad? ¿Dónde está la época en que la gente sabía cuál era su lugar y se quedaba con los suyos? ¡Jennifer Lopez! ¡Ella es la culpable de todo esto! Se lleva a todos los hombres buenos y blancos. Lo siguiente será que empiecen a tener hijos y entonces no sabremos cómo identificarlos por la raza y, si eso ocurre, quizá nos demos cuenta de lo ridícula que es la raza y empecemos a trabajar juntos para solucionar los problemas realmente importantes. Y eso, amigos míos, no incluye demasiadas cosas del programa de la derecha.

El 83 % de los estadounidenses dice estar de acuerdo con los objetivos del movimiento ecologista. Tres cuartas partes de nosotros consideramos que los problemas medioambientales suponen una amenaza grave para la calidad de vida en Estados Unidos. Al

85 % le preocupa la contaminación de ríos y lagos, al 82 % le preocupan los residuos tóxicos y el agua potable contaminada, el 78 % se preocupa por la contaminación atmosférica y el 67 % se preocupa por el daño a la capa de ozono. El 89 % de la población recicla y el 72 % lee las etiquetas para evitar comprar productos tóxicos, mientras que el 60 % preferiría que el gobierno apoyara una conservación de la energía mayor en vez de aumentar la producción de petróleo, gas y carbón. Cuando se les da a elegir entre «crecimiento económico» o «protección medioambiental», suponiendo que no se pueda tener una cosa sin la otra, los estadounidenses eligen la protección del medio ambiente. En un sondeo, incluso dos tercios de los republicanos respondieron que antes votarían a un candidato ecologista que a uno que no lo fuera. Cuatro de cada cinco estadounidenses se fían más de las organizaciones ecologistas que del gobierno en cuestiones medioambientales.

¡ESO ES, LOS ESTADOUNIDENSES SON UNOS CHIFLADOS DE LA ECOLOGÍA! De hecho preferirían la supervivencia de un pez caracol moteado a tener unos cuantos dólares más en el bolsillo todas las semanas. ¡Qué equivocados están! ¡Es que no se enteran... es NUESTRO planeta y podemos hacer con él lo que nos dé la gana! Dadle a esos estadounidenses la ocasión de comprar más vehículos de bajo consumo (los expertos de la industria esperan que los coches híbridos pronto representen entre el 10 y el 15 % de las ventas anuales de coches en Estados Unidos), y ¡acudirán en masa a los concesionarios! ¿Adónde vamos a ir a parar... al mundo?

¡El 94 % de los ciudadanos estadounidenses quiere que se promulguen regulaciones federales de seguridad sobre la fabricación y uso de todo tipo de pistolas, y el 86 % lo desea aunque eso suponga aumentar el precio de las mismas! El 73 % desea que se realice una comprobación obligatoria de los antecedentes de toda persona que compre un arma. Quiere que haya un periodo de espera de cinco días antes de conseguirla. Cree que se debe tener un permiso policial antes de ser propietario de una pistola, que las pistolas deberían ser a prueba de niños y que las personas que maltratan a su pareja no deben poder tener ningún arma de fuego. Y en estados como el de Nueva York, el 59 % desea la prohibición absoluta de las pistolas.

En las elecciones de 2000, la Campaña Brady para Evitar la Violencia con Armas de Fuego fue capaz de derrotar a nueve de los doce candidatos de la lista de «doce representantes peligrosos» que estaban metidos hasta el fondo en el lobby de las armas de fuego. Ese año la NRA (Asociación Nacional del Rifle) gastó más de 20 millones de dólares y se dedicó especialmente a dos de los mayores estados cazadores, Michigan y Pensilvania, con la esperanza de elegir a gobernadores defensores de las armas y derrotar a Al Gore. ¿Qué ocurrió? Gore ganó en ambos estados y la población de Michigan y Pensilvania eligió gobernadores considerados «anti-armas» por la NRA. Esto se produjo dos años después de que el titular republicano de Michigan, el senador estadounidense Spencer Abraham, apoyado por la NRA, fuera derrotado por las fuerzas anti-armas.

La NRA tiene tan poco contacto con sus propios miembros que, cuando se realizó un sondeo entre los socios de la NRA de Michigan, la empresa de estudios de mercado EPIC-MRA con sede en Lansing descubrió lo siguiente:

- El 64 % de los miembros de la NRA era partidario de la obligación de informar de la venta de armas de fuego a particulares;
- El 59 % era favorable a que hubiera regulaciones para que las armas se almacenaran descargadas;
- El 68 % apoyaba la creación de estándares de seguridad uniformes para las armas nacionales y de importación;
- El 56 % apoyaba la aprobación de una ley que exigiera un periodo de espera de cinco días antes de comprar un arma;
- El 55 % estaba a favor de prohibir las recámaras de gran capacidad que guardan munición.

¡LOS ESTADOUNIDENSES QUIEREN QUE LES QUITEN LAS ARMAS DE SUS MANOS FRÍAS Y MORTÍFERAS! Sólo el 25 % de nosotros tiene un arma de fuego. La mayoría de la gente sabe que está menos segura con una pistola en casa. ¿A qué se debe? Porque más de un millón de estadounidenses han muerto por heridas de bala desde el asesinato de Kennedy. ¡No habríamos podido matar a tantos compatriotas aunque hubiéramos luchado quince veces en la guerra de Vietnam! Esto significa que todo el mundo conoce a alguien a quien han disparado en un momento u otro. Y ya sabes lo que pasa cuando tanta gente ve de primera mano la tragedia de la violencia armada: ¡acaban odiando las armas! Y es la mayoría del país.

Ocho de cada diez estadounidenses consideran que todos los habitantes del país deberían tener el mismo derecho a la asistencia sanitaria. Y el 52 % dice que estaría dispuesto a pagar más impuestos o primas de seguros para que ello fuera posible. No es de extrañar que queramos un seguro sanitario nacional puesto que, per cápita, ya gastamos 4.200 dólares al año en ello, mientras países con cobertura sanitaria universal pagan mucho menos: 2.400 dólares en Alemania, 2.300 dólares en Canadá y 1.400 dólares en el Reino Unido.

¡SÍ, LOS ESTADOUNIDENSES SON SOCIALISTAS Y QUIEREN UNA MEDICINA SOCIALIZADA! ¿Por qué? ¡Porque se ponen enfermos! ¿Quién no se pone enfermo y quién no quiere ponerse bien? Vamos, ésta sí que es fácil. Muchos millones de personas han visto que los ahorros de toda una vida se quedan en agua de borrajas debido a un accidente o a alguna enfermedad horrible. En ese momento no les importa lo que cuesta. Sólo quieren que se arregle. A medida que a los nacidos después de la Segunda Guerra Mundial les empiecen a doler las articulaciones por culpa de la artritis y pierdan un testículo o dos, ya veréis qué pronto conseguimos la cobertura sanitaria universal. El único motivo por el que todavía no la tenemos es que los políticos que se oponen a ella están cubiertos al ciento por ciento por planes de salud muy generosos. Muchos no han pagado una factura médica en su vida y no tienen ninguna intención de que tú dejes de pagarla. No hay nada más cruel, o irónico, que esos ricachones que nunca pagan un centavo por sus psiquiatras carísimos o por las sesiones de reflexología llamen «pandilla de rojos» a quienes sólo quieren que les extirpen un tumor del útero. Bueno, la revolución está en camino y esperemos que todos esos rojos sin seguro les den tal dolor de cabeza a los ricos que una caja entera de aspirinas no baste para aliviarles el dolor.

El 62 % de las personas con las que compartes este país apoya la modificación de las leyes actuales para que sean menos los delincuentes no violentos que acaban en la cárcel. Eso es, ¡quieren que los delincuentes campen a sus anchas por la calle! El 80 % quiere más servicios comunitarios para quienes infringen la ley y el 76 % considera que los delincuentes estarían mejor fuera restituyendo a sus víctimas que encerrados. El 74 % prefiere el tratamiento y la libertad condicional para los drogadictos no violentos.

¡LOS ESTADOUNIDENSES SON BLANDOS CON LOS DELITOS! ¡Son una panda de defensores de pleitos perdidos! ¡Y encima son drogadictos! Noventa y cuatro millones de estadounidenses han consumido drogas ilegales por lo menos una vez en la vida. ¡No es de extrañar que quieran que los fumatas vayan por libre!

El 85 % de los estadounidenses apoya la igualdad de oportunidades en el puesto de trabajo para gays y lesbianas. Y el 68 % desea que se promulguen leyes para castigar a todo aquel que discrimine a los trabajadores homosexuales. El 73 % apoya la aprobación de leyes por delitos xenófobos y la prohibición de la discriminación en el acceso a la vivienda. En la actualidad la mitad de la población dice que las parejas de gays y lesbianas deberían recibir las mismas ventajas de las que disfrutan los matrimonios y el 68 % considera que las parejas de gays deberían poder acceder a los beneficios de la Seguridad Social, mientras que el 70 % apoya la cobertura del seguro sanitario subvencionado por la empresa para los cónyuges gays. Y a la mitad de nosotros no nos supone ningún problema que las parejas de gays y lesbianas adopten niños.

¡LOS ESTADOUNIDENSES SON UNA PANDA DE AFEMINADOS! ¡El país se ha pasado a la otra acera! El Tribunal Supremo acaba de legalizar las relaciones sexuales entre homosexuales que actúen por su propia y libre voluntad. ¿Qué será lo siguiente? ¿Sacerdotes homosexuales? ¿Cómo vamos a conseguir a los machos necesarios para la próxima guerra si nuestros hombres se han ablandado con los blandengues? ¡No todo el mundo puede tener el bebé de David Crosby!

Según un sondeo de Gallup de 2002, el 58 % considera que los sindicatos son una buena idea. Un sondeo de AFL-CIO situó el porcentaje de aprobación de los sindicatos en un 56 % e incluso una encuesta justa y equilibrada de Fox News (¡Ay! ¡No me demandéis! ¡No, demandadme!) puso de manifiesto que la mitad del país tenía una opinión favorable de los sindicatos (mientras que sólo el 32 % se oponía a ellos). Dado que sólo el 13,2 % de los trabajadores del país están afiliados a un sindicato, todo este apoyo adicional debe de proceder de la mitad de los trabajadores no afiliados que se afiliarían a un sindicato si tuvieran ocasión. Además de todo esto, el 72 % considera que Washington da escasa importancia a los trabajadores estadounidenses.

El trabajador estadounidense medio ha acabado desconfiando completamente de la América corporativa: el 88 % tiene entre poca y nula confianza en los ejecutivos corporativos; el 68 % considera que estos ejecutivos son menos honestos y dignos de confianza que hace una década; el 52 % tiene poca o nula confianza en la contabilidad corporativa, mientras que el 31 % tiene algo de confianza; el 65 % cree que debe producirse una reforma importante en la América corporativa; y el 74 % considera que los problemas de la América corporativa se deben a la codicia y a la falta de ética. Saben que estos cabrones están constantemente tramando algo y que deberían estar vigilados las veinticuatro horas del día.

¡LOS ESTADOUNIDENSES ODIAN AL HOMBRE! ¡Sobre todo al jefe! Creen que deberían recibir su justa porción del pastel. Consideran que el puesto de trabajo no debería ser el sitio donde mueren. Piensan que los empresarios deberían estar obligados a comportarse como es debido.

Como verás, vivimos en una nación formada por personas que creen en la igualdad racial, los derechos de la mujer, los sindicatos, el medio ambiente limpio y el trato justo para gays y lesbianas. Incluso en el tema en que los estadounidenses se inclinan más hacia posiciones conservadoras, la pena de muerte, el apoyo a la pena capital ha descendido de forma considerable en los últimos cinco años (gracias, en parte, al trabajo de unos estudiantes de la Northwestern University que encontraron al menos a once personas inocentes en el corredor de la muerte en Illinois). Si antes más del 80 % del público creía en la pena de muerte, esa cifra ha descendido al 64 %. Cuando se pregunta a la población sobre la pena de muerte en caso de que se garantizara que un homicida en primer grado reciba una sentencia que nunca le permitirá salir de la cárcel, el apoyo a la pena de muerte desciende hasta el 46 %. Se trata de un descenso contundente con respecto al apoyo de una de las actividades más extrañas y crueles de nuestra nación, que no se practica en ningún país occidental industrializado del planeta. De hecho, según una encuesta reciente de la CNN, el 60 % de los estadounidenses apoya una moratoria a escala nacional en las ejecuciones mientras una comisión estudia si la pena capital se aplica de forma justa.

¿Cómo ha ocurrido esto? Ha ocurrido porque el pueblo estadounidense tiene buen corazón y una conciencia activa. La mayoría nunca estará a favor de matar a un ser humano inocente, aunque crea en la pena de muerte como concepto. Por eso veremos el fin de la pena capital en un futuro no muy lejano. Cuando la gente se conciencie de que quizás estamos condenando a muerte a personas inocentes, no seguirá apoyando una actividad tan arriesgada.

Esta bondad que considero que está en el corazón de mis compatriotas es lo que les lleva por la vía liberal con más frecuencia de lo que parece. No quieren que otros sufran. Quieren que todo el mundo tenga una oportunidad justa en la vida. Quieren que su planeta siga existiendo para que sus nietos disfruten de él.

Los conservadores saben que ésta es la verdadera América, y les enfurece vivir en una nación tan liberal. Se les oye cualquier día de la semana hablando por la radio o en el canal de noticias de la Fox; los derechistas gritan y están que trinan. ¿Te has preguntado alguna vez por qué están tan enfadados? Basta con oírles, se pasan el día, todos los días, vomitando bilis sobre los traidores, liberales, maricones, liberales, ratas de alcantarilla, liberales, los franceses, los liberales... A veces me preocupa que se atraganten con su propio veneno y entonces alguien tendrá que inventar una maniobra de Heimlich para el odio. Aquí tenemos unos cuantos ejemplos extraídos de nuestra sagrada programación televisiva o radiofónica:

«OH, ERES UNO DE LOS SODOMITAS. TENDRÍAS QUE PILLAR EL SIDA Y MORIRTE, CERDO, ¿QUÉ TE PARECE? ¿POR QUÉ NO MIRAS A VER SI ME PUEDES DEMANDAR, CERDO? ¿NO TIENES NADA MEJOR QUE HACER QUE MENOSPRECIARME, PEDAZO DE BASURA? SI NO TIENES NADA QUE HACER, CÓMETE UNA SALCHICHA Y ASFÍXIATE CON ELLA.»

Michael Savage

«Cualquier cosa que puedan hacer [los liberales] para derribar el cristianismo y el judaísmo es buena para ellos. porque tienen la mente deforme, porque el liberalismo no es una filosofía, el liberalismo es un trastorno mental.»

Michael Savage

«Dios dice: "la tierra es vuestra. Tomadla. Violadla. Es vuestra."»

Ann Coulter

«Necesitamos ejecutar a personas como John Walker a fin de intimidar físicamente a los liberales, haciendo que se den cuenta de que también les pueden matar. ¡De lo contrario se convertirán en traidores declarados!»

Ann Coulter

«¡Deberíamos invadir sus países, matar a sus líderes y convertirlos al cristianismo!»

Ann Coulter (sobre los terroristas
del 11 de Septiembre)

«Os diré que cuando michael moore dice que este presidente es un presidente ilegítimo, se pasa de la raya, se pasa de la raya... Se pasa al lado de la pura anarquía.»

Bill O'Reilly

«Es cierto que si eres pobre y no puedes costearte un buen abogado, las posibilidades de acabar en prisión se disparan. pero ¿sabéis qué? ¡Mala suerte!»

Bill O'Reilly

«¡El feminismo se creó para permitir a las mujeres poco agraciadas un acceso más fácil a la corriente dominante de la sociedad!»

Rush Limbaugh

«Vosotros los de la izquierda no estábais ahí durante la guerra fría, ahora tampoco estáis aquí. ¡Si alguna vez os hacemos caso, vamos a acabar todos inclinando la cabeza hacia los pies de algún dictador de cualquier sitio!»

Sean Hannity

«¡Son una panda de cobardes sin agallas ni carácter!»

Sean Hannity (refiriéndose a los izquierdistas de Hollywood)

«Canadá es un caso perdido de país de izquierdas y socialista. ¿Qué tipo de amigos son?»

Sean Hannity

Un día estaba hablando con el actor Tim Robbins, quien a menudo es el blanco de las iras de la derecha, y dijo: «¿Por qué están siempre tan enfadados y furiosos si resulta que controlan la Casa Blanca, el Senado, la Cámara de Representantes, el Tribunal Supremo, Wall Street, todas las tertulias radiofónicas y tres de los cuatro canales de noticias por cable? Han conseguido su guerra, han conseguido su recorte de impuestos, y su comandante en jefe tiene un índice de aprobación del 70 %. Lo normal sería que estuvieran contentos, pero no lo están.»

Parece patológico no estar contento cuando lo controlas prácticamente todo. Imagínate cómo nos comportaríamos si Jesse Jackson fuera presidente, los demócratas liberales controlaran ambas cámaras del Congreso, Mario Cuomo y Ted Kennedy fueran miembros del Tribunal Supremo y *The Nation* tuviera el mayor canal de noticias de la televisión. Vaya, estaríamos en el séptimo, ¡no, en el octavo!, cielo y se nos notaría la alegría en la voz y llevaríamos una sonrisa pintada en el rostro.

Y eso es lo que me hizo caer en la cuenta: la derecha está tan disgustada precisamente porque sabe que es una minoría. Sabe que los estadounidenses, en lo más profundo de su corazón, no están de acuerdo con su bando y nunca lo estarán. Los estadounidenses, como la mayoría de los humanos, no quieren estar cerca de personas que rezuman odio y son mezquinas. Y por eso están tan enfadados, porque saben que son una especie en vías de extinción. Saben que las chicas, los hispanos y los mariquitas están haciéndose con el poder y, por tanto, intentan hacer el mayor daño posible antes de que su raza política se extinga. Aúllan como aullaría un perro moribundo y gimen como debieron de gemir los dinosaurios al final de sus días. En vez de enfrentarnos a ellos, deberíamos compadecerlos.

Por supuesto, la mayoría de los estadounidenses nunca se describiría como «liberal». En las dos últimas décadas, se ha convertido en la palabra más sucia de la política norteamericana. Lo único que tiene que hacer un republicano es calificar a un oponente de «liberal» y se supone que eso será el fin de ese perdedor. No ha ayudado que los liberales se lo hayan puesto en bandeja, primero dejando de utilizar la palabra y luego actuando lo menos liberalmente posible. Los liberales se han comportado y han votado de forma conservadora tan a menudo que han redefinido la palabra «pelele».

Por eso a los estadounidenses no suele gustarles votar a los liberales. Un «líder liberal» suele ser un oxímoron, los liberales no lideran, hacen seguidismo. Los conservadores sí que son líderes. Tienen el coraje de sus convicciones. No se doblegan, no se rompen y nunca ceden. Son implacables en la persecución de sus ideales. Son intrépidos y no se tragan la mierda de nadie. Es decir, de hecho creen en algo. ¿Cuándo fue la última vez que te encontraste con un liberal o demócrata que se ciñó a un principio sólo porque era lo correcto?

Por eso la mayoría de los estadounidenses no confía en los liberales. Nunca se sabe hacia qué lado se inclinarán. Por lo menos con los republicanos y los conservadores lo que ves es lo que obtienes y en estos tiempos tan terroríficos, esa garantía resulta tranquilizadora para millones de personas.

El otro problema es que muchos liberales no son demasiado divertidos y está claro que no parece que lo estén pasando en grande. ¿Quién quiere relacionarse con ese tipo de gente?

No obstante, el *Webster's Collegiate Dictionary* define así la palabra «liberal»: «Ni estrecho de miras ni contraído; no egoísta» y «no limitado por principios ortodoxos o formas establecidas en la filosofía política o religiosa; de opinión independiente; no conservador; partidario de una gran libertad en la institución o administración del gobierno...» Liberal también se define como generoso, «e implica grandeza de espíritu en el momento de dar, juzgar, actuar, etcétera.»

Y así es exactamente como piensa, actúa y se comporta la mayoría de los estadounidenses en la actualidad. Aunque no emplean esa palabra, son la definición de carne y hueso de lo liberal en sus actos y palabras cotidianos. Al igual que la mayor parte de las mujeres independientes y librepensadoras raras veces emplean ya el término «feminista», sus actos hablan con mayor claridad que su falta de clasificación, y está más que claro que son feministas.

Así que es mejor que no nos fijemos tanto en las calificaciones. La mayor parte de los estadounidenses no se enfrenta al mundo con etiquetas, sino con sentido común. Para la mayoría de los estadounidenses tiene sentido que el aire y el agua no estén hechos un asco, que el gobierno no tiene por qué asomar la cabeza en el dormitorio o los genitales de un adulto, que no está bien negar una oportunidad a las personas por el color de la piel. Los estadounidenses no definen estas cuestiones como asuntos políticos sino como lógica aplastante. Aunque en realidad esta actitud se corresponda con una definición clásica de «liberal», ¿por qué no empezamos a mirar y a definir este cambio cultural bajo un prisma totalmente distinto?

Vamos a empezar diciendo lo siguiente: Una nueva «mayoría con sentido común» controla el país. ¿Es de sentido común que 75 millones de personas no hayan tenido seguro médico durante los dos últimos años? Por supuesto que no, no tiene sentido. ¿Es de sentido común permitir que sólo cinco empresas posean las principales fuentes de información y noticias de Estados Unidos? Rotundamente no. ¿Es de sentido común que todas las personas tengan trabajo y ganen un sueldo digno? Pues claro, eso sí que tiene sentido.

¿Qué persona decente no estaría de acuerdo con esto? Necesitamos establecer el programa del sentido común y empezar a escribir nuestro destino. El grupo reducido de derechistas que ahora controla buena parte de las facetas de nuestra vida son la minoría sin sentido. **No representan a la amplia mayoría de este país.**

Quizás estés pensando: «Sí, bueno, si eso es cierto, entonces ¿por qué Bush tiene unos índices de aprobación tan elevados?»

Para mí la respuesta es sencilla. Los atentados del 11 de Septiembre. Murieron más de tres mil personas. Forma parte de la naturaleza humana ponerse del lado del líder en caso de ataque, independientemente de quién sea el líder. Las buenas valoraciones de Bush no son un refrendo de su política. Más bien se trata de la respuesta de un país asustado que no tiene otra opción que no sea la de respaldar al hombre encargado de protegerla. Estados Unidos no se ha enamorado de Bush, es algo más parecido a «quiere a quien está contigo».

Permitidme que lo repita: el apoyo abrumador a la guerra de Irak no se produjo hasta después de que empezara la guerra. Antes de la misma, la mayoría de los estadounidenses dijo que no deberíamos invadir Irak a no ser que tuviéramos el apoyo y la participación de todos nuestros aliados y de las Naciones Unidas. Pero en cuanto empezó la guerra, el estadounidense medio quería apoyar a las tropas y quería que los soldados volvieran a casa con vida. Al fin y al cabo, fue a sus hijos a los que se envió a la guerra. ¿Qué iban a decir al encuestador telefónico si resulta que su hijo o hija o el hijo de sus vecinos eran los que corrían peligro?

En realidad el apoyo a Bush es muy débil. La economía está por los suelos. La gente pasa apuros todos los días. Y no hay forma de que Bush los mantenga contentos a ellos y a sus amiguitos ricos a la vez. Aunque los ciudadanos estadounidenses aman a su país y desean apoyarlo, si no tienen trabajo, o no ganan lo suficiente para pagar las facturas, eso es lo que tendrán en mente el día de las elecciones.

Así pues, anímate y echa un vistazo a tu alrededor. Vives en una nación llena de personas de buen corazón, progresistas y de tendencias liberales. ¡Date una palmadita en la espalda, has ganado! ¡Hemos ganado! Vamos a dar juntos el salto de la victoria y luego pongámonos manos a la obra para arreglar la Gran Desconexión: ¿cómo es posible que en una nación de izquierdistas, la derecha lo controle todo? No representan la voluntad del pueblo y eso tiene que cambiar. Empieza a comportarte como el vencedor que eres y sal a la calle para reclamar el país que realmente te pertenece.

10
CÓMO HABLAR CON TU CUÑADO CONSERVADOR

Sabes perfectamente cómo es la escena. La cena del día de Acción de Gracias. Toda la familia se ha reunido de nuevo alrededor de la mesa para pasar un buen rato y compartir un ágape suculento. Los arándanos están maduros, el pavo está regordete y ese cuñado tuyo sentado al otro extremo de la mesa ya está otra vez. «¡El recorte fiscal de Bush va a volver a colocar a este país en la senda de la prosperidad!» En la sala se produce un silencio incómodo y alguien intenta cambiar de tema. El cuñado, un sabelotodo que trata bien a tu hermana pero que, de todos modos, es un imbécil detestable, continúa. Repite la letanía habitual: «Hay demasiados gorrones viviendo de las prestaciones sociales», «la discriminación positiva es discriminación inversa», «deberían construir más cárceles y tirar la llave». Por último, tu prima Lydia, que está de vacaciones del Antioch College, se harta de oírle y le llama «racista» y «gilipollas». De repente el puré de patatas al eneldo especial de la abuela cruza la mesa volando como un misil americano una mañana soleada en una zona residencial de Bagdad, y una agradable y cálida reunión de familia y amigos se ha convertido en un fuego cruzado.

Seamos sinceros, casi todas las familias tienen por lo menos un reaccionario de derechas y no se puede hacer gran cosa al respecto. Es un hecho estadístico que por cada dos liberales habrá una persona que echa de menos la época de Strom Thurmond y cuando las violaciones en las citas no eran castigadas por la ley.

Me da la impresión de que me he topado con la mayoría de estos tipos a lo largo del pasado año. Muchos de ellos me han escrito cartas largas llenas de una pasión que escasea en nuestro bando político. Algunos me paran en la calle e intentan enzarzarse conmigo en acalorado debate. Unas cuantas veces les he preguntado si quieren sentarse a tomar un café conmigo (aunque yo ni siquiera tomo café y está claro que ellos han tomado demasiado). No me pongo a discutir con ellos, sino que les escucho despotricar y delirar sobre Bush, los liberales, los árabes y los parásitos de la asistencia social. Menudas peroratas. Sus letanías de quejas son largas y todas suenan increíblemente parecidas, como si consiguieran sus temas de conversación directamente de *Conan el Bárbaro*. Su objetivo no es otro que librar al planeta de multiculturalistas liberales de gran corazón allá donde puedan estar manteniendo relaciones homosexuales.

Pero, si les escuchas lo suficiente, oirás sus gritos tenues y distantes pidiendo ayuda. Está claro que sufren de una patología única que les está enloqueciendo lentamente. En lo más profundo de su ser tienen mucho, mucho miedo. Tienen miedo porque, en última instancia, son ignorantes. Desconocen buena parte del mundo que existe fuera del suyo. No tienen ni idea de lo que supone ser negro o pobre de solemnidad o desear besar a alguien del mismo sexo. Esta ignorancia básica les provoca un estado de temor permanente y abrumador. El miedo se manifiesta rápidamente en odio, lo cual a la larga conduce a un lugar muy oscuro. Les consume el deseo de hacer daño a los demás, si no con sus propias manos (normalmente están demasiado asustados para hacerlo ellos mismos), haciendo que el estado actúe en su lugar: «¡QUE LES QUITEN LA SUBVENCIÓN! ¡QUE LOS ECHEN A LA CALLE! ¡QUE EJECUTEN A LOS CABRONES!»

Este odio se torna no sólo político sino personal, como sabe cualquier persona que se haya casado con uno de estos tipos o lo tenga de pariente, vecino o jefe. Cuesta avanzar cuando se empieza el día odiando a todos aquellos que no son uno mismo.

No conozco ninguna corriente terapéutica que cure esta enfermedad; las empresas farmacéuticas todavía no han inventado ninguna medicina para la ira conservadora. (De hecho, las empresas farmacéuticas necesitan a estos votantes republicanos para asegurarse de que nunca estarán verdaderamente equilibrados; por tanto les interesa que estos tipos blancos y airados no se curen nunca.)

Creo firmemente que a muchos de estos conservadores se les

puede enseñar lo erróneo de sus creencias. Se les puede alentar a pensar de otro modo sobre los temas que nos preocupan, a verlos bajo otro prisma que ni les amenazará ni les arrebatará el núcleo de valores que tanto aprecian. Considero que muchos están perdidos en su propia ira y han sido manipulados por la propaganda destinada a hacerles bullir la sangre. Los caciques corporativos, religiosos y políticos saben qué teclas tocar para poner de su lado a personas que, por otro lado, son decentes y bienintencionadas.

Creo que existe la forma de darle la vuelta a la situación, de convertir a tu cuñado.

Llegados a este punto quizá digas: «Eh, un momento, ¡no voy de misionero por la vida! ¡No si eso significa que tengo que caminar entre esos cretinos!»

Pero ¿no quieres ver un cambio —verdadero, duradero y progresivo— en tu vida? ¿No quieres fastidiarle los planes a este movimiento supuestamente conservador que infecta nuestro Congreso con tantos republicanos? ¿No quieres divertirte un poco?

No estoy hablando de intentar hacer cambiar de mentalidad a los fanáticos en fase terminal. No se trata de ganar a los lunáticos de la derecha. Ésos ya no tienen remedio. Y, francamente, son demasiado pocos como para preocuparse por ellos.

Me refiero a la gente que conoces y, sí, quieres. Cuidan bien de sus hijos, tienen la casa bien arreglada, hacen de voluntarios en la iglesia... y siempre, aunque parezca mentira, votan a los republicanos. No se entiende. Si parece un buen tipo, ¿por qué se alinea con el partido de Atila?

Ésta es mi teoría: no creo que esas personas sean realmente republicanas. Se limitan a utilizar una palabra que han oído porque la relacionan con tradición, sentido común y ahorro de dinero. Así pues, se cuelgan ellos mismos esa etiqueta. Al fin y al cabo, ¿quién fue el primer republicano del que oíste hablar en las clases de Historia? El bueno de Abe Lincoln, ¡el tipo que fue lo suficientemente bueno como para aparecer en la moneda de un centavo y en el billete de cinco dólares! Además, consiguió un día de fiesta para los escolares.

En realidad, estas personas son republicanas sólo de nombre: RINO [Republicans In Name Only]. Formúlales una serie de preguntas: ¿Quieres un medio ambiente limpio? ¿Vivirías en un barrio con personas de raza negra? ¿Crees en la guerra como método para resolver nuestras diferencias con los demás? La mayor parte de las veces no darán las respuestas republicanas estándares. Tengo una amiga que se califica de republicana, pero cuando le pregunto si las mujeres deberían cobrar igual que los hombres, responde: «¡Deberían pagarnos más!» Cuando le pregunto si se debería permitir a la gente que tirara residuos al lago junto al que vive, me recuerda que forma parte de la junta local de la reserva natural. Cuando le pregunto qué tal va su fondo de inversiones desde que consiguió librarse «del mentiroso de Clinton», dice: «No me preguntes.»

Así pues, le digo que si Bush ha dejado la economía por los suelos y que ello le ha costado muchos miles de dólares, si los republicanos quieren facilitar que la gente tire residuos al lago y que si cree que debería tener los mismos derechos que los hombres, entonces ¿por qué demonios se califica de republicana?

«Porque los demócratas me subirán los impuestos», responde sin pestañear.

Ése es el mantra de los «rinos». Aunque estos «republicanos» no crean realmente en buena parte de la plataforma republicana y sepan que los republicanos empeorarán muchos aspectos de su vida, se aferran a la etiqueta republicana por un solo motivo: creen que los demócratas piensan arrebatarles el dinero que tanto les ha costado ganar.

Como he dicho, considero que vivimos en una nación con una mayoría liberal, pero si realmente queremos conseguir un cambio permanente y rotundo, necesitamos pasar a nuestro lado a unos cuantos millones de esos «rinos». Están a la espera, esperando saltar la valla, eso sí, siempre y cuando puedan llevarse su dinero consigo.

Se me han ocurrido una serie de sugerencias para intentar aumentar nuestra mayoría tendiendo la mano a nuestros amigos y parientes «rinos». Para algunas necesitarás un poco de humildad por tu parte. Estoy convencido de que muchas de ellas funcionarán. Ha llegado el momento de arrebatarle a la derecha conservadora esta vasta reserva de apoyo difuminado del que han disfrutado durante demasiado tiempo.

Por lo menos, si sigues mis sugerencias la cena de Acción de Gracias será mucho más tranquila:

1. **Lo primero y más importante es asegurar a tus amigos y parientes conservadores que no quieres su dinero.** No quieres que ganen menos ni que pierdan el dinero que tienen. De buenas a primeras, hazles saber que eres consciente de que les gusta su dinero y que no hay ningún problema porque a ti también te gusta el tuyo (no es más que un tipo de amor distinto).

2. **En segundo lugar, todo argumento político que presentes debe ser sobre ellos y para ellos.** Esta gente basa su decisión en «¿cómo me afecta eso a MÍ?» En vez de combatir este egocentrismo, apúntate a él, abrázalo, aliméntalo. Sí, les dices: «esto es bueno para TI». El conservador vive la vida en primera persona del singular: YO, MÍ, MÍO, y ése es el idioma centrado en esos pronombres que debes utilizar si quieres que te escuchen.

3. **Viaja a la mente del conservador.** Es el continente oscuro al que tienes que aventurarte si quieres que la conversión surta efecto. Lo que encontrarás en la mente conservadora es miedo. Miedo al crimen. Miedo a los enemigos. Miedo al cambio. Miedo a las personas que no son exactamente como ellas. Y, por supuesto, miedo a perder el dinero en algo. Si no lo ven (las parejas interraciales no viven en su barrio), les da miedo. Si no lo tocan (los trescientos años de esclavismo existieron hace mucho tiempo), entonces son incapaces de entender por qué las cosas son como son. Si no lo huelen (no hay ninguna incineradora industrial en su zona), entonces piensan que el planeta está en buenas condiciones.

4. **Respétales igual que te gustaría que te respetasen.** Les estamos pidiendo que sean personas amables y que se preocupen sobre algo más que su dinero. Si nosotros no somos amables, sobre todo en la forma de tratarlos y hablar con ellos, ¿en qué les estamos pidiendo que se transformen? ¿Como nosotros? Espero que no.

5. **Diles lo que te gusta de los conservadores.** Sé sincero. Ya sabes que hay muchas cosas de los conservadores que nos gustan y en las que creemos en nuestro interior, si bien ni muertos nos gustaría que nos pillasen diciéndolas en voz alta. **Díselas en**

voz alta a tu cuñado conservador. Dile que tú también tienes miedo de ser víctima de un crimen y que quieres evitar que los delincuentes no reciban un castigo por sus acciones. Diles que si atacan Estados Unidos tú serías el primero en defender a los indefensos. Dile que tampoco te gustan los gorrones, sobre todo ese compañero de piso que tenías en la universidad que nunca movía un dedo para recoger nada y que dejó la casa hecha una pocilga.

Entonces verá que, en cierto sentido, eres como él.

Dile lo dignos de confianza que son los conservadores. Cuando necesitas que te arreglen algo, llamas a tu cuñado reaccionario de clase baja rural, ¿verdad? Tú eres incapaz de arreglar nada, ni ninguno de tus amigos liberales y quejicas. Además, cuando necesitas trabajo, ¿quién te contrata? El conservador que tiene un negocio, ése. No irás a pedirle a tu cuñado liberal y vago un trabajo, ¿no? Y si necesitas que le den una paliza a alguien, a ese matón que no para de meterse contigo, está claro que no le vas a pedir a tu tío de la Iglesia unitaria que te haga el trabajo sucio. Nunca se sabe cuándo vas a necesitar a ese pariente conservador.

Los conservadores son organizados, puntuales, eficientes, coherentes y van bien arreglados. Todo eso son buenas cualidades y atributos y ojalá nos pareciéramos más a ellos en ese sentido. Vamos, reconócelo, ¿adónde nos ha llevado el ser desorganizados, ineficaces, despeinados, imprevisibles y el llegar siempre tarde? ¡A ninguna parte! Reconoce los méritos de un «rino» y verás que está más dispuesto a escuchar lo que tienes que decirle.

6. **Reconoce que la izquierda ha cometido errores.** Ay. Ésta duele. Lo sé, que les den por saco, ¡nosotros no somos quienes tenemos que confesarnos! Pero si reconoces que, de vez en cuando, te has equivocado es más fácil que la otra persona se plantee cuándo se ha equivocado ella. También te hace parecer más humano y menos gilipollas. Me quedé aquí sentado dos días enteros mirando el ordenador antes de ser capaz de continuar, pero éste es el comienzo de nuestra lista de equivocaciones:

• Probablemente Mumia mató a ese tipo. Bueno, ya lo he dicho. Eso no significa que haya que denegarle un juicio justo o que haya que condenarlo a muerte. Pero como no queremos ver ejecutado ni a él ni a nadie, los esfuerzos por defenderle han pasado por alto el hecho de que realmente mató a ese policía. Esto no le resta valor a la elocuencia de sus escritos o comentario, ni el lugar importante que ahora ocupa en la escena política internacional. Pero probablemente matara a ese hombre.

• Las drogas son malas. Te joden, te hacen ir más lento y te destrozan la existencia diaria. Aunque Nancy Reagan me bese el culo por esto, habría que decir no a las drogas.

• Los hombres y las mujeres SON distintos. No pertenecemos al mismo sexo. ¿Hace falta que te enseñe los dibujos? Estamos condicionados, ya sea por la naturaleza o la sociedad, a tener nuestras rarezas, deseos y costumbres particulares. El mérito consiste en asegurarse de que esas rarezas no resultan demasiado molestas para el otro sexo. Por ejemplo, muy pocas mujeres empuñan una pistola y disparan a alguien en la calle. Las posibilidades de que una mujer te atraque esta noche cuando vuelvas a casa después del trabajo son prácticamente nulas. Se trata de una rareza propia de mi sexo. Del mismo modo, muy pocos hombres le dan importancia a hacer la cama. ¿Por qué hacer la cama? ¿Quién va a verla? ¿Qué hacemos, proteger las sábanas de algo que no queremos que vean durante el día mientras estamos en el trabajo?

• Realmente es mala idea mantener relaciones sexuales antes de los dieciocho años. Bueno, a lo mejor es que estoy celoso porque yo tuve que esperar hasta los treinta y dos. De todos modos, el precio que se paga por el sexo adolescente es bastante elevado: embarazos no deseados, enfermedades y acabar con una oreja más grande que la otra porque siempre estás pendiente de la puerta de entrada por si resulta que los padres llegan temprano a casa. ¿Quién necesita eso? Y, si es posible, en la actualidad nadie debería tener hijos hasta bien entrada la veintena o la treintena. En nuestra economía basada en la servidumbre, prácticamente no hay manera de sacar adelante a los hijos sin mucho dolor y sufrimiento.

• La MTV es una mierda. Mirar imágenes estúpidas de mujeres, violencia y a los actores de *The Real World* que han visto demasiados episodios de *The Real World* es la peor forma posible de pasar la tarde. Es mejor practicar sexo adolescente y luego leer un libro juntos.

• Los cereales para desayuno a base de avena son malos. Llevan demasiada azúcar y grasa. Un estudio descubrió que muchas marcas de cereales para el desayuno contienen por ración más grasas saturadas y azúcar que cinco galletas de chocolate o una porción de pastel de naranja y zanahoria. El vegetarianismo no es sano. Los humanos necesitan proteínas y muchas. ¡Deja los brotes y zámpate una buena chuleta!

• El sol es bueno para la salud. La piel necesita por lo menos diez minutos de luz solar directa al día para conseguir su ración indispensable de vitamina D. Deja de embadurnar a los niños con tanta crema protectora. Si realmente te preocupan los rayos ultravioleta y el cáncer de piel, entonces pregúntate cuándo fue la última vez que asististe a una reunión de Greenpeace para ayudar a mejorar la situación.

• Las personas que cometen crímenes violentos deben estar encerradas. La gente peligrosa no debe andar por la calle. Sí, deben recibir ayuda. Sí, deben rehabilitarse. Sí, deberíamos buscar formas para reducir las causas fundamentales del crimen. Pero nadie tiene derecho a asaltarte o atracarte y si no eres capaz de mostrar al menos una pizca de indignación contra quienes podrían hacerte daño, entonces no eres más que un pelele o un loco para la mayoría de las personas normales. De hecho, quiero atracarte ahora mismo.

• Tus hijos no tienen derecho a la intimidad y mejor que estés al tanto de lo que se llevan entre manos. Ahora mismo, mientras lees esto, están haciendo algo. ¿Qué están haciendo? ¡Lo ves, no tienes ni idea! ¡Deja este libro y vete corriendo a su cuarto!

• No todos los sindicatos son buenos y, de hecho, muchos son un asco. Hacen que sus afiliados se apunten al plan de pensiones de la empresa y luego, ¡puf!, el dinero se esfuma. Adoptaron el nacionalismo de derechas y se convirtieron en un movimiento racista. Hay dos sindicatos buenos: SEIU (Service Employees International Union) y UE (United Electrical, Radio and Machine Workers of America). Ponte en contacto con ellos si quieres organizar tu lugar de trabajo o para recibir asesoramiento general en línea sobre cómo afiliarse al sindicato, conéctate a *www.aflcio.org/aboutunions/howto/*. Si perteneces a uno de los sindicatos ineficaces y perezosos que le siguen el rollo a la directiva o a Bush, entonces tienes que mover el culo, asistir a la próxima reunión sindical y presentarte a algún cargo.

• Los grandes todoterrenos no son intrínsecamente malos; el hecho de que consuman tanto combustible, estén montados para ser máquinas de matar y que las ratas de alcantarilla *yuppies* los utilicen en zonas urbanas es lo malo. La mayoría de estos vehículos son terriblemente incómodos y durante el trayecto hay demasiados baches.

• Regresar a la naturaleza es una idea estúpida. La naturaleza no quiere que te le acerques. Por eso la naturaleza creó ciudades... para mantenernos lo más alejados de ella posible.

• Bill O'Reilly tiene algunas posturas buenas. Está en contra de la pena de muerte, es un defensor de los niños y se opone a la NAFTA. Bueno, es un imbécil, pero incluso los imbéciles tienen razón a veces.

• Demasiados de nosotros mantenemos una visión engreída de la religión y creemos que los religiosos son unos ignorantes supersticiosos del siglo XV. Nos equivocamos, y ellos tienen tanto derecho a su religión como nosotros a no tenerla. Esta arrogancia es uno de los motivos más importantes por el que las clases bajas siempre se pondrán del lado de los republicanos.

• Tenemos una forma remilgada de decir las cosas. Es como si hubiéramos inventado un idioma propio, que saca de quicio a cualquiera que intentemos que nos escuche. Olvídate de la jerga políticamente correcta, deja de intentar ser sensible y di lo que se te pase por la cabeza. ¡Menos hacer el pelele y más brío!

• ¿Por qué sigues echando pestes de la escritora de derechas Ann Coulter? Vale, está como una cabra, pero tiene más cojones que toda la directiva del partido demócrata. Tienes celos porque nosotros no tenemos a ninguna Ann Coulter. ¡Y deja de mirarle las piernas de una puñetera vez! ¡Por eso estás hecho un lío!

• ¿La propuesta de Liberal Radio Network? Menuda forma de perder el tiempo. ¿Radio? ¿Hablas en serio? ¿En qué siglo vives? Oye, ¿por qué detenerse ahí? ¡Montemos el Pony Express liberal! ¿Y qué me dices del Código Morse liberal? ¡S-O-S! ¡Aterriza en el siglo XXI! Monta una cadena de televisión. Monta una red en Internet.

• Los animales no tienen derechos. Sí, se les debe tratar «de manera humanitaria». Sí, Tyson Foods y todos los demás que «cultivan» pollos son asquerosos. Pero «liberar» a los pollos de las granjas-fábrica es una idiotez. No saben cómo sobrevivir en libertad y lo único que van a conseguir es que los atropelle un camión. Y basta ya de hablar de la leche, por muy mala que sea para la salud. Quedas como un imbécil si vas a la cadena de televisión nacional, igual que los de la Protectora de Animales, para argumentar que la cerveza es mejor para el organismo que la leche. Estas tonterías hacen que me entren ganas de darle una patada a mi perro.

• Nixon era más liberal que los últimos cinco presidentes que hemos tenido. Su administración abrió el diálogo con China. Desempeñó un papel decisivo para implantar la discriminación positiva en las contrataciones y en la protección de los derechos de las mujeres. Fue el primer presidente que firmó acuerdos para controlar las armas nucleares. Nixon fue el artífice de la Ley de Aire Limpio de 1970 y creó el Departamento de Recursos Naturales y la Agencia de Protección del Medio Ambiente. Nos dejó el Título IX para obligar a que parte de los impuestos recaudados se dedique al deporte femenino. También intentó una especie de reforma de las prestaciones sociales que habría garantizado ingresos para los pobres. Aun así, Nixon se mereció tener que dejar el cargo y los millones de muertos del sureste asiático le rondarán toda la eternidad. Pero el hecho de pensar que fue el último presidente «liberal» hace que me entren ganas de vomitar.

Después de reconocer que no siempre tienes la razón, verás que tu amigo conservador está mucho menos a la defensiva y más dispuesto a escuchar. Entonces es el momento de exponer los argumentos por los que él o ella deberían plantearse mirar las cosas desde otro punto de vista. Lo más importante es no presentar NUNCA el argumento moral sobre por qué el Pentágono debería recibir menos dinero o por qué un niño enfermo merece ser visitado por un médico. Hace años que intentamos plantear estos argumentos y a los conservadores no les sirven. Así que no gastes saliva y ten en cuenta que se trata de ELLOS. Empieza todos los argumentos con «¡Quiero que ganes más DINERO!». Luego intenta hablar de distintas cuestiones con ellos, haciendo las siguientes afirmaciones:

«¡Pagar más a los trabajadores *te* hace ganar dinero!»

Querido cuñado, el hecho de que no le pagues lo suficiente a los trabajadores para que tengan lo imprescindible para vivir, te acaba costando a *ti* y a todos los demás mucho dinero. Si los trabajadores han de tener dos o tres empleos, su productividad se resiente en los tres. Son incapaces de concentrarse en un objetivo específico: ¡hacer que *tú* ganes más dinero! Están ensimismados, pensando en cómo ir al otro trabajo para que el *otro* tipo gane mucho dinero. Así que tu trabajador está cansado, comete más errores, sufre más accidentes, se marcha antes y su rendimiento laboral general es inferior a si se dedicara sólo a ti. ¿Por qué quieres que ayude a otro gilipollas a ganar dinero? Si le pagaras un sueldo decente, ¡sólo pensaría en *ti*!

Cuando los trabajadores no ganan lo suficiente para vivir, a menudo acaban necesitando vales de comida u otro tipo de ayuda pública. ¿Quién lo paga? TÚ. ¿Por qué quieres pagar más impuestos para cosas como ésa cuando puedes pagarle directamente y quedar como un rey? Suprime al intermediario y recoge los beneficios.

Cuando pagas más a tus empleados, ¿qué te crees que hacen con el dinero? ¿Invertir en bolsa? ¿Ingresarlo en un paraíso fiscal? ¡No! ¡Se lo gastan! ¿Y en qué se lo gastan? ¡En los productos que *tú* fabricas y vendes! La clase trabajadora está formada por el tipo de consumidores que te dan los beneficios porque no ahorran nada; abarrotan los pasillos de Sam's Club comprando cosas que en realidad no necesitan. Por tanto, todos los dólares que tú y otros jefes pagáis en forma de salario se reciclan de forma casi inmediata y vuelven a vosotros, con lo cual mejora vuestro margen de beneficios y hace que suban las acciones. Recibes una recompensa por partida doble.

Si pagas a los trabajadores una miseria, o los despides, no podrán comprar tus productos. Se convierten en una sangría para la economía; algunos recurren al delito, y cuando les da por delinquir, lo que quieren es *tu* Mercedes, no un Oldsmobile hecho polvo de los que hay en su barrio pobre. ¿Por qué colocarte en una posición en la que podrías convertirte en una víctima? Paga un sueldo justo, concede aumentos de sueldo, ofrece buenas prestaciones y entonces podrás irte a tu palacio sabiendo que en ese preciso instante esos trabajadores felices no le están quitando el adornito al capó de tu coche sino que están despilfarrando el dinero para que vuelva a *ti*.

«¡El seguro médico para todos *te* hará ganar dinero!»

Cuñado, eres empresario y tus trabajadores no tienen seguro médico, lo cual *te* resta muchos beneficios. Dejan de ir al trabajo: pierdes dinero. Faltan durante más tiempo: pierdes dinero. Otros tienen que hacer horas extra para aprovechar la capacidad de la empresa: pierdes dinero. Contagian la enfermedad a otras personas: pierdes dinero. Trabajan enfermos: pierdes dinero. Pero los trabajadores que tienen seguro médico, van al médico enseguida, consiguen la medicación necesaria y se recuperan rápidamente. Si se les paga mientras están de baja por enfermedad, se quedan en casa un par de días y vuelven al trabajo enseguida para hacerte ganar dinero, y se sienten mejor en el trabajo porque se consideran bien tratados, así que trabajan incluso más. Los trabajadores cuyo seguro médico les permite ir al psiquiatra o aprovecharse de la medicina preventiva son más productivos y aportan más a la empresa. La inversión de dinero a corto plazo en un plan de salud para grupos presenta enormes ventajas a largo plazo que, al final, *te* hará ahorrar un montón de dinero.

«¡Ofrecer un servicio de guardería para los trabajadores *te* hará ganar dinero!»

El absentismo es una sangría enorme de nuestro producto interior bruto. Según los cálculos, el coste para nuestra economía es de 50.000 millones de dólares al año. El empresario medio pierde casi 800 dólares al año por trabajador debido a ausencias imprevistas. El 45% de las veces que un trabajador no se presenta al trabajo se debe a razones personales o familiares; lo cual implica que mamá o papá no se ha presentado porque la canguro no ha aparecido, o la canguro se ha puesto enferma o tenía que volver a casa temprano, o los niños han enfermado y había que llevarlos al médico o el hijo de la canguro tuvo problemas en el colegio y la canguro tuvo que marcharse... Esto, amigo conservador, le cuesta dinero a tu negocio. Por el precio de una guardería en la empresa, ésta ganará más dinero, tú ganarás más dinero y las canguros podrán conseguir trabajos de verdad con prestaciones. ¡Y millones de infractores que pagan en negro a quienes cuidan de sus hijos dejarán de ir por esa senda criminal!

«¡Afiliarte a un sindicato *te* hará ganar dinero!»

Si eres un trabajador, y no un jefe, que se considera conservador y odia los sindicatos, tengo una pregunta: ¿Por qué? Si quieres ganar más dinero, la unión hará la fuerza. Según el Departamento de Trabajo de Estados Unidos, los trabajadores afiliados a un sindicato ganan 717 dólares a la semana de promedio. Los trabajadores no afiliados como tú ganan una media de 573 dólares a la semana. Como eres conservador lo que *te* interesa es ganar el máximo dinero posible. Así pues, ¿por qué no afiliarte? ¿Porque no quieres formar parte de un grupo? ¿Qué tienes en contra de la democracia? ¿Hay sindicatos que no son democráticos? No te afilies a esos sindicatos. Monta tú uno. Ese país libre del que siempre hablas, pues eso es lo que significa, el derecho a la libre asociación. Ese derecho es tan importante que lo pusieron el primero en la Declaración de Derechos.

«¡El aire y el agua limpios *te* hacen ahorrar dinero!»

Cada año la contaminación atmosférica mata a 70.000 personas en Estados Unidos, lo cual iguala la cifra combinada de muertes a causa del cáncer de mama y de próstata. Según cálculos del gobierno, los costes sanitarios debidos a la contaminación atmosférica son de entre 40.000 y 50.000 millones de dólares anuales.

Un estudio de 2003 puso de manifiesto que las personas que viven cerca de uno de los treinta y ocho depósitos de residuos tóxicos de Nueva York muestran índices considerablemente más altos de asma, enfermedades respiratorias y cáncer. Si no vives en Nueva York, no te preocupes, te están estafando igual. El Superfund se fundó en 1980 y recibió el dinero del impuesto de sociedades cobrado especialmente (sobre todo a gigantes de la industria química y el petróleo) y se utiliza para pagar la limpieza de terrenos industriales contaminados. En 1995, los impuestos no se renovaron, gracias a la connivencia de Washington con los grupos de presión corporativos que estaban hartos de pagar por limpiar su propia mierda. Como no hay entrada de dinero, el Superfund casi ha desaparecido y dejará de existir por completo en 2004. Eso significa que nosotros, tú y yo, pagaremos para limpiar sus residuos tóxicos. Pagamos el 20 % de los costes de limpieza en 1994, mientras que el resto lo cubría el Superfund. Llegados a 1999, los gastos se dividieron al 50 % entre el fondo y los contribuyentes. El coste proyectado para los contribuyentes este año es de... 700 millones de dólares. Es dinero que sale directamente de *tu* bolsillo. Pero, eh, el lado bueno es que Bush intenta limitar el número de emplazamientos que se limpian. Y aunque eso quizá te ahorre dinero, si eres lo suficientemente afortunado como para vivir cerca de uno de los casi 1.200 emplazamientos contaminados desperdigados por todo el país, tal vez también te mate.

Vamos a la zaga de otras naciones industrializadas con respecto a la inversión en rendimiento energético. Gran Bretaña, Dinamarca y Alemania favorecen cada vez más la energía eólica, mientras que nosotros, con el cuarto litoral más grande del mundo, no hacemos prácticamente nada.

Si consiguiéramos un estándar de consumo de combustible en nuestros coches de 6 litros por cada 100 kilómetros para 2012, antes del final de 2024 habríamos ahorrado más petróleo del que se encuentra en la Reserva Natural Nacional del Ártico, que Bush tiene tantas ganas de empezar a perforar. La forma más sencilla de depender menos del petróleo extranjero es ¡utilizar menos petróleo extranjero! Puede conseguirse fácilmente obligando a los fabricantes de coches a fabricar coches que consuman menos.

¡Qué más da que sea positivo para el medio ambiente, *te* hará ahorrar miles de dólares al año, e incluso más!

«¡Detener la guerra contra la droga *te* hará ahorrar dinero!»

Hacer una redada de consumidores de drogas y meterlos en la cárcel es un desperdicio de dinero enorme. Cuesta 25.000 dólares al año tener encerrado a un yonqui, mientras que el tratamiento sólo cuesta 3.000 dólares. Incluso el tratamiento más caro cuesta alrededor de 14.000 dólares al año, mucho menos que la cárcel. Todo dólar invertido en tratamiento te ahorrará, a ti, el contribuyente, 3 dólares no gastados en policías, cárceles y en comprar el reproductor de cedés que te robaron del coche. Gastamos 20.000 millones al año en la guerra contra las drogas, una guerra que se pierde año tras año. Todos esos helicópteros policiales que sobrevuelan Chico en busca de plantas de marihuana podrían estar apresando a los siguientes diecinueve piratas aéreos. Estás permitiendo que el Gobierno libre una batalla que no puede ganar.

Además, la ilegalización de las drogas no evita su venta. Lo único que significa es que tú, el empresario e inversor conservador, no ganas ni un centavo del negocio. Todos los beneficios van a parar a los cabronazos. Odias a los cabronazos. ¿Por qué dejarles que se queden con tu dinero? Legaliza la droga y piensa en todo el dinero que ganarás gracias a una sociedad deprimida y desesperada por estar enganchada. Se estima que los estadounidenses gastan 63.000 MILLONES en drogas ilegales al año y ¡tú has apoyado la legislación que te deja fuera del juego! ¡Deja ese martini y ponte manos a la obra!

«¡Dar un montón de dinero a las escuelas públicas *te* hace ganar dinero!»

Si resulta que nuestras escuelas patéticas envían a una generación de idiotas y analfabetos al mundo laboral, ¿cómo narices esperas ganar algo de dinero? Ahora mismo, tu oficina está llena de gente que no sabe escribir sin cometer faltas de ortografía, que es incapaz de hacer una división larga, que no sabe cómo enviar una caja a Bolivia porque no tienen ni puñetera idea de lo que es «una Bolivia».

¿Te preguntas por qué te han birlado la cartera y el gamberro que tienes enfrente está preparado para pegarte un tiro? A ver qué te parecen estas estadísticas: el 40 % de la población encarcelada en Estados Unidos es analfabeta funcional. Vaya, ¿cómo es eso? Entre 1980 y 2000, el gasto de los estados en educación aumentó en un 32 %. En ese mismo periodo de tiempo, el gasto de los estados en las prisiones ascendió un **189 %**. ¡Vaya, eso sí que es ser listo! Y mientras están en la cárcel, ¿acaso te hacen ganar algo de dinero? ¡No! De hecho el estado te está quitando mano de obra. ¡Lo que tú quieres es que esos trabajadores estén libres para que puedan ir a trabajar a tu prisión!

El 75 % de los beneficiarios de prestaciones sociales son analfabetos. ¿No crees que la situación sería un poco distinta si supieran leer y escribir? No me refiero a distinto para ellos, sino para TI. Eso supone que hay un montón de madres que viven de la asistencia social que podrían estar trabajando como burras para ti y hacerte ganar dinero si no estuvieran aprisionadas por su analfabetismo. Dales un buen nivel de estudios y recogerás la recompensa.

Me alucina pensar que los conservadores no hayan exigido, por mero interés propio, que nuestras escuelas preparen a la juventud para que contribuyan de forma positiva e incluso destaquen en el puesto de trabajo. Se supone que los trabajadores tienen que aportar buenas ideas y hacerte asquerosamente rico. En cambio, están sentados en sus cubículos intentando averiguar cómo descargarse el último álbum de Weezer. Es el resultado de todos estos años de gritar «que ningún niño se quede atrás» y de exigir que el estado haga exámenes obligatorios a los niños. Los maestros han dejado de enseñar cosas útiles y ahora enseñan para el examen. Y éste es el resultado: un montón de jovencitos que saben cómo aprobar un examen y poco más. Ahora mismo tengo a un muchacho en la oficina que creía que GB era Rusia, nunca había oído el nombre «George McGovern» y que pensaba que en una «tintorería» se venden cartuchos de tinta. ¡Y es el más listo de aquí! ¡SOCORRO!

«¡Si no vuelves a votar nunca a un republicano, *tú* ganarás un montón de dinero!»

Mira, soy consciente de que en una determinada época ser republicano y votar a los republicanos parecía la única garantía de hacerse rico. Pero en la actualidad no funciona así. Hace treinta años, si ganabas el equivalente a 50.000 dólares, eras rico. Vivías en una casa hermosa y grande. Y había cientos, si no miles, como tú en todas las poblaciones de Estados Unidos. El New Deal de Roosevelt creó una enorme clase media y la diferencia entre los ricos y los pobres se redujo en un 7,4 % entre 1947 y 1968. No era tan difícil dar el salto de la clase obrera a la clase media o de la clase media a la clase acomodada. La diferencia entre estos grupos no era tan grande. Por eso lo único que hacía falta en aquel entonces para ser un niño rico era que tu padre fuera médico de cabecera, dentista, abogado, contable, agente inmobiliario, propietario de un colmado, o un mando intermedio en una empresa automovilística. Pero todo eso empezó a desmoronarse a comienzos de la década de los años setenta cuando la disparidad entre los ingresos empezó a agrandarse.

En la actualidad, las posibilidades de hacerse rico, como he dicho anteriormente, son prácticamente nulas. Ahora mismo, las 13.000 familias que forman el 0,01 % mejor situado controlan el equivalente a la riqueza de los veinte millones más pobres. Además, mientras quienes viven en el 1 % mejor situado han disfrutado de un aumento en sus ingresos del 157 % durante los últimos veinte años, la clase media sólo ha conseguido un aumento del 10 %. ¡Sólo el 10 % para la gran masa de población que ha impulsado la explosión de riqueza que hemos visto en los últimos veinte años! El médico apenas consigue llegar a fin de mes, el abogado intenta acumular suficientes casos de divorcio para pagar las facturas y el mando intermedio... bueno, ahora prepara comida mexicana en Del Taco.

Este grupo de republicanos al que dices pertenecer no tiene nada que ver contigo. O han hecho un recorte de plantilla que te ha afectado, te han despedido o te han puesto a hacer el trabajo de dos o tres personas. Se han quedado con tu dinero en el mercado de valores y han hecho que se esfume. Han aprobado leyes fiscales que realmente sólo benefician al uno por ciento que está en la cumbre. Tú no verás ningún ahorro real y, de hecho, acabarás pagando más impuestos locales y estatales, aparte de ser testigo de un descenso considerable en los servicios del gobierno en cuanto te acerques a la mediana edad. Ahora mismo están despilfarrando el dinero de tu jubilación para enriquecer a sus amiguitos.

En resumidas cuentas, te están utilizando como a un imbécil. Te hacen recitar todos sus tópicos mientras te introducen la mano en el bolsillo trasero y te roban sin que te enteres. ¡No seas tonto! Los republicanos te odian, te desprecian y está claro que nunca querrán agrandar su tienda para que tengas cabida en ella. ¡Entérate!

Vamos a ver, no estoy diciendo que los demócratas sean la solución y, si por mí fuera, tendríamos más alternativas en las urnas aparte de ellos. Pero, plantéate con sinceridad, ¿no te iban mejor las cosas como conservador con Clinton? Está claro que te molestaba que fuera apuesto y encantador y que casi se saliera con la suya con el tema de la mamada, pero ¡supéralo! Te están tomando el pelo. Y lo sabes. Lo que pasa es que eres incapaz de reconocerlo porque no quieres parecer imbécil. No parecerás imbécil. Nadie te culpará. Todo el mundo está en un brete. Olvídate de esas bobadas «republicanas», declárate independiente y luego vete a hacer la compra para organizar una fiesta o para la gente que se presente a las elecciones que vaya a intentar ayudarte a ganar más dinero. Cualquier representante que cumpla y convierta nuestras escuelas y bibliotecas en una prioridad máxima, que se encargue de que todo el mundo tenga asistencia sanitaria, que exija que no vivamos en una sociedad de analfabetos, que apoye todo proyecto de ley que aumente el sueldo de los trabajadores y que haga pagar impuestos a los ricos por engañar a todo un país y llevarlo a la bancarrota, bueno, pues por ése deberías trabajar y votar porque, a la larga, todo eso *te* beneficiará.

Ser «republicano» es suicida.

¡Venga, cuñado! Date un paseo por el lado salvaje de la vida. No está tan mal. Además, ¿quién sabe? ¡A lo mejor este año pasas una feliz velada de Acción de Gracias!

11
LA RETIRADA DE BUSH Y OTRAS TAREAS DE LIMPIEZA

Probablemente el país no tenga un imperativo mayor que la derrota de George W. Bush en las elecciones de 2004. Todos los caminos hacia la ruina pasan por él y su administración. Cuatro años más de esta locura y de repente Canadá no nos parecerá tan frío. ¿Cuatro años más? Yo no soporto ni cuatro minutos más.

He recibido miles de mensajes de correo electrónico y cartas durante el último año y todas contienen esta pregunta desesperada: «¿Qué vamos a hacer para librarnos de él?»

Lo cual conduce a una pregunta incluso más terrorífica: «**¿Cómo demonios van a conseguirlo los demócratas?**» Nadie, y quiero decir *nadie*, confía en la capacidad de los demócratas para hacer ese trabajo. Son perdedores profesionales. No consiguen que los elijan ni siquiera en un baño de caballeros. Incluso cuando ganan unas elecciones, como hicieron en 2000, los demócratas ¡también pierden! ¿No es patético?

En las elecciones parciales de diputados, senadores, etc., que se celebraron a mitad del periodo de gobierno de 2002, había 196 representantes republicanos defendiendo su escaño en la Cámara de Representantes. Los demócratas sólo consiguieron suponer un desafío verdadero a esos republicanos en doce distritos electorales y los demócratas sólo lograron ganar tres de esas votaciones. Con casi 210 millones de estadounidenses en edad de votar entre los que elegir, lo mejor que podían hacer los demócratas era encontrar a doce personas con la valía suficiente para presentarse a las elecciones. ¿Qué les da derecho a seguir considerándose un partido? ¿Por qué tienen garantizado un puesto en todas las votaciones de Estados Unidos? Mi repartidor de periódicos seguro que encontraría a doce personas para presentarse a las elecciones con sólo hacer una ruta de reparto.

Por eso estamos tan asustados, porque sabemos que los demócratas no dan la talla para el puesto.

Así pues, ¿qué hacemos? Los verdes están en condiciones mucho mejores con respecto al nivel de compromiso y apasionamiento, pero seamos sinceros, éste no es el año de los verdes (y lo saben hasta los verdes).

Los demócratas perdieron dos años quejándose y gimoteando sobre los verdes, declarando que Nader y compañía eran el enemigo. Ése es el signo inequívoco de un auténtico perdedor: echarle la culpa a los demás de tus propios errores.

En un intento por volver a tender puentes de unión y sanar las heridas de 2000, me he puesto en contacto con algunos líderes demócratas con la intención de forjar una alianza demócrata-verde para 2004. El voto combinado para Gore y Nader superaba el 51 %, suficiente para ganar las elecciones. He sugerido a los demócratas que los verdes apoyarían a un candidato demócrata para la presidencia que respaldara los elementos básicos del programa verde y, a cambio, los demócratas tendrían que votar a los verdes en las circunscripciones en que los demócratas no presentan a un verdadero candidato al Congreso.

He encontrado a poca gente interesada en esta oferta. De hecho, lo que he descubierto es incluso peor: los líderes del partido demócrata me han dicho algo que no reconocerán en público, que básicamente dan por perdidas las elecciones de 2004; que ven pocas posibilidades de derrotar a George W. Bush. Prefieren ahorrar esfuerzos para 2008 cuando Hillary o alguno de sus grandes nombres, sean quienes sean, se presenten y ganen.

Tú y yo tenemos que rechazar el talante derrotista de estos demócratas tristes e impotentes. En realidad, no son ellos quienes deben tomar esta decisión. Nosotros, el pueblo, no podemos soportar otros cuatro años de marioneta de Karl Rove. Y no podemos esperar a que el llamado partido de la oposición, los demócratas, muevan el culo y hagan su trabajo.

Así pues, ¿qué hacemos? Lo que sé es que la gente votaría a un candidato independiente, tal como nos ha demostrado Jesse Ventura. A Perot le fue de maravilla, ¡imagínate lo que podría hacer una persona en su sano juicio! Pero no tenemos tiempo en los próximos meses para montar un tercer partido que suponga un verdadero reto. Esa labor tendría que haberse realizado en los dos últimos años. Pero no fue así. Se nos acaba el tiempo.

Nuestra única esperanza es conseguir a alguien medianamente decente en esa línea demócrata asquerosamente petulante y totalmente injustificada que aparece en la papeleta de los cincuenta estados. Y tiene que ser alguien que pueda derrotar a Bush.

Veamos, hay dos personas «aparentemente» decentes que pertenecen al partido de forma oficial mientras escribo este libro: Dennis Kucinich y Howard Dean. Kucinich es, con diferencia, el mejor candidato en cuestiones clave. Dean, que en el pasado fue refrendado por la NRA y está a favor del uso limitado de la pena de muerte, es bueno en muchos otros temas. Me gustaría creer que uno de ellos podría conseguirlo.

Pero estoy harto de estar siempre en el mismo lugar, y no estoy solo. Por una vez, ¿no sería bonito ganar, sobre todo teniendo en cuenta lo liberales que son la mayoría de los estadounidenses? Ha llegado el momento de empezar a pensar con una mente más abierta. Para empezar, dejemos de creer que el presidente tiene que ser un tipo blanco. Los tipos blancos son una minoría que va en retroceso en este país: sólo suponen el 38 % de los votantes. Además, como he señalado antes, todos los demócratas que han ganado la presidencia desde Franklin D. Roosevelt (con la excepción de la victoria arrolladora de Lyndon Johnson en 1964) han ganado «perdiendo» el voto blanco masculino. Ganaron consiguiendo que una cantidad abrumadora de mujeres blancas y negras y de hombres y mujeres hispanos les votaran.

Si los demócratas dejaran de atenuar sus ideales para atraer a los estúpidos hombres blancos que hay por ahí, ganarían. Las mujeres de todos los colores representan el 53 % del electorado. Los hombres negros e hispanos suponen casi el 8 % de los votantes. Eso significa que las mujeres y esos hombres de las minorías representan aproximadamente el 60 % de toda la nación, una mayoría abrumadora y una combinación ganadora potente.

Los estadounidenses están preparados para tener una presidenta. ¿Qué te parecería que una de nuestras gobernadoras o senadoras se presentara a la presidencia? Los votantes quieren votar a las mujeres; hemos pasado de tener sólo dos a tener catorce en el Senado de Estados Unidos en poco más de una década. El electorado está harto de ver a los mismos hombres viejos y cansados, que parecen una panda de estafadores y mentirosos. ¿Es que no hay ni una sola mujer entre los 66 millones de mujeres de este país con edad para votar capaz de derrotar a ese niñato? ¿Es que no hay ni una?

También considero que el país está preparado para tener un presidente negro. Ya tenemos uno en la tele, en *24*, uno de los programas más vistos de la Fox. Luego tuvimos a Morgan Freeman de presidente en *Deep Impact* (y la última vez que lo vi, hacía de Dios en *Como Dios*). En 2003, 12 millones de estadounidenses votaron para elegir a nuestro próximo «ídolo americano» a un hombre de color: Ruben Studdard.

Ya sea en las elecciones de 2004, o en las próximas, necesitamos encontrar candidatos nuevos que sean capaces de darle una patada en el culo a los republicanos. Se da por supuesto que un candidato a la presidencia tiene que ser senador o gobernador. Si un candidato no es político profesional pero es un ciudadano como Al Sharpton, nadie le dará ni la hora (aunque Sharpton ha hecho algunos de los comentarios más lúcidos, y divertidos, de esta campaña).

¡Lo que ahora necesitamos es alguien que le dé una paliza a Bush! Alguien que ya sea tan querido por el pueblo estadounidense que, cuando llegue el día de la toma de posesión presidencial en 2005, nos hayamos librado del Sonrisitas. Alguien que sea nuestro Reagan, un personaje bien conocido que gobierne con el corazón y escoja a la gente adecuada para cumplir con el trabajo diario.

¿Quién es esta persona que podría conducirnos a la tierra prometida?

Se llama Oprah.

¡OPRAH!

Eso es, Oprah Winfrey.

Oprah podría ganar a Bush. Sin el menor esfuerzo. ¡Vamos, sabes que puede! El país la adora. ¡Tiene buenas ideas políticas, tiene buen corazón y nos haría levantar a las seis de la mañana para que moviéramos el esqueleto a ritmo del jazz! No puede ser malo. ¡Y nos haría leer un libro al mes! («Buenas tardes. Vuestra presidenta al habla. Este mes leeremos *Un mundo feliz*.») ¿No sería genial?

Ahí va otra ventaja. A Oprah no se la puede comprar. ¡Ya es multimillonaria! Imagínate una presidenta que no debe favores a los grupos de presión ni a las compañías petroleras ni a Ken Lay. ¡Sólo responde ante Steadman! ¡Y ante nosotros! Con un salario de sólo 400.000 dólares al año en la Casa Blanca, ser presidenta sería una renuncia para Oprah, pero a mí no me importaría que fuera presidenta y siguiera haciendo su programa de televisión. Cada tarde a las cuatro en punto, transmitiendo en vivo desde la Sala Este de la Casa Blanca, podríamos ver a la presidenta Oprah con un público de estadounidenses medios hablando de lo que les pasa, de que necesitan esto o aquello, y Oprah allí para ayudarles. Salvo que a diferencia de su programa actual desde Chicago, *Oprah at 1600 Pennsylvania Avenue* podría solventar los problemas de la gente allí mismo. ¿No puedes pagar las facturas? La presidenta Oprah ordena la detención de los ejecutivos de las compañías de tarjetas de crédito que cobran unos intereses escandalosos. ¿Tus hijos te están dando la lata otra vez? No después de que los arrastren al Despacho Oval para que ella les dé una charla. ¿Tu marido ya no te hace caso? A lo mejor te vuelve a hacer caso después de que su careto acabe en la pared de la oficina de correos en un póster que ponga «HOMBRES QUE NO SE CALLAN NI ESCUCHAN».

He estado en *Oprah* tres veces. He visto con mis propios ojos cómo responde ante ella el ciudadano medio. Los hombres y mujeres de todas las razas sintonizan con ella. Es como Bruce Springsteen, la madre Teresa y la princesa Diana en una. He visto a hombres y mujeres hechos y derechos perder el control y sollozar después de haberle estrechado la mano. ¿Por qué esta reacción? Creo que porque Oprah es una persona de carne y hueso que no teme decir lo que quiere decir ni ser quien quiere ser. Es una de esas personas que lo ha conseguido. ¡Nos gusta ver ganar a alguien de nuestro equipo! Lo que ella propone es: «Intento hacerlo lo mejor posible. Tengo mis altibajos, pero me levanto todos los días y le doy otra oportunidad a la vida.»

La campaña de Oprah para animar a la gente a realizar buenas acciones, y el efecto onda que pueden crear tales acciones, no es más que un ejemplo de su creencia en el poder del individuo para cambiar el mundo.

Bueno, todo esto puede sonar como una retahíla de tonterías ñoñas para los cínicos que me leen, pero, eh, ¡ninguna otra cosa ha funcionado! ¿Por qué no probar una nueva vía? ¿Por qué no apoyar a alguien a quien la gente le importa de verdad? Alguien que intenta que una mujer o un hombre normales y corrientes lo tengan un poco más fácil, en un mundo que cada vez es más cruel, complicado y vacío.

Lo sé, seguro que piensas que he escrito todo esto sobre Oprah en plan bromita. Lo digo muy en serio. Ha llegado el momento de ser atrevidos, el momento de pensar de una forma distinta si lo que queremos es ganar y que cambien las cosas. Oprah ganaría a Bush. Imagínate los debates: ¡Bush vs. Oprah! Ella le dará tantas vueltas que Bush no sabrá dónde está la derecha y dónde la izquierda. Oprah mirará directamente a cámara y dirá al país: «Me ocuparé de vosotros. Os protegeré. Trabajaréis conmigo en esta misión. Traeré a las personas adecuadas para que se encarguen de que ningún ciudadano de este país sufra más abusos, y el mundo nos conocerá como el pueblo generoso y pacífico que somos.»

Y su victoria será arrolladora.

Pero ¿cómo convencemos a Oprah para que se presente a las elecciones? Empezaré colgando una petición en mi sitio web para que Oprah se presente a las primarias. Cuando lancé esta idea por vez primera a comienzos de 2003, los medios de comunicación le pidieron una respuesta y ella dijo, sonriendo: «Nunca digas de este agua no beberé», pero añadió que en cuestión de política podía decir «nunca». Podemos hacerle cambiar de opinión. Puedes escribirle conectándote a *www.oprah.com*. Al principio es probable que esta idea no le guste y probablemente no me invitará a su programa en un futuro próximo. Pero confío en que responda a la llamada para sacarnos de la desgracia nacional. ¡Oprah! ¡Oprah! ¡Oprah!

Vale, ¿y si Oprah no se presenta? ¿A quién más tenemos que ya sea famoso y querido como para poder ser nombrado mañana y ganar a Bush en noviembre? Bueno, no todo son mujeres negras pero hay otras Oprah esperando entre bastidores. ¿Qué te parece Tom Hanks? ¡Tom Hanks le cae bien a todo el mundo! Es uno de los buenos. Se preocupa por la gente. Ama a su país. Le daría una paliza a Bush.

Y, por supuesto, está Martin Sheen. A la gente le encanta verle interpretando el papel de presidente en la tele. ¡Basta ya de fingir y que lo haga en serio!

O ¿qué me dices de Paul Newman? También derrotaría a Bush. Si Reagan lo consiguió a su edad, imagínate qué guay sería tener al estadista Paul Newman mandando. ¡Aliño para ensaladas gratis para todos! ¡Y Joanne Woodward de primera dama! ¡No, un momento... Joanne Woodward presidenta!

¿Y Caroline Kennedy? ¡Una Kennedy sin escándalos! ¡Una persona generosa y decente que además es madre!

¡O cualquiera de las Dixie Chicks! ¡Nadie ha atemorizado tanto a la derecha como las Dixie Chicks! Fueron de las primeras en expresar su opinión, cuando no estaba bien visto. Tienen agallas y cantan canciones sobre librarse de los novios y maridos inútiles que arrastran a su pareja. ¡Con ellas seguro que el voto femenino no se escapa! ¡Que vuelvan a sentirse orgullosas de ser de Tejas! ¡Podrían turnarse y hacer de presidenta un año cada una y luego, el cuarto año, pueden cederle el cargo a la vicepresidenta: ¡Oprah!

Pero pongamos por caso que ninguno de estos famosos está dispuesto a dejar su agradable vida para trasladarse a un gallinero. ¿Quién iba a echarles la culpa? Así pues, ¿en qué situación nos quedamos?

Meses atrás, en los días que precedieron a la invasión de Irak, estaba haciendo *zapping* y me topé con un general que participaba en un debate en la CNN. Suponiendo que se trataba de otro ex busto parlante militar que había surgido de nuestras cadenas, estuve a punto de seguir cambiando de canal. Pero dijo algo que me llamó la atención y continué escuchando. De hecho estaba poniendo en entredicho la decisión de Bush de atacar Irak. Mucho antes de que se supiera que Bush y compañía engañaban a propósito al pueblo estadounidense sobre las «armas de destrucción masiva» en Irak, él cuestionaba que, de hecho, Irak supusiera una amenaza grave para Estados Unidos. Guau. ¿Quién era ese tipo?

Se llama Wesley Clark. General Wesley Clark. Primero de su

promoción en West Point, becario Rhodes en Oxford, ex comandante supremo de las fuerzas aliadas de la OTAN y miembro del partido demócrata por Arkansas. Empecé a interesarme por él y esto es lo que descubrí:

- Está a favor del derecho de la mujer a decidir en caso de embarazo no deseado y es un firme defensor de los derechos de la mujer. En *Crossfire* le preguntaron si creía que el aborto debía ser legal y respondió sencilla y llanamente: «Estoy a favor de que la mujer decida.»
- Está en contra del recorte fiscal de Bush. Esto es lo que dice: «Pensé que este país se había fundado según un principio en el que el régimen tributario era progresivo. Es decir, no se trata sólo de que cuanto más ganes, más des, sino que des proporcionalmente más porque cuando no te sobra el dinero, tienes que gastarlo en lo imprescindible para vivir. Cuando tienes más dinero, puedes permitirte lujos. [...] Uno de los lujos y uno de los privilegios de los que disfrutamos es vivir en este gran país. Así que considero que los recortes fiscales son injustos.»
- Está en contra de la ley USA PATRIOT II y quiere que se vuelva a examinar la primera. Declaró lo siguiente: «Uno de los riesgos que se corren en esta operación es prescindir de ciertos elementos esenciales de lo que en Estados Unidos significa que haya justicia, libertad y un estado de derecho. Creo que hay que ser muy, muy cuidadoso cuando se recortan esos derechos para librar la guerra contra los terroristas.»
- Está a favor del control de armas. Según Clark: «En total, tengo unas veinte armas de fuego en casa. Me gusta cazar. Me he criado con armas toda la vida, pero la gente a la que le gustan las armas de asalto debería alistarse en el ejército de Estados Unidos, allí las tenemos.»
- Está a favor de la discriminación positiva. Al hablar del expediente que presentó ante el Tribunal Supremo para apoyar a la Universidad de Michigan en sus esfuerzos a favor de la discriminación positiva, declaró: «Estoy a favor del principio de discriminación positiva. [...] Lo que no puede ser es una sociedad en la que no reconozcamos que existe un problema con la discriminación racial. [...] Vimos las ventajas de la discriminación

positiva en las fuerzas armadas de Estados Unidos. Fue esencial para devolver la integridad y la eficacia de dicha institución.»

- No está a favor de enviar soldados a Irán ni de proseguir con la tontería del eje del mal. «En primer lugar necesitamos aprovechar el multilateralismo por lo eficaz que puede resultar —afirma Clark—. El multilateralismo, si se utiliza con eficacia, puede ejercer mucha presión económica y diplomática. En segundo lugar, creo que tenemos que ir con mucho cuidado antes de decidirnos demasiado rápido por una opción militar, sobre todo en el caso de Irán, porque tal vez podamos derribar el gobierno del país, pero también podríamos hacer saltar por los aires algunas instalaciones. Y eso no soluciona necesariamente el problema.»

- Está a favor de la protección del medio ambiente: «Los seres humanos afectan al medio ambiente y lo único que hay que hacer es sobrevolar los Andes y observar los glaciares que están desapareciendo para reconocer que existe algo llamado calentamiento global y que sólo está empezando al mismo tiempo que China y la India se modernizan.»

- Es partidario de colaborar con nuestros aliados en lugar de cabrearles: «[Ésta es] una administración que realmente no ha respetado a nuestros aliados. [...] Si se quieren aliados verdaderos, hay que escuchar sus opiniones, hay que tomarlos en serio, hay que trabajar con sus asuntos.»

Así pues, aquí va mi pregunta a los demócratas reticentes: ¿por qué demonios no presentáis a este tipo a las elecciones? ¿Acaso es por si gana? Sí, qué raro sería... ¡un ganador! No queréis probarlo, ¿verdad?

Bueno, si buscara una estrategia para vencer a Bush el desertor, ¡presentaría a las elecciones a un general de cuatro estrellas contra él! Bush lo tendría muy difícil. Podría ser la única forma de vencer a Bush, ganarlo en su propio terreno. El estratega político de Bush, Kart Rove, intentará convencer al país de que se trata de unas elecciones en tiempos de guerra y de que, en tiempos de guerra, no se cambia al presidente. Con eso es con lo que cuentan: asustar a los estadounidenses para que se queden cuatro años más con Bush II. Si han conseguido asustar a los votantes de forma que crean que realmente hay un enemigo exterior, quizá no nos resulte posible deshacer ese daño. En cambio, ¿por qué no nos apuntamos a la misma táctica y le decimos a los estadounidenses, bueno, sí, hay una amenaza exterior... y ¿quién prefieres que te proteja? ¿Un tipo que corrió a esconderse a Omaha o uno de los generales de más alto rango del país? Clark ha sido galardonado con la Estrella de Plata, la Estrella de Bronce, el Corazón Púrpura y la Medalla Presidencial a la Libertad. ¡Además tiene un par de títulos honorarios de caballero gracias a los británicos y a los holandeses!

Sé que todo esto sorprenderá a muchos lectores. «Mike, ¿cómo es posible que estés a favor de un general?»

Bueno, para empezar, mientras escribo esto no apoyo a nadie (aparte de a Oprah. Preséntate, Oprah, ¡preséntate!). Así lo veo yo. Tuve cuatro años para ayudar a construir un partido verde o alguna otra alternativa independiente. No lo hice. Nadie lo hizo. Claro que contribuí de distintas maneras, pero no fue suficiente. Mientras estoy aquí sentado tecleando estas palabras, el partido verde sigue sin aparecer en la mayoría de las papeletas de este país. Además, ahora nos enfrentamos a un reto incluso mayor: evitar que George W. Bush desmantele por completo nuestra Constitución y las libertades que tanto apreciamos. Nos enfrentamos a un dilema y, a veces, en momentos desesperados se necesitan medidas desesperadas.

Si hace falta recurrir a un general que está a favor de que la mujer decida qué hacer en caso de embarazo no deseado, a favor del medio ambiente, que cree en los servicios sanitarios universales y que considera que la guerra nunca es la primera respuesta a un conflicto, si ésa es la persona necesaria para echar a estos cabrones y hacer el trabajo que los demócratas tenían que haber hecho en 2000, entonces estoy dispuesto a seguir adelante. Esto implica un compromiso enorme por mi parte: ¿los perdedores que dirigen el partido demócrata estarán dispuestos a reconocer sus errores y a llegar a un compromiso con los millones de personas como yo? Ya sea con Kucinich o Dean, Oprah o Hanks, o el General Bueno, estoy listo para la victoria.

¿Quién quiere aliarse conmigo?

No podemos dejar estas elecciones en manos de los demócratas para que la vuelvan a fastidiar. Necesitamos la participación activa de todos nosotros para salir a la calle y recuperar nuestro país. Escribo esto lo mejor que sé, de la manera más personal posible, para todos los que leyeron *Estúpidos hombres blancos* (más de dos millones de estadounidenses), para quienes vieron *Bowling for Columbine* (más de treinta millones de estadounidenses) y para todos los que habéis accedido a mi sitio web (más de un millón de personas al día). Es suficiente para formar un pequeño ejército, por lo que de nuevo quiero convocar a la milicia de Mike para que se alce y rechace a la invasión de los *bushies*. Cierto, no tenemos el dinero ni los centros de comunicación de ellos, pero tenemos algo mejor: tenemos a la gente de nuestro lado. Y a no ser que declaren la ley marcial o aplacen las elecciones, a no ser que pongan a Katherine Harris a trabajar como una posesa en los cincuenta estados, entonces no hay un buen motivo por el que no vayamos a poder ganarles.

Como comandante en jefe, por la presente os ordeno que participéis en la Operación Cambio de Aceite en 10 minutos. Haciendo algo durante sólo diez minutos al día, seremos capaces de eliminar la marea negra que es Bush y sus viejos amigos que ahora ocupan la Casa Blanca. Os pido a cada uno de vosotros que realicéis las siguientes actividades guerrilleras entre este momento y noviembre de 2004. Sólo tardaréis diez minutos al día:

1. **Hablar con todas y cada una de las personas** que quieran escuchar hasta qué punto Bush ha sido negativo para el país y negativo para ellas. Estas elecciones, al igual que todas las elecciones con el titular en el cargo, es más un referéndum sobre el titular que sobre el oponente. Si el electorado acaba considerando que el actual presidente ha dañado el país o el bolsillo del ciudadano medio, entonces los votantes suelen votar a favor de quien se presente en el otro bando. Así pues, lo más importante es convencer a la gente de que sabes que lo mejor es que se produzca un cambio.

2. **Únete a la campaña** de la persona que consideras que tiene más posibilidades de derrotar a Bush. Únete a más de una si eres incapaz de decidirte ahora mismo.

3. **Descárgate** un póster del sitio web de tu candidato y pégalo en la ventana o en el patio. Pide una pegatina y pégala en el coche.

4. Inscríbete para **presentarte a delegado de distrito electoral** (si todavía estás a tiempo para los caucus o las primarias del partido para 2004. Si no, mira si puedes asistir a las reuniones o a la convención del condado). Tienes que encontrar la manera de meterte en el ajo con quienes van a acabar eligiendo al candidato en la convención nacional.

5. Todavía tienes tiempo para presentarte a la **candidatura local** en las próximas elecciones. ¿Por qué TÚ no? No es que haya un gran grupo de expertos haciendo cola para estar en el consejo del pueblo. ¡Hazlo!

6. Compra unos cuantos ejemplares de los **libros siguientes** y hazlos circular entre tus amistades y familia y tus cuñados conservadores: *La mejor democracia que se puede comprar con dinero*; *Perpetual War for Perpetual Peace*; *Bushwacked!*; *Thieves in High Places*; *The Great Unraveling*; y *Lies and the Lying Liars Who Tell Them*. Todos ellos contienen grandes fragmentos con información útil que, en cuanto se comparta con cualquier persona en su sano juicio, no hará más que aumentar el tamaño de la milicia de Mike.

7. Necesito que cada persona que lea este libro se comprometa a **ceder sus cuatro sábados** de octubre de 2004 para dedicarse a trabajar por los candidatos que van a poner fin al régimen de Bush en Washington. Sólo cuatro sábados por tu país. Sé que es más de los diez minutos que te pedí, ¡pero ahora estás demasiado metido como para dejarlo! Puedes hacer varias cosas: ir puerta a puerta a pedir apoyo para el candidato al Congreso, repartir folletos en la calle, hacer llamadas desde la sede del candidato para conseguir el voto, plantar carteles en el jardín, pegar sellos, enviar mensajes de correo electrónico, llamar a las tertulias de la tele, acosar a los oponentes, celebrar mítines, montar cenas en el vecindario de esas en las que cada uno trae un plato preparado. Estas elecciones se centrarán en un solo objetivo: conseguir el voto.

8. Para los más comprometidos de vosotros, ¿por qué no **viajar a un distrito electoral** en el que parezca que va a producirse un cambio porque existe la posibilidad de poner de patitas en la calle a un republicano? A muchos de nosotros no nos im-

porta montarnos en un autobús y viajar mil o dos mil kilómetros hasta Washington para ir a una manifestación. ¿Por qué no viajar a Paducah, Kentucky, para trabajar durante una semana o fin de semana por un candidato que tiene posibilidades de ganar? Tu presencia podría valer mucho. Supone un poco más de trabajo que llevar un cartel y cantar consignas, pero los resultados quizá valgan la pena. (Puedes acceder a mi sitio web para saber cuáles son esos distritos en los que creo que necesitan nuestra ayuda.)

9. El día de las elecciones: **Lleva a un no votante a comer... ¡y a votar!** ¿Qué te parece si cada uno de vosotros que tiene pensado votar en 2004 convenciese a **una sola persona** que no piensa votar a acompañaros a las urnas? No intentes convencer a alguien que hace tiempo que decidió dejar de votar para que vuelva a la acción; no funciona así. Las personas no suelen casarse de nuevo con su primer marido o mujer ni tampoco suelen ir a ver la misma película dos veces. Así pues, ahórrate el argumento moral o la charla sobre lo de ser buen ciudadano y dile a Bob, que ha estado hablando pestes de Bush por su plan de pensiones: «Oye, me voy a votar. ¡Larguémonos de aquí!» Cuando lleguéis al colegio electoral, pídele que entre contigo, **sólo serán diez minutos.** Créeme, vendrá. Es como cuando alguien dice: «Tómate una cerveza.» A veces no te apetece, pero no quieres rechazar lo que te ofrece tu amigo y, además, ¿qué tiene de malo? Tu trabajo, entre ahora y la próxima jornada electoral, es identificar a un amigo, pariente, compañero del trabajo o de estudios que tenga opiniones similares a las tuyas pero que probablemente no se moleste en votar a no ser que vayas con él o ella al colegio electoral. En muchas contiendas electorales, el resultado lo deciden unos miles de votos. Si soy lo suficientemente afortunado, hay más de un millón de personas leyendo este libro en este momento. Lo único que hace falta para decantar la balanza del poder es que el 10 % de vosotros se lleve a uno o dos amigos que no votan a las urnas. Realmente es así de sencillo.

10. Por último, propongo una idea para conseguir que incluso más no votantes acudan a las urnas. Solíamos ponerlo en

práctica en Flint, mi pueblo. En la mayoría de los estados, todos los votantes reciben un resguardo con un número al depositar el voto en la urna (en algunos estados también reparten pequeñas pegatinas en las que pone «He votado»). Celebra un gran concierto o fiesta en tu localidad la noche electoral para el que la entrada no sea más que ese resguardo o pegatina. Anuncia que vas a organizar un sorteo con los resguardos de voto y que el ganador conseguirá el premio que tú y tus seguidores puedan dar (nosotros solíamos dar mil dólares aunque un año alguien donó un coche). Este sistema resultó sumamente eficaz para conseguir que la gente joven votara y he visto que el método tiene mucho éxito en las comunidades negras y de hispanos que, de lo contrario, se siente desencantada ante las elecciones. Asegúrate de cumplir con la ley electoral local, pero, si lo pruebas, te sorprenderá ver lo bien que funciona. Claro que sería perfecto que la gente votara porque se trata de su derecho sagrado, pero, seamos sinceros, vivimos en el siglo XXI y a no ser que sea una votación por teléfono para un programa de televisión, a la mayoría no le entusiasma participar. Independientemente del método que se utilice para recargarles la batería, yo estoy a favor.

Ya está, ya tienes tus órdenes para la marcha. No me falles y no te falles. Ya se han pasado de listos con nosotros en una ocasión y se supone que ellos son ¡los *estúpidos hombres blancos*! Que no vuelva a pasar. Nosotros somos demasiados para que acabe de otro modo. Amamos a nuestro país y nos importa el mundo en el que se encuentra nuestro país. No hay motivo para hundirse en la desesperación o el cinismo egocéntricos. Tienes todos los motivos del mundo para dejar este libro ahora mismo, llamar por teléfono, salir por la puerta y hacer algo que valga la pena.

Colega, ¿dónde está tu país? Está al otro lado de la ventana, esperando a que lo lleves a casa.

Notas y fuentes

2. El hogar del embustero

El presidente Clinton negó airado su infidelidad el 26 de enero de 1998, después de una presentación sobre políticas destinadas al cuidado de los niños en la Casa Blanca acompañado de su esposa y el vicepresidente. El texto de esta declaración está archivado en la Administración Nacional de Archivos y Documentos y puede leerse en línea en: *http://clinton4.nara.gov/WH/New/html/19980126-3087.html.*

La mayor parte de los comentarios de Bush citados en este capítulo están colgados en línea en el sitio web oficial de la Casa Blanca: *www.whitehouse.gov.* No es fácil salirte con la tuya con esas trolas, aunque sean mentirijillas, ¡cuando un puñetero subalterno anota todas las palabras que pronuncias y las publica en Internet para que las vea todo el mundo!

- Las distintas versiones de la mentira del presidente tantas veces repetida sobre la amenaza que suponen las armas de destrucción masiva de Irak están allí en su totalidad: 21 de enero de 2003, «President Bush Meets with Leading Economists» [«El presidente Bush se reúne con economistas destacados»]; 12 de septiembre de 2001, «President's remarks at the United Nations General Assembly» [«Comentarios del presidente ante la Asamblea General de las Naciones Unidas»]; 8 de febrero de 2003, «President's Radio Address» [«Discurso radiofónico del presidente»].
- Para echar una mano al aspirante al Senado John Cornyn en una cena para recaudar fondos en Houston el 26 de septiembre de 2002, Bush dio a entender que se trataba de una vendetta personal contra Saddam: «No hay duda de que su odio se dirige principalmente contra nosotros. No hay duda de que no nos soporta. De hecho, se trata de un tipo que intentó matar a mi papá.»

- Bush vendió en persona la historia de que Irak intentaba obtener uranio enriquecido en África y que también había intentado comprar tubos de aluminio para ayudar a crear un programa de armas nucleares, en un discurso televisado del 7 de octubre de 2002 en Cincinnati: «El presidente da una idea general de la amenaza iraquí.»

- En su campaña de otoño de 2002 por distintos estados para conseguir apoyo para la guerra de Irak durante octubre y noviembre de 2002, el presidente se esforzó por relacionar a Saddam Hussein con al-Qaeda. Véase: 28 de octubre de 2002, «Comentarios del presidente en la bienvenida de Nuevo México»; 28 de octubre de 2002, «Comentarios del presidente en la bienvenida de Colorado»; 31 de octubre de 2002, «Comentarios del presidente en la bienvenida de Dakota del Sur»; 1 de noviembre de 2002, «Comentarios del presidente en la bienvenida de New Hampshire»; 2 de noviembre de 2002, «Comentarios del presidente en la bienvenida de Florida»; 3 de noviembre de 2002, «Comentarios del presidente en la bienvenida de Minnesota»; 4 de noviembre de 2002, «Comentarios del presidente en la bienvenida de Misuri»; 4 de noviembre de 2002, «Comentarios del presidente en la bienvenida de Arkansas»; 4 de noviembre de 2002, «Comentarios del presidente en la bienvenida de Tejas».

Si deseas saber más información sobre las empresas que han conseguido los contratos para la reconstrucción en la posguerra de Irak valorados en cientos de miles de millones de dólares y sus aportaciones financieras a George W. Bush y el partido republicano, consúltalo en el Centro para las Políticas Receptivas. Sobre todo, lee el informe «Rebuilding Iraq-The Contractor» [«Reconstrucción de Irak-Los contratistas»] en *www.opensecrets.org/news/rebuilding-iraq*.

Las credenciales del embajador Joseph Wilson están detalladas en su biografía, suministrada por el Middle East Institute, un comité asesor de Washington D.C. Durante casi tres décadas, Wilson ocupó distintos cargos en el Consejo Nacional de Seguridad, en las Fuerzas Armadas de EE.UU., en el Foreign Service y en el Departamento de Estado, y fue el último funcionario del gobierno de EE.UU. que se reunió con Saddam Hussein antes del inicio de la «Tormenta del desierto». La versión del propio Wilson de su viaje a Níger en 2002 se publicó en el *New York Times*: «What I didn't find in Africa» [«Lo que no encontré en África»], 6 de julio de 2003.

Distintos autores dan más explicaciones sobre la investigación de

Wilson, y la repetición continua por parte de la administración Bush de las historias sobre las armas nucleares de Irak, ante las pruebas contradictorias, Nicholas D. Kristof, «White House in Denial» [«La Casa Blanca desmiente»], *New York Times*, 13 de junio de 2003; Richard Leiby, «Retired Envoy: Nuclear Report Ignored; Bush cited alleged Iraqi purchases, even though CIA raised doubts in 2002» [«Enviado retirado: informe nuclear ignorado; Bush citó supuestas compras iraquíes aunque la CIA planteó dudas en 2002»], *Washington Post*, 6 de julio de 2003; *ABC World News Tonight*, «La Casa Blanca sabía que la afirmación Irak-África era falsa; la administración Bush está obligada a arrepentirse por el descubrimiento de un reguero de documentos», 22 de julio de 2003; Dana Priest y Karen DeYoung, «CIA questioned documents linking Iraq, uranium ore» [«La CIA puso en entredicho los documentos que relacionan Irak con la mena de uranio»], *Washington Post*, 22 de marzo de 2003; Michael Isikoff et al., «Follow the yellowcake road» [«Sigue el camino del uranio»], *Newsweek*, 28 de julio de 2003; Walter Pincus, «Bush faced dwindling data on Iraq nuclear bid» [«Bush se enfrentó a una reducción de datos sobre las intenciones nucleares de Irak»], *Washington Post*, 16 de julio de 2003; y Evan Thomas et al. «(Over)selling the World on War» [«(Sobre)vender la guerra al mundo»], *Newsweek*, 9 de junio de 2003.

Sesenta y dos millones de personas vieron a Bush haciendo su último gran esfuerzo a favor de la guerra en su discurso sobre el Estado de la Unión de 2003, según la reportera del *Washington Post* Jennifer Harper: «Bush's speech resonates with public, polls show» [«Según las encuestas, el discurso de Bush llega al público»]. El discurso está en línea en el sitio web de la Casa Blanca: «State of the Union Address», 28 de enero de 2003.

La declaración del director de la CIA George Tenet en la que asume la «responsabilidad» por el empleo que hizo Bush de información refutada acerca de que Irak buscó uranio en África en su discurso sobre el Estado de la Unión está disponible en *www.cia.gov*.

La revelación de que los memorandos de octubre que ponen de manifiesto que la CIA había advertido a la Casa Blanca de que la historia de Irak y el uranio de Níger se basaba en información incorrecta apareció el 23 de julio de 2003 en un artículo de David E. Sanger y Judith Miller publicado en el *New York Times*: «After the War: Intelligence; Nacional Security Aide Says He's to Blame for Speech Error» [«Tras la guerra: información; un asesor de Seguridad Nacional asume culpabilidad por error en discurso»], y Tom Raum, «White House official apologizes for role in State of Union speech flap» [«Un funcionario de la Casa Blanca se disculpa por el lío del discurso sobre el Estado de la Unión»], Associated Press;

y el 8 de agosto de 2003 por Walter Pincus, «Bush team kept airing Iraq allegation; officials made uranium assertions before and after President's speech» [«El equipo de Bush siguió lanzando la acusación sobre Irak; los funcionarios se reafirmaron en el tema del uranio antes y después del discurso»], *Washington Post*.

El discurso del secretario de Estado Powell ante la ONU al que se hace referencia aquí se pronunció el 5 de febrero de 2003. La trascripción oficial se encuentra en la delegación estadounidense de la ONU: *www. un.int/usa*.

La noticia de que dos tráileres encontrados en el norte de Irak estaban destinados a la producción de hidrógeno para inflar globos, y que no eran armas químicas tal como afirmaba el presidente, apareció en el periódico británico *The Observer*, escrita por Peter Beaumont et al., «Iraqi mobile labs nothing to do with germ warfare, report finds» [«Un informe revela que los laboratorios móviles iraquíes no tienen nada que ver con la guerra biológica»], 15 de junio de 2003. Esta información también la confirmó la Defense Intelligence Agency, que pertenece al Departamento de Defensa, cuando llegó a la misma conclusión, tal como informó Doughlas Jehl, «Iraqi trailers said to make hydrogen, not biological arms» [«Los tráileres iraquíes eran para fabricar hidrógeno, no armas biológicas»], *New York Times*, 9 de agosto de 2003.

Los comentarios del teniente general James Conway sobre el hecho de que la tropa estadounidense no encontrara armas químicas en Irak fueron publicados por la Associated Press, Robert Burns, «Commander of U.S. marines in Iraq cites surprise at not finding weapons of mass destruction» [«Un comandante de los marines de EE.UU. se declara sorprendido al no encontrar armas de destrucción masiva»], 30 de mayo de 2003.

La información sobre la cooperación estadounidense con Irak en su guerra contra Irán, y el empleo de armas químicas o biológicas por parte de Irak en dicho conflicto, procede de multitud de fuentes, entre las que se incluyen: Patrick E. Tyler, «Officers say U.S. aided Iraq in war despite use of gas» [«Los oficiales declaran que EE.UU. ayudó a Irak en la guerra a pesar del uso de gas»], *New York Times*, 18 de agosto de 2002; «Chemical weapons in Iran: confirmation by specialists, condemnation by Security Council» [«Armas químicas en Irán: confirmación de los especialistas, condena del Consejo de Seguridad»], *UN Chronicle*, marzo de 1984; Henry Kamm, «New Gulf War issue: Chemical Arms» [«Asunto nuevo en la guerra del Golfo: armas químicas»], *New York Times*, 5 de marzo de 1984; Reginald Dale, «U.S. and Iraq to resume diplomatic relations» [«EE.UU. e Irán reanudarán las relaciones diplomáticas»], *Financial Times*, 27 de noviembre de 1984.

La lista de agentes químicos que las corporaciones estadounidenses vendieron a Saddam Hussein entre 1985 y 1990 está incluida en el informe del Senado: «Exportaciones estadounidenses de uso dual relacionadas con la guerra química y biológica a Irak y su posible efecto en las consecuencias para la salud de la guerra del Golfo», informe del presidente Donald W. Riegle Jr. y el miembro de rango superior Alfonse M. D'Amato del Comité de Banca, Vivienda y Asuntos Urbanos con respecto a la administración de las exportaciones, Senado de EE.UU., Congreso 103, sesión 2ª, 25 de mayo de 1994.

Si deseas más información sobre la exportación de agentes químicos y biológicos a Irak por parte de corporaciones estadounidenses, incluyendo una lista de las empresas, véase el tema de portada del número de abril de 1998 de *The Progressive* escrito por William Blum: «Anthrax for Export» [«Ántrax para exportar»], así como el artículo de Jim Crogan, de 25 de abril-1 de mayo de 2003 en el *LA Weekly*, «Made in USA, Part III: The Dishonor Roll» [«Fabricado en EE.UU., Parte III: La lista de la deshonra»].

La información sobre la exportación de EE.UU. a Irak de tecnologías de uso dual procede de un informe del organismo de control del propio gobierno: «Irak: artículos militares estadounidenses exportados o transferidos a Irak en la década de 1980», Oficina General de Contabilidad de EE.UU., dada a conocer el 7 de febrero de 1994, aunque se publicó en 1992.

El compromiso de la administración Reagan para asegurar la victoria de Irak sobre Irán está bien documentada en las siguientes fuentes: Seymour M. Hersh, «U.S. secretly gave aid to Iraq early in its war against Iran» [«EE.UU. ayudó en secreto a Irak al comienzo de la guerra contra Irán»], *New York Times*, 26 de enero de 1992; la declaración jurada ante el tribunal del ex funcionario del Consejo Nacional de Seguridad Howard Teicher, 31 de enero de 1995; y Michael Dobbs, «U.S. had key role in Iraq buildup; trade in chemical arms allowed despite their use on Iranians and Kurds» [«EE.UU. desempeñó un papel clave en la preparación de Irak; se permite el comercio de armas químicas a pesar de su uso contra iraníes y kurdos»], *Washington Post*, 30 de diciembre de 2002.

La información sobre los traspasos de armas saudíes a Irak en la década de 1980 procede del informe de febrero de 1994 de la Oficina General de Contabilidad citado más arriba.

Un recurso excelente para saber más sobre la historia confidencial de la política estadounidense en Irak es el Archivo Nacional de Seguridad, instituto de investigación y biblioteca sin ánimo de lucro de EE.UU. con documentos desclasificados gracias a la Ley para la Libertad de Información. El Archivo obtuvo documentos que demuestran que la Casa Blanca se opuso a los intentos del Congreso por sancionar a Irak por el uso de armas químicas, en parte para proteger los posibles contratos de reconstrucción en la posguerra: «Iraqgate: Saddam Hussein, U.S. policy and the prelude to the Persian Gulf War, 1980-1994» [«Irakgate: Saddam Hussein, la política de EE.UU. y el preludio de la guerra del Golfo Pérsico, 1980-1994»], *The National Security Archive*, 2003. Gran parte de las colecciones de documentos del Archivo se encuentran en línea en *www. gwu.edu/~nsarchiv.*

Los esfuerzos de Rumsfeld por relacionar los atentados del 11 de Septiembre con Saddam Hussein se expusieron en CBS News el 4 de septiembre de 2002: «Los planes de atacar Irak empezaron el 11 de Septiembre.» El general Wesley Clark habló de la presión recibida para relacionar el 11 de Septiembre con Saddam en una comparecencia en *NBC News: Meet the Press*, el 15 de junio de 2003.

El 5 de febrero de 2003 la BBC informó por primera vez de que los servicios de inteligencia británicos habían llegado a la conclusión de que no había relación actual alguna entre Saddam Hussein y al-Qaeda: «Filtración de informe que rechaza el vínculo Irak-al-Qaeda», *BBC News*.

La información de fondo sobre la supuesta base de al-Qaeda en el norte de Irak procede de Jeffrey Fleishman, «Iraqi terror camp cracks its doors» [«El campamento terrorista iraquí abre sus puertas»], *Los Angeles Times*, 9 de febrero de 2003; y Jonathan S. Landay, «Alleged weapons site found deserted» [«Supuesto depósito de armas se encuentra abandonado»], *Philadelphia Inquirer*, 9 de febrero de 2003.

Entre los muchos sondeos que ponen de manifiesto que los estadounidenses creen que Saddam Hussein guarda relación con los atentados del 11 de Septiembre destacan los siguientes: sondeo de *Newsweek*, 24-25 de julio de 2003; sondeo del Programa sobre Actitudes ante la Política Internacional/sondeo de Knowledge Networks, julio de 2003; sondeo de Harris Interactive, 18 de junio de 2003; sondeo de CNN/*USA Today*/Gallup, 9 de junio de 2003 y otro el 9 de febrero de 2003; sondeo de *Christian Science Monitor*, 9 de abril de 2003; sondeo de CBS News/*New York Times*, 10 de febrero de 2003; sondeo de Knight-Ridder, 12 de enero de 2003.

El alejamiento de Saddam de los fundamentalistas (como Ossama bin Laden) al crear un estado secular ha sido tema de numerosos artículos, entre otros: John J. Mearsheimer y Stephen M. Walt, «An unnecessary war; U.S.-Iraq conflict» [«Una guerra innecesaria; el conflicto EE.UU.-Irak»], *Foreign Policy*, 1 de enero de 2003; Warren P. Strobel, «Analysts: No evidence of Iraq, al-Qaida cooperation» [«Analistas: no hay pruebas de cooperación entre Irak y al-Qaeda»], *Knight Ridder Washington Bureau*, 29 de enero de 2003; Paul Haven, «Saddam, al-Qaida would be unusual allies» [«Saddam y al-Qaeda serían aliados poco comunes»], Associated Press, 29 de enero de 2003; Patrick Comerford, «Will Christians of Iraq be denied the promise of peace?» [«¿Se negará a los cristianos de Irak la promesa de la paz?»], *Irish Times*, 6 de enero de 2003; Daniel Trotta, «Safe under Saddam, Iraqi Jews fear for their future» [«Los judíos iraquíes, seguros con Saddam, temen por su futuro»], *Fort Lauderdale Sun-Sentinel*, 4 de julio de 2003; Matthew McAllester, «New Fear for Iraq Jews» [«Nuevo temor para los judíos de Irak»], *Newsday*, 9 de mayo de 2003.

La información sobre la complicidad de EE.UU. con Pol Pot y los jemeres rojos en Camboya procede de: John Pilger, «The Friends of Pol Pot» [«Los amigos de Pol Pot»], *The Nation*, 11 de mayo de 1998; Philip Bowring, «Today's friends, tomorrow's mess» [«Amigos de hoy, desastre del mañana»], *Time International*, 8 de octubre de 2001; Andrew Wells-Dang, «Problems with Current U.S. Policy» [«Problemas con la política estadounidense actual»], *Foreign Policy in Focus*, 30 de julio de 2001.

El papel de EE.UU. en el golpe de estado que provocó la muerte de Patrice Lumumba y llevó a Mobutu al poder en Congo/Zaire se detalla en: Howard W. French, «An anatomy of autocracy: Mobutu's Era» [«Anatomía de la autocracia: la era de Mobutu»], *New York Times*, 17 de mayo; Peter Ford, «Regime Change» [«Cambio de régimen»], *Christian Science Monitor*, 27 de enero de 2003; Ian Stewart, «Colonial and Cold War past fuels anti-West anger in Congo» [«El pasado colonial y de guerra fría avivan la ira anti-occidental en Congo»], Associated Press, 24 de agosto de 1998; y Stephen R. Weissman, «Addicted to Mobutu: why America can't learn from its foreign policy mistakes» [«Adictos a Mobutu: por qué América no aprende de sus errores en política exterior»], *Washington Monthly*, septiembre de 1997.

La información de fondo relativa a la destitución de Joaõ Goulart en Brasil se encuentra en el reportaje del 15 de junio del *National Catholic Reporter*, «It's time for a good national confession; Truth commissions to heal war atrocities» [«Ha llegado el momento de una buena confesión nacional; comisiones de la Verdad para curar las atrocidades de la guerra»]. Véase también A. J. Langguth, «U.S. Policies in hemisphere precede Kissinger and Pinochet» [«Las políticas estadounidenses en el hemisferio preceden a Kissinger y a Pinochet»], *Los Angeles Times*, 15 de julio de 2001.

La complicidad estadounidense en Indonesia, primero con el derrocamiento de un presidente elegido y luego con la invasión del Timor Oriental, está documentada por Jane Perlez, «Indonesians say they suspect CIA in Bali Blast» [«Los indonesios dicen sospechar de la CIA en el ataque de Bali»], *New York Times*, 7 de noviembre de 2002; James Risen, «Official history describes U.S. policy in Indonesia in the 60's» [«La historial oficial describe la política estadounidense en Indonesia en los años sesenta»], *New York Times*, 28 de julio de 2001; «East Timor Revisited» [«Retorno a Timor Oriental»], *National Security Archive*, 6 de diciembre de 2001; «CIA Stalling State Department Histories» [«La CIA paraliza las historias del Departamento de Estado»], *National Security Archive*, 27 de julio de 2001; Seth Mydans, «Indonesia Inquiry: Digging up agonies of the past» [«Investigación sobre Indonesia: sacar a la luz las agonías del pasado»], *New York Times*, 31 de mayo de 2000.

Para tener una visión general de la situación de los derechos humanos en China, véase «Informe mundial 2003: China y Tíbet», de *Human Rights Watch* e «Informe 2003: China» de *Amnistía Internacional*. Richard McGregor informó del número de cadenas de comida rápida en China en «KFC adds fast food to fast life in China» [«KFC añade la comida rápida a la vida rápida en China»], *Financial Times*, 20 de enero de 2003. La información sobre Kodak y el creciente mercado chino se encuentra en Joseph Kahn, «Made in China, Bought in China» [«Hecho en China, comprado en China»], *New York Times*, 5 de enero de 2003. Las múltiples relaciones comerciales de Wal-Mart con China se detallan en Michael Forsythe, «Wal-Mart fuels U.S.-China trade gap» [«Wal-Mart aumenta el déficit en la balanza comercial entre EE.UU. y China»], *Bloomberg News*, 8 de julio de 2003.

Amnistía Internacional informó del empleo en China de furgones móviles para ejecuciones en «Chinese use mobile death van to execute prisoners» [«Los chinos utilizan furgones de la muerte móviles para ejecutar a prisioneros»], y Hamish McDonald en «Chinese try mobile death vans» [«Los chinos prueban los furgones de la muerte móviles»], *The Age* (Melbourne), 13 de marzo de 2003.

Si deseas más información sobre todos los países del mundo que sufren bajo el yugo de dictadores, gobiernos autoritarios o para saber el nivel de respeto por los derechos humanos en cualquier país, conéctate al Centro Internacional de Derechos Humanos y Desarrollo Democrático, *www.ichrdd.ca*; Human Rights Watch, *www.hrw.org*; y Amnistía Internacional, *www.amnesty.org*.

Paul Wolfowitz fue entrevistado por el periodista Sam Tannenhaus para *Vanity Fair* en mayo de 2003. El Departamento de Defensa puso objeciones a la versión de Tannenhaus de la entrevista y colgó su propia trascripción de la conversación. Dado que dicha versión no ofrece una imagen mejor de Tannenhaus, decidí utilizarla en vez de la de *Vanity Fair*.

La profesora Fatin al Rifai apareció en *Nightline* de la ABC el 14 de julio de 2003 donde expresó sus reservas acerca del gobierno de EE.UU. Las informaciones sobre los clérigos que adquieren talla política se encuentran en David Rohde, «GI and Cleric vie for hearts and minds» [«Los soldados estadounidenses y los clérigos se disputan corazones y mentes»], *New York Times*, 8 de junio de 2003; Anthony Browne, «Radical Islam starts to fill Iraq's power vacuum» [«El islamismo radical empieza a llenar el vacío de poder en Irak»], *London Times*, 4 de junio de 2003. El artículo de Nicholas D. Kristof en el *New York Times* del 24 de junio de 2003, «Cover your hair» [«Cúbrete el pelo»], y el de Tina Susman's, «In Baghdad, a flood of fear» [«Torrente de temor en Bagdad»], *Newsday*, 9 de junio de 2003, no son más que dos de los numerosos artículos sobre la aparición de una reacción violenta contra la «occidentalización» en Irak.

Dominique de Villepin pronunció su discurso ante las Naciones Unidas el 19 de marzo de 2003 y está disponible en su totalidad en: *www.un. int/france/documents_anglais/030319_cs_villepin_irak.htm.*

La lista con la «Coalición de los Dispuestos», a 3 de abril de 2003, aparece en el sitio web de la Casa Blanca: *www.whitehouse.gov.*

Las historias sobre la arremetida de la administración Bush contra los franceses se encuentran en los siguientes artículos: William Douglas, «Paris will face consequences» [«París se enfrentará a las consecuencias»], *Newsday*, 24 de abril de 2003; «Rumsfeld descarta el desafío de la "vieja Europa" sobre Irak», *CBC News*, 23 de enero de 2003; y «Comandante en jefe», *Dateline NBC*, 25 de abril de 2003.

Los ataques más ridículos y mezquinos contra los franceses proceden de muchas fuentes distintas y no son más que una pequeña muestra de la reacción furibunda contra los franceses. Adam Nagourney y Richard W. Stevenson informaron sobre John Kerry y su supuesto «aspecto» francés en «Bush's aides plan late sprint in '04» [«Los asesores de Bush planean el último esprint en '04»], *New York Times*, 22 de abril de 2003. Si deseas saber más sobre el proyecto de ley propuesto por Jim Saxton para castigar a los franceses económicamente, consulta «Congress slow to act on anti-France bill» [«El Congreso reacciona con lentitud ante el proyecto de ley antifrancés»], Associated Press, 10 de marzo de 2003. El llamamiento absolutamente ridículo de Ginny Brown-Waite para desenterrar los huesos de los fallecidos en la Segunda Guerra Mundial enterrados en Francia no merece más que una cobertura colorista, así que te recomiendo el artículo «Dig up our D-Day Dead» [«Desenterremos a nuestros muertos del día D»], publicado en el *New York Post* del 14 de marzo de 2003 y escrito por Malcolm Balfour. El artículo de Richard Ruela publicado en el *Arizona Republic*, «McCain isn't saying 'oui' to Bush's tax cut plan» [«McCain no dice *oui* al plan de recorte fiscal de Bush»], del 25 de abril de 2003, trata sobre los dos anuncios de ataque sobre las dos ratas de alcantarilla republicanas que se estaban replanteando el desastroso recorte fiscal de Bush. El siempre sensato Sean Hannity se dejó llevar por los sentimientos al hablar de la traición de Jacques Chirac en su debate tendencioso, *Hannity & Colmes*, el 11 de junio de 2003.

Desde tirar vino francés por el retrete hasta las maravillas de las patatas de la libertad, pasando por la satisfacción de chafar fotocopias de la bandera francesa con un vehículo blindado y mucho más, véase: Deborah Orin & Brian Blomquist, «White House just says Non» [«La Casa Blanca dice Non»], *New York Post*, 14 de marzo de 2003; John Lichfield, «French tourism counts cost as Americans stay away» [«El turismo francés calcula el coste de la ausencia de americanos»], *The Independent*, 29 de julio de 2003; Sheryl Gay Stolberg, «An Order of Fries, Please, But Do Hold the French» [«Una ración de patatas, por favor, pero que no sean francesas»], *New York Times*, 12 de marzo de 2003; «Fuddruckers jump on "Freedom Fry" bandwagon» [«Fuddruckers se sube al carro de las "patatas de la libertad"»], *PR Newswire*, 14 de marzo de 2003; Brian Skoloff, «Central Valley dry cleaners called French Cleaners vandalized» [«Unos vándalos destrozan una tintorería de Central Valley llamada "French Cleaners"»], Associated Press, 20 de marzo de 2003; Rob Kaiser, «Sofitel surrenders, lowers French flag» [«Sofitel se rinde y baja la bandera francesa»], *Chicago Tribune*, 1 de marzo de 2003; «Merchant stands his ground as Americans boycott fromage.com» [«Comerciante se mantiene firme mientras los americanos boicotean fromage.com»], *Toronto Star*, 16 de febrero de 2003; J.M. Kalil, «Everything French Fried» [«Todo frito a la francesa»], *Las Vegas Review-Journal*, 19 de febrero de 2003; Floyd Norris, «French's has an unmentioned British flavor» [«Lo francés tiene un sabor británico que no se menciona»], *New York Times*, 28 de marzo de 2003; Alison Leigh Cowan, «French exchange students get the cold shoulder» [«Se hace el vacío a los estudiantes franceses de intercambio»], *New York Times*, 4 de julio de 2003; y por último, para la rata de alcantarilla francesa integrada en la Casa Blanca, Elisabeth Bumiller, «From the President's patisserie, building a coalition of the filling» [«Desde la pastelería del presidente se crea una coalición para el relleno»], *New York Times*, 5 de mayo de 2003.

Si deseas más información sobre la vida y la genealogía de Paul Rivoire, visita su casa en línea, *www.paulreverehouse.org/father.html*.

Si deseas saber más sobre la mano que echaron los franceses a los colonos durante la guerra de la Independencia, localiza el artículo de Stacy Schiff, «Making France our best friend» [«Convertir a Francia en nuestro mejor amigo»], de la edición del 7 de julio de 2003 de *Time*.

Las cifras sobre las exportaciones de petróleo iraquí a distintos países proceden del «International Petroleum Monthly» de la Administración de Información sobre la Energía correspondiente a julio de 2003. Nuestras cifras comerciales generales con Irak correspondientes al año 2001 están disponibles a través del Departamento de Comercio Exterior de la Oficina Censal.

Jennifer Brooks escribió sobre el hecho de que Saddam recibiera una llave de Detroit en el *Detroit News*, 26 de marzo de 2003. La visita de Rumsfeld a Irak está bien documentada y el Archivo Nacional de Seguridad de la Universidad George Washington (citado más arriba) posee una bonita foto de los dos estrechándose la mano. Sin embargo, para echar un vistazo rápido, consulta Michael Dobbs, «U.S. had key role in Iraq build-up» [«EE.UU. desempeñó un papel clave en la preparación de Irak»], *Washington Post*, 30 de diciembre de 2002.

Las estadísticas sobre el número de teléfonos per cápita en Albania, junto con muchos otros datos curiosos, se encuentran en el *World Fact Book, 2003* de la CIA, disponible en línea en *www.cia.gov*. También es un buen sitio para empezar a conocer los hechos esenciales sobre cualquier país del que quieras saber un poco más.

Las cifras de los sondeos que se citan con respecto a la oposición internacional a la guerra de Irak se encuentran en las siguientes fuentes: Peter Morton, «U.S. citizens at odds with world on war» [«Los ciudadanos estadounidenses en desacuerdo con el mundo sobre la guerra»], *National Post*, 12 de marzo de 2003; Derrick Z. Jackson, «World is saying 'no' to war» [«El mundo dice "no" a la guerra»], *Chicago Tribune*, 17 de marzo de 2003; «People power on world stage» [«El poder de la gente en la escena mundial»], Reuters, 6 de marzo de 2003; «El primer ministro japonés declara que no siempre es correcto seguir la opinión pública», *BBC Worldwide Monitoring*, 5 de marzo de 2003; Susan Taylor Martin, «Business of war rolls on in Turkey, opposition or no» [«El negocio de la guerra continúa en Turquía, con o sin oposición»], *St. Petersburg Times*, 2 de marzo de 2003; y George Jones, «Poll shows most Britons still against war» [«Según las encuestas, la mayoría de los británicos sigue estando en contra de la guerra»], *Daily Telegraph*, 13 de febrero de 2003. La visión británica no tan distorsionada de los hechos sobre la mayor amenaza a la paz mundial procede de una encuesta realizada por *The Times* (Londres), «Bush "as big a threat as Saddam"» [«Bush: "una amenaza tan grande como Saddam"»], 23 de febrero de 2003.

Para tener una idea del papel que desempeñó el comercio en la «Coalición de los Dispuestos», véase Tom Skotnicki, «Coalition of the Winning» [«La coalición de los ganadores»], *Business Review Weekly*, 26 de junio de

2003; Claire Harvey's, «NZ leader seeks peace in her time» [«La líder neo-zelandesa busca paz durante su mandato»], *The Weekend Australian*, 26 de abril de 2003; Linda McQuaig, «Rebuffed president recklessly saddles up for war» [«Presidente rechazado se prepara imprudentemente para la guerra»], *Toronto Star*, 9 de marzo de 2003, y David Armstrong, «U.S. pays back nations that supported war» [«EE.UU. recompensa a las naciones que apoyaron la guerra»], *San Francisco Chronicle*, 11 de mayo de 2003.

Si deseas tener una visión general de algunos de los miembros de la «Coalición», consulta «Many willing, but only a few are able» [«Muchos dispuestos pero sólo unos pocos capaces»], *Washington Post*, 25 de marzo de 2003, de Dana Milbank. El artículo también relata la oferta de Marruecos de donar dos mil monos para ayudar en la invasión. Como nota aparte cabe mencionar que aunque quizá los monos no hubieran participado en la guerra, muchos otros no simios sí participaron. Siobhan McDonough informó en la Associated Press el 2 de abril de 2003 que entre las tropas había pollos, palomas, perros y delfines. Y aunque Polonia se quedó corta en animales de granja, consiguió reunir a unos cuantos soldados con los que comprometerse por la causa, tal como se informa en «Poland to commit up to 200 troops in war with Iraq» [«Polonia asignará hasta 200 soldados a la guerra de Irak»], Associated Press, 17 de marzo de 2003.

La estimación del porcentaje de población mundial que la «Coalición» representaba procede de Ivo Daalder, «Bush's coalition doesn't add up where it counts» [«La coalición de Bush no suma donde cuenta»], *Newsday*, 24 de marzo de 2003, y el Reloj Demográfico de la Oficina Censal de EE.UU., estimación de la Población Mundial.

La información sobre la máquina de guerra Lockheed Martin procede de las siguientes fuentes: «Liquidmetal Technologies and Lockheed Martin establish product development partnership» [«Liquidmetal Technologies y Lockheed Martin se asocian para el desarrollo de productos»], *Business Wire*, 27 de enero de 2003; Barbara Correa, «War machine grows quickly» [«La máquina de guerra crece rápidamente»], *Daily News* (Los Ángeles], 23 de marzo de 2003; Fuerza Aérea de EE.UU., «Hoja informativa de la USAF: sistema de comunicaciones vía satélite Milstar», marzo de 2003; Craig Covault, «Milstar pivotal to war» [«El Milstar es fundamental para la guerra»], *Aviation Week*, 28 de abril de 2003; «Air Force launches a military communications satellite» [«La Fuerza Aérea lanza un satélite militar de comunicaciones», Associated Press, 8 de abril de 2003; Tom McGhee, «Bibles to bomb fins» [«Biblias para bombardear aletas»], *Denver Post*, 6 de abril de 2003; Heather Draper, «Lockheed Martin set to launch 6th Milstar» [«Lockheed Martin dispuesto a lanzar el 6° Milstar»], *Rocky Mountain News*, 22 de enero de 2003; Robert S. Dudney, «U.S.

dominance in space helped win operation Iraqi Freedom» [«El dominio espacial de EE.UU. ayudó a ganar la operación Libertad para Irak»], *Chattanooga Times Free Press*, 25 de mayo de 2003; Richard Williamson, «Wired for war» [«Conectado para la guerra»], *Rocky Mountain News*, 3 de enero de 2000; Tim Friend, «Search for bin Laden extends to Earth orbit» [«La búsqueda de Bin Laden se extiende a la órbita terrestre»], *USA Today*, 5 de octubre de 2001; y Heather Draper, «Liftoff: Defense stocks soar» [«Despegue: el stock de Defensa se dispara»], *Rocky Mountain News*, 9 de octubre de 2001.

Las estimaciones relativas a las muertes en Irak y Afganistán proceden de proyectos relacionados. Con respecto a Afganistán, véase Marc Herold, «Daily Casualty Count of Afghan Civilians Killed by U.S. Bombing» [«Cómputo de víctimas diario de civiles afganos muertos por los bombardeos de EE.UU.»]. Herold es profesor de la Universidad de New Hampshire y su informe, basado en un estudio exhaustivo y riguroso de las muertes de civiles según los medios de comunicación desde el comienzo de la campaña afgana hasta el presente, puede consultarse en *http://pubpages.unh.edu/~mwherold/*. Con respecto a la guerra de Irak, se montó un sistema similar a través de Iraq Body Count, que se encuentra en línea en *www.iraqbodycount.net*.

Las informaciones sobre civiles iraquíes afectados proceden de Paul Reynolds, «Análisis: aumenta el riesgo para los civiles», *BBC News*, 2 de abril de 2003; Lara Marlowe, «33 civilians die in Babylon bombing» [«Mueren 33 civiles por bombardeo en Babilonia»], *Irish Times*, 2 de abril de 2003; Zeina Karam, «Injured Iraqi boy making progress: 'I feel good'» [«El niño iraquí herido mejora: "Me siento bien"»], *Toronto Star*, 10 de junio de 2003; Corky Siemaszko, «Is he under the rubble?» [«¿Está bajo los escombros?»], *New York Daily News*, 9 de abril de 2003; William Branigin, «A gruesome scene on Highway 9» [«Escena truculenta en la autopista 9»], *Washington Post*, 1 de abril de 2003; Christopher Marquis, «U.S. military chiefs express regret over civilian deaths» [«Los jefes militares estadounidenses lamentan la muerte de civiles»], *New York Times*, 2 de abril de 2003.

La información sobre las bombas de dispersión se encuentra en el artículo de Jack Epstein publicado en el *San Francisco Chronicle*: «U.S. under fire for use of cluster bombs in Iraq» [«Ataque a EE.UU. por utilizar bombas de racimo en Irak»], 15 de mayo de 2003; y también a través de Human Rights Watch, sobre todo, «Condena a EE.UU. por el uso de bombas de racimo en Bagdad», 16 de abril de 2003 y «Afganistán está plagada de bombas de racimo», 16 de noviembre de 2001.

Steve Johnson escribió un artículo excelente sobre los «periodistas integrados» en el *Chicago Tribune*, «Media: with embedded reporters, 24-hour access and live satellite feeds» [«Medios de comunicación: con reporteros integrados, acceso las 24 horas y conexiones vía satélite en directo»], 20 de abril de 2003. También vale la pena el de Jim Rutenberg, «Cable's war coverage suggests a new 'Fox Effect' on television journalism» [«La cobertura de la guerra que hacen las cadenas por cable apuntan a un nuevo "efecto Fox" en el periodismo televisivo»], *New York Times*, 16 de abril de 2003. Para ver el informe completo de Fairness and Accuracy in Reporting acerca del sesgo pro-guerra en los noticiarios de la noche, accede al sitio web de la organización: *www.fair.org*. Se publicó en junio de 2003. Los comentarios de Neil Cavuto sobre por qué tiró la objetividad periodística por la ventana se encuentran en *www.foxnews.com* en un artículo que escribió el 28 de marzo de 2003. Brian Williams aguantó el chaparrón lo mejor que pudo y comentó lo lejos que hemos llegado desde que bombardeamos Dresde, en *Nightly News* de la NBC el 2 de abril de 2003. La noticia relacionada con el acuerdo valorado en 470 millones de dólares entre el ejército y Microsoft apareció en el *Seattle Post-Intelligencer*, «Microsoft wins biggest order ever» [«Microsoft consigue el mayor pedido de su historia»], 25 de junio de 2003. En *World News Tonight* de la ABC se informó erróneamente del descubrimiento de un depósito de armas el 26 de abril de 2003. El artículo de septiembre del *New York Times* que recalentó la propaganda de la Casa Blanca era obra de Michael Gordon y Judith Miller. El título de dicho artículo era «U.S. says Hussein intensifies quest for A-bomb parts» [«EE.UU. afirma que Hussein intensifica la búsqueda de componentes para la bomba atómica»] y se publicó el 8 de septiembre de 2002.

Las fuentes para la historia de Jessica Lynch son: Susan Schmidt y Vernon Loeb, «She was fighting to the death» [«Ella luchó a muerte»], *Washington Post*, 3 de abril de 2003; Tom Shanker, «The Rescue of Private Lynch» [«El rescate de la soldado Lynch»], *New York Times*, 3 de abril de 2003; Mark Borden, «Sometimes heroism is a moving target» [«A veces el heroísmo es un blanco móvil»], *New York Times*, 8 de junio de 2003; Mitch Potter, «The Real 'Saving of Private Lynch'» [«La verdadera "Salvar a la soldado Lynch"»], *Toronto Star*, 4 de mayo de 2003; John Kampfner, «Historia imperfecta de salvar a la soldado Lynch», *BBC News Correspondent*, 15 de mayo de 2003; y Lisa de Moraes, «CBS News chief defends approach to Lynch» [«El jefe de CBS News defiende el enfoque del caso Lynch»], *Washington Post*, 22 de julio de 2003.

Bruce B. Auster, y otros, se refirieron por primera vez a la indignación de Powell por la calidad de la información que debía presentar ante las Naciones Unidas en «Truth & Consequences» [«Verdad y consecuencias»], publicado en *U.S. News & World Report*, 9 de junio de 2003. Las noticias sobre la «información» plagiada por Gran Bretaña fueron muchas, pero destaca la de Sarah Lyall, «Britain admits that much of its report on Iraq came from magazines» [«Gran Bretaña reconoce que gran parte de su informe sobre Irak procedía de revistas»], *New York Times*, 8 de febrero de 2003.

Las declaraciones de Ari Flescher y George W. Bush sobre la mentira del uranio se encuentran en *www.whitehouse.gov*. George Tenet asumió primero la responsabilidad, tal como informó Barry Schweid, «After discredited report, finger-pointing abounds inside Bush administration» [«Después de informe desacreditado, abundan las acusaciones en la administración Bush»], Associated Press, 11 de julio de 2003. Los memorandos de octubre de la CIA salieron a la luz y, entre otros, Dana Milbank y Walter Pincus informaron de ellos en «Bush aides disclose warnings from CIA» [«Unos asesores de Bush revelan las advertencias de la CIA»], *Washington Post*, 23 de julio de 2003.

La encantadora incoherencia de Rumsfeld resultó evidente en *Meet the Press* de la NBC, 13 de julio de 2003. Condoleezza Rice apareció en *Late Edition with Wolf Blitzer*, en la CNN, el mismo día y también hizo acto de presencia ese ajetreado domingo en *Face the Nation* de la CBS.

John Dean, ex asesor de Nixon, escribió sus impresiones sobre las mentiras que Bush y sus amiguetes nos habían servido durante los meses anteriores en *www.findlaw.com*. Su artículo «Missing weapons of mass destruction: Is lying about the reason for war an impeachable offense?» [«Falta de armas de destrucción masiva: ¿mentir sobre el motivo de la guerra constituye un delito susceptible de acusación por prevaricación?»], apareció allí el 6 de junio de 2003.

3. Poderoso caballero es don Petróleo

La industria petrolera nos explica claramente qué productos de uso diario derivan del petróleo en los sitios web de sus empresas. El American Petroleum Institute, *www.api.org*, que es el mayor grupo comercial y de presión de la industria, y Arctic Power, *www.anwr.com*, un grupo pantalla que parece «verde» pero que en realidad fomenta las perforaciones en la Reserva Natural Nacional del Ártico, son dos de los sitios en los que buscar información. Antes de desconectarte, aumenta tus conocimientos sobre qué hacer para promover la concienciación energética y las alternativas al petróleo visitando Greenpeace, *www.greenpeaceusa.org*, y el Sierra Club, *www.sierraclub.org*.

«How Fuel Cell Works», informe técnico de Karim Nice, explica los rudimentos de las pilas de combustible en *www.howstuffworks.com*. Philip Ball ofrece más información sobre la viabilidad de las pilas de combustible de hidrógeno en «Hydrogen fuel could widen ozone hole» [«El combustible de hidrógeno podría agrandar el agujero de la capa de ozono»], *Nature*, 13 de junio de 2003; David Adam, «Hydrogen: Fire and Ice» [«Hidrógeno: fuego y hielo»], *Nature*, 24 de marzo de 2000. Si deseas más información sobre el uso de los combustibles fósiles para crear energía de hidrógeno, véase: «These Fuelish Things» [«Las cosillas de los combustibles»], *The Economist*, 16 de agosto de 2003.

En «El petróleo como recurso finito: ¿cuándo es probable que la producción global alcance su nivel más alto?», estudio preparado por el Instituto de Recursos Mundiales en 2000, el doctor James McKenzie pronosticó que la producción de petróleo podía empezar a descender ya en 2007 y en 2019 a más tardar. Otros expertos de la industria han llegado a conclusiones similares, tal como informa David Robinson en «A new era for oil» [«Una nueva era para el petróleo»], *Buffalo News*, 8 de octubre de 2002, y Jim Motavalli en «Running on EMPTY» [«Con el depósito vacío»], *E*, 1 de julio de 2000.

Para saber más sobre el plan de la administración Bush para aumentar la producción de energía nuclear, véase el artículo de Dan Roberts, «Hydrogen: clean, safer than in the past and popular with politicians» [«Hidrógeno: limpio y más seguro que en el pasado y popular entre los políticos»], *Financial Times*, 13 de mayo de 2003; y «Energy Policy» [«Política energética»], *NPR: Talk of the Nation*, 13 de junio de 2003. El vicepresidente Dick Cheney lo explicó con sus propias palabras en un discurso en el Instituto de Energía Nuclear el 22 de mayo de 2001: *www.whitehouse.gov/vicepresident/news-speeches*.

Visita estos sitios para ACTUAR DE INMEDIATO y unirte a la lucha a favor de la energía sostenible:

Climate Action Network: *www.climatenetwork.org*

Amigos de la Tierra: *www.foe.org/act/takeaction/index.html*

Greenpeace: *www.greenpeaceusa.org/takeaction*

Natural Resources Defense Council: *www.nrdc.org/action/default.asp*

Physicians for Social Responsibility: *www.capwiz.com/physicians/home/*

Proyecto Underground: *www.moles.org*

Sierra Club: *www.sierraclub.org/energy*

Red para la Energía y Economía Sostenibles: *www.seen.org*

Union of Concerned Scientists: *www.ucsation.org*

U.S. Public Interest Research Group: *www.newenergyfuture.com*

World Wildlife Fund: *www.takeaction.worldwildlife.org*

4. Los Estados Unidos de ¡BUU!

El 20 de septiembre de 2001 George W. Bush nos explicó con cara circunspecta que los terroristas odiaban a nuestros líderes elegidos democráticamente. El discurso fue el anuncio formal de que las palabras «libertad» y «miedo» estaban en guerra. La trascripción completa se encuentra en *www.whitehouse.gov*.

La opinión de Cheney sobre que nuestra «nueva normalidad» era una condición que «adoptaría un carácter permanente en la vida americana» está bien documentada, pero para tener más información sobre tal normalidad, consulta «Barricades cover their muscle with warmth» [«Las barricadas se cubren la fuerza con calidez»], Renee Tawa, *Los Angeles Times*, 8 de noviembre de 2001, se trata de un artículo sobre los intentos de hacer que las barricadas de cemento sean más «elegantes».

Las estadísticas utilizadas para determinar las posibilidades de morir en un atentado terrorista proceden del informe del Programa de Estimaciones Demográficas y Programa de Pronósticos Demográficos de la Oficina Censal «Annual Projections of the Total Resident Population as of July 1. Middle, Lowest, Highest, and Zero Internacional Migration Series, 1999-2001» [«Proyecciones anuales de la población residente total a 1 de julio. Series migratorias internacionales mayores, menores y medias, 1999-2001»], en *www.census.gov*. Las estadísticas sobre la muerte por gripe, neumonía, suicidio, por ser víctima de un homicidio o de accidente de tráfico proceden de los Informes Estadísticos Nacionales Vitales de los Centros para el Control de las Enfermedades: «Muertes: Datos preliminares para 2001», 14 de marzo de 2003.

Si deseas más información sobre alertas terroristas e información sobre el zapato-bomba y la seguridad en el transporte, visita *www.fbi.gov*. Para saber más sobre zapatos-bomba, véase Jack Hagel, «FBI identifies explosive used for shoe bomb» [«El FBI identifica el explosivo utilizado para el zapato-bomba»], *Philadelphia Inquirer*, 29 de diciembre de 2001.

Los artículos sobre terrorismo y falsificaciones se encuentran en *The Internacional Herald Tribune*, «Terrorist groups sell Sham Consumer Goods to Raise Money, Interpol Head Says» [«Según un director de la Interpol, los grupos terroristas venden artículos de consumo de imitación para recaudar dinero»], David Johnston, 18 de julio de 2003; Declaración del Congreso, Asuntos Gubernamentales del Senado, Financiación del Terrorismo, 31 de julio de 2003; «Hearing of the House International Relations Comittee» [«Vista del comité de relaciones internacionales de la cámara»], *Federal News Service*, 16 de julio de 2003; Judd Slivka, «Terrorists planned to set wildfires, FBI memo warned» [«Una nota del FBI advirtió que los terroristas planeaban provocar incendios arrasadores»], *Arizona Republic*, 13 de julio de 2003; Amber Mobley, «U.S. citizen admits planning al Qaeda attack» [«Un ciudadano estadounidense reconoce haber planeado el atentado de al-Qaeda»], *Boston Globe*, 20 de junio de 2003; Randy Kennedy, «A conspicuous terror target is called hard to topple» [«Un objetivo terrorista evidente se declara difícil de derribar»], *New York Times*, 20 de junio de 2003; Rhonda Bell, «Suspicious package on porch a false alarm» [«Falsa alarma en paquete sospechoso encontrado en un porche»], *Times-Picayune* (Nueva Orleans), 13 de octubre de 2001.

Para tener más información sobre el Project for the New American Century, visita *www.newamericancentury.org*. Para saber más sobre la doctrina de Bush acerca de la guerra permanente y la utilización inmediata del 11 de Septiembre con la finalidad de abonar el terreno para atacar incluso más países, véase: John Diamond, «Bush puts focus on protracted war with global goals» [«Bush se centra en la guerra prolongada con objetivos globales»], *Chicago Tribune*, 14 de septiembre de 2001; «El vicesecretario de Defensa Paul Wolfowitz explica las medidas que EE.UU. podría tomar tras los atentados del martes», *All Things Considered* de la NPR, 14 de septiembre de 2001; Christopher Dickey, et al., «Next up: Saddam» [«El siguiente: Saddam»], *Newsweek*, 31 de diciembre de 2001; «Votes in Congress» [«Votos en el Congreso»], *New York Times*, 25 de mayo de 2003; Maureen Dowd, «Neocon coup at the Department d'Etat» [«Golpe neoconservador en el Departamento de Estado»], *New York Times*, 6 de agosto de 2003.

Rumsfeld realizó la promesa de guerra permanente el 4 de octubre de 2001. Se encuentra en *www.defenselink.mil*.

Para tener más información sobre Russell Feingold (demócrata-Wisconsin) y su voto en solitario contra la Ley USA PATRIOT, véase: Nick Anderson, «His 'No' vote on the Terror Bill earns respect» [«Su "no" al proyecto de ley antiterrorista le granjea respeto»], *Los Angeles Times*, 31 de octubre de 2001; Emily Pierce, «Feingold defiant over vote against anti-terrorism bill» [«Feingold se muestra desafiante al votar contra el proyecto de ley antiterrorista»], *Congressional Quarterly*, 2 de noviembre de 2001; Judy Mann, «Speeches and symbolism do little to solve our problems» [«Los discursos y el simbolismo sirven de poco para solucionar nuestros problemas»], *Washington Post*, 31 de octubre de 2001. Matthew Rothschild, «Russ Feingold», *The Progressive*, mayo de 2002.

La declaración completa de Russ Feingold respecto a su oposición a la Ley USA PATRIOT se encuentra en su sitio web, *www.russfeingold.*

org. Para saber más sobre la Ley USA PATRIOT, y el texto de la misma, visita el Centro de Información sobre Privacidad Electrónica en *www.epic.org/privacy/terrorism/usapatriot*. Visita también la ACLU en *www.aclu.org* y la Asociación Americana de Bibliotecas en *www.ala.org*. Para saber más sobre los intentos de la Casa Blanca para hacer aprobar la ley en el Congreso y el hecho de que el Congreso no leyera la versión definitiva antes de votarla, consulta Steven Brill, *After: Rebuilding and Defending America in the September 11 Era*, Simon & Schuster, 2003, y «Vigilancia según la Ley USA PATRIOT», ACLU, 2002.

Para tener información específica sobre el proyecto de ley, consulta las sesiones de la judicatura en el Senado del 9 de octubre de 2002; «De cómo la ley antiterrorista pone en peligro la privacidad financiera», ACLU, 23 de octubre de 2001; *Imbalance of Power [Desequilibrio de poder]*, Comité de Abogados a favor de los derechos humanos, septiembre 2002-marzo 2003; Nat Hentoff, «No 'sneak and peak'» [«Nada de "chafardeos"»], *Washington Times*, 4 de agosto de 2003.

Dan Eggen y Robert O'Harrow Jr. informaron de las órdenes judiciales de «emergencia» y las órdenes judiciales de no emergencia en la edición del 24 de marzo de 2003 del *Washington Post*, «U.S. steps up secret surveillance» [«EE.UU. intensifica la vigilancia secreta»]. Véase también, Anne Gearan, «Supreme Court rejects attempt to appeal cases testing scope of secret spy court» [«El Tribunal Supremo rechaza el intento de apelación de casos que analizaban el alcance del tribunal de espías secretos»], Associated Press, 24 de marzo de 2003; Curt Anderson, «Ashcroft accelerates use of emergency spy warrants in anti-terror fight» [«Ashcroft acelera el uso de órdenes judiciales de espionaje de emergencia en la lucha antiterrorista»], Associated Press, 24 de marzo de 2003; Evelyn Nieves, «Local officials rise up to defy the Patriot Act» [«Los funcionarios locales se alzan para desafiar la Ley USA PATRIOT»], *Washington Post*, 21 de abril de 2003; Jerry Seper, «Congressmen seek clarifications of Patriot Act powers» [«Los congresistas piden aclaraciones sobre los poderes de la Ley USA PATRIOT»], *Washington Times*, 3 de abril de 2003.

Si deseas leer el informe del Departamento de Justicia sobre los detenidos, «Oficina del Departamento de Justicia estadounidense del Inspector General: informe para el Congreso sobre la aplicación del artículo 1001 de la Ley USA PATRIOT», 17 de julio de 2003, visita *www.findlaw.com*.

Se puede acceder al sitio web de la Agencia del Departamento de Defensa para Proyectos de Investigación Avanzados en *www.darpa.mil*. Para saber más sobre Poindexter, la DARPA, y el Mercado de Análisis de Políticas, véase Floyd Norris, «Betting on Terror: What Markets Can Reveal» [«Apostar por el terror: lo que revelan los mercados»], *New York Times*, 3 de agosto de 2003; Stephen J. Hedges, «Poindexter to quit over terror futures plan» [«Poindexter dejará el plan de futuros sobre el terrorismo»], *Chicago Tribune*, 1 de agosto de 2003; Peter Behr, «U.S. files new Enron complaints» [«EE.UU. presenta más quejas sobre Enron»], *Washington Post*, 13 de marzo de 2003; y Allison Stevens, «Senators want 'Terrorism' futures market closed» [«Los senadores quieren cerrar el mercado de futuros sobre el "terrorismo"»], *Congressional Quarterly Daily Monitor*, 28 de julio de 2003.

Si deseas saber más sobre la situación en Guantánamo, consulta «Desequilibrio de poder: Cómo los cambios de legislación y política en EE.UU. desde el 11 de Septiembre menoscaban los derechos humanos y las libertades civiles», del Comité de Abogados a favor de los Derechos Humanos, así como Matthew Hay Brown, «At Camp Iguana, the enemies are children» [«En Campo Iguana los enemigos son niños»], *Hartford Courant*, 20 de julio de 2003; Paisley Dodds, «Detainees giving information for incentives, general says» [«Un general declara que los detenidos dan información a cambio de incentivos»], *Chicago Tribune*, 25 de julio de 2003.

Las informaciones sobre abusos gubernamentales amparados por la Ley USA PATRIOT se encuentran en Philip Shenon, «Report on U.S. antiterrorism law alleges violations of civil rights» [«El informe sobre la ley antiterrorista estadounidense alega violaciones de los derechos humanos»], *New York Times*, 21 de julio de 2003; «Code-red cartoonists» [«Dibujantes humoristas de código rojo»], *USA Today*, 24 de julio de 2003; y Tom Brune, «Rights abuses probed» [«Se investigan abusos de derechos»], *Newsday*, 22 de julio de 2003.

John Clarke contó la historia de su interrogatorio cuando intentó volver a entrar a EE.UU. desde Canadá en «Interrogation at the U.S. border» [«Interrogatorio en la frontera estadounidense»], *Counterpunch*, 25 de febrero de 2002; muchas otra historias sobre el descontrol del gobierno proceden de Neil Mackay, «Rage. Mistrust. Hatred. Fear. Uncle Sam's enemies within» [«Furia. Desconfianza. Odio. Temor. Los enemigos del tío Sam en casa»], *Sunday Herald*, 29 de junio de 2003. Véase también «Judge steps down after admitting ethnic slur» [«Un juez dimite tras reconocer calumnia étnica»], Associated Press, 18 de junio de 2003; «Six French journalists stopped in L.A., refused admission to U.S.» [«Seis periodistas franceses detenidos en L.A., se les niega la entrada a EE.UU.»], Associated Press, 21 de mayo de 2003; «Cop photographs class projects during 1:30 AM visit» [«Un policía fotografía trabajos de clase durante una visita a la 1.30 h»], Associated Press, 5 de mayo de 2003; Matthew Rothschild, «Enforced conformity» [«Conformidad forzosa»], *The Progressive*, 1 de julio de 2003; Dave Lindorff, «The Government's air passenger blacklist» [«La lista negra de pasajeros de avión del Gobierno»], *New Haven Advocate*; Matthew Norman, «Comment & Analysis» [«Comentario y análisis»], *The Guardian*, 19 de marzo de 2002; «Show doesn't make evil man sympathetic» [«El espectáculo no vuelve comprensivo al malvado»], *USA Today*, 18 de mayo de 2003; «Principal bans Oscar-winning documentary» [«El director de un instituto prohíbe un documental galardonado con un Oscar»], *Hartford Courant*, 6 de abril de 2003.

La advertencia propia del Gran Hermano realizada por Ari Fleischer a los estadounidenses se encuentra en *www.whitehouse.gov* y fue ampliamente divulgada.

Para saber más sobre la debacle de los visados del INS para terroristas, véase Bill Saporito, et al., «Deporting the INS: Granting visas for terrorists after 9/11 could be the last gaffe for the Immigration Service» [«Deportar al INS: la concesión de visados a terroristas después del 11 de Septiembre podría ser la última pifia del Servicio de Inmigración»], *Time Magazine*, 25 de marzo de 2002.

5. ¿CÓMO ACABAR CON EL TERRORISMO? ¡DEJANDO DE SER TERRORISTAS!

En *Killing Hope: U.S. Military and CIA interventions Since World War II*, de William Blum, se relatan los golpes urdidos por EE.UU. en Chile, Guatemala e Indonesia. *Perpetual War for Perpetual Peace: How We Got to Be So Hated* es una importante colección de ensayos de Gore Vidal (como prima, consigue una práctica tabla de veinte páginas en la que se registran las intervenciones militares estadounidenses en todo el mundo desde 1948). Para tener una visión crítica de la política exterior actual de EE.UU. conéctate al sitio web de Foreign Policy In Focus: *www.foreignpolicy-infocus.org*.

Israel es uno de los mayores importadores de armas de EE.UU. En la última década, EE.UU. ha vendido a Israel armamento y equipamiento militar por valor de 7.200 millones de dólares, 762 millones a través de Ventas Comerciales Directas (DCS), más de 6.500 millones a través del programa de Financiación Militar Extranjera (FMF) (William D. Hartung y Frida Berrigan «An Arms Trade Resource Center Fact Sheet» [«Hoja informativa del Centro de Recursos sobre Comercio de Armas»], mayo de 2002). El Proyecto de Información e Investigación sobre el Próximo Oriente tiene un manual sobre el alzamiento actual en Palestina y otro sobre Palestina, Israel y el conflicto árabe-israelí: *www.merip.org*. Peace

Now, la organización para la paz en Palestina, considera que «sólo la paz traerá seguridad a Israel y garantizará el futuro de nuestro pueblo». Presiona al gobierno israelí para que trate de encontrar la paz, a través de negociaciones y de un compromiso mutuo, con sus vecinos árabes y el pueblo palestino (*www.peacenow.org*). La Asociación Árabe pro Derechos Humanos (*www.arabhra.org*) actúa para promover y proteger los derechos políticos, civiles, económicos y culturales de la minoría árabe-palestina en Israel.

Las cifras relativas al consumo energético de EE.UU. proceden de la Administración de Información sobre la Energía del Departamento de Energía de EE.UU. y del Informe de Desarrollo Humano del Programa de Desarrollo de las Naciones Unidas. Para tener una visión crítica de los hábitos de consumo de los estadounidenses, lee *Affluenza: The All-Consuming Epidemic*, de John de Graaf, David Wann, Thomas H. Taylor y David Horsey. Existen muchas guías para convertir las buenas intenciones en actos diarios: *Culture Jam: How to Reverse America's Suicidal Consumer Binge—and Why We Must* de Kalle Lasn; *The Complete Idiot's Guide to Simple Living* de Georgene Lockwood; *50 cosas sencillas que tú puedes hacer para salvar la tierra* de The Earth Works Group; y *The Better World Handbook* de Ellis Jones, Ross Haenfler y Brett Johnson.

Las cifras sobre agua limpia proceden del Programa Medioambiental de las Naciones Unidas y de la Organización Mundial de la Salud. Únete a la campaña de Public Citizen para proteger el acceso universal a agua potable limpia y asequible manteniéndola en manos públicas (*www.citizen.org/cmep/Water/*).

Las historias sobre trabajadores explotados en fábricas procede del organismo de control del National Labor Comittee y UNITE!, el sindicato que representa a los trabajadores del ramo de la confección en EE.UU. y Canadá. Apúntate a ellos (*www.nlcnet.org* y *www.behindthelabel.org*) o a cualquiera de las muchas campañas antiexplotación de la web: Sweatshopwatch: *www.Sweatshopwatch.org*; Red de Solidaridad de la Maquila: *www.maquilasolidarity.org* y United Students Against Sweatshops: *www.usasnet.org*.

La Organización Internacional del Trabajo (OIT) ha estimado que 250 millones de niños de edades comprendidas entre los cinco y los catorce años trabajan en los países en vías de desarrollo, y por lo menos 120 millones a tiempo completo. La sección de Derechos de la Infancia de Human Rights Watch documenta la difícil situación del trabajo infantil forzado y bajo fianza: *www.hrw.org/children/labor.htm*. La Marcha Global contra el Trabajo Infantil está intentando erradicar el trabajo infantil *www.globalmarch.org*. Pide un póster gratuito anti-trabajo infantil para colgarlo en tu clase, centro cívico u oficina en *www.aft.org/international/ child/*. También puedes firmar una petición anti-trabajo infantil.

El sitio *www.iraqbodycount.org* mantiene una base de datos de muertes de civiles en la guerra de Irak. «Las cifras de víctimas proceden de un estudio exhaustivo de las informaciones de los medios de comunicación en línea», dice. «Cuando las fuentes informan de cifras que difieren, se da un rango (un mínimo y un máximo). Todos los resultados se revisan de forma independiente y por lo menos tres miembros del proyecto Iraq Body Count comprueban que no haya errores antes de la publicación.»

La estadística sobre las bombas inteligentes en Irak se tomó del informe de Jim Krane en la Associated Press, «U.S. Precision Weapons Not Fool-proof» [«Las armas de precisión estadounidenses no son infalibles»], 4 de abril de 2003.

Según Peace Action, EE.UU. tiene más de 10.500 ojivas nucleares en reserva. Conéctate a su sitio web para aprender más y hacer campaña por un mundo más seguro: *www.peace-action.org*. Hace tiempo que el movimiento Plowshares ha utilizado la desobediencia civil no violenta para desarmar nuestro país, *www.plowsharesactions.org*. El Chemical Weapons Working Group se está organizando para garantizar la eliminación segura de municiones y otros tipos de material tóxico y de guerra química en EE.UU.: *www.cwwg.org*.

Si deseas saber más sobre la gloriosa historia de EE.UU. para tumbar la democracia y proteger a dictadores crueles, quizá no haya un mejor lugar por el que empezar, con respecto a documentos desclasificados del gobierno, que el Archivo Nacional de Seguridad de la George Washington University. La dirección del sitio web es: *www.gwu.edu/~nsarchiv/*.

6. Jesús W. Cristo

Dios no necesita fuentes y la mera sugerencia le ofende.

7. Horatio Alger debe morir

Las estadísticas relativas a la compensación corporativa proceden de: «Executive Pay» [«Salario ejecutivo»], John A. Byrne, et al., *Business Week*, 6 de mayo de 2002; «Executive Pay: A Special Report» [«Salario ejecutivo: informe especial»], Alan Cowell, *The New York Times*, 1 de abril de 2001. El artículo del *Business Week* también decía: «En la última década, mientras los salarios de las bases aumentaron el 36 %, el sueldo de un presidente de empresa ascendió el 340 %, a 11 millones de dólares».

El artículo de *Fortune* sobre los ladrones corporativos, «You Bought, They Sold» [«Tú compraste, ellos vendieron»] se publicó el 2 de septiembre de 2002. Está disponible en línea en *www.fortune.com*.

El grueso de información de la sección sobre el Seguro de los Palurdos Muertos, tal como se menciona en el texto, procede del gran trabajo de Ellen E. Schultz y Theo Francis. «Valued Employees: Worker Dies, Firm Profits—Why?» [«Empleados valorados: el trabajador muere, la empresa saca beneficios, ¿por qué?»], publicado en *The Wall Street Journal* el 19 de abril de 2002. Otros artículos subsiguientes incluyen: «Companies Gain a Death Benefit» [«Las empresas se benefician de la muerte»], Albert B. Crenshaw, *The Washington Post*, 30 de mayo de 2002; y «Bill to Limit Dead Peasants Policies Ignored to Death» [«El proyecto de ley para limitar las pólizas de los Palurdos Muertos se muere de asco»], L.M. Sixel, *Houston Chronicle*, 4 de octubre de 2002.

Para saber más sobre el proyecto de ley del Congreso que permitiría a las empresas ingresar menos dinero en los fondos de pensiones de los obreros, véase «Bill Reduces Blue-Collar Obligations for Pension» [«Un proyecto de ley reduce las obligaciones de pensión para los obreros»], Mary Williams Walsh, *The New York Times*, 6 de mayo de 2003. Puedes leer más sobre la controversia del «Descuento por muerte en la tercera edad» en «Life: The Cost-Benefit Analysis» [«Vida: el análisis de costo-beneficio»], John Tierney, *The New York Times*, 18 de mayo de 2003.

Si deseas más información concreta sobre las aportaciones de Ken Lay a la campaña de Bush, o si buscas información sobre donaciones para campañas en general, consulta la excelente labor llevada a cabo por la gente del Centro para las Políticas Receptivas, *www.opensecrets.org*. Para tener información sobre el uso del jet de Enron por parte de Bush, consulta «Enron: Other Money in Politics Stats» [«Enron: dinero extra en las estadísticas políticas»], Centro para las Políticas Receptivas, 9 de noviembre de 2001; y «Flying High on Corporations» [«Volando alto en las corporaciones»], *Capital Eye*, invierno de 2000. Las informaciones sobre el desvío rápido de Bush durante la campaña para ver a Lay lanzando el saque inaugural en el Enron Field de Houston apareció en «Bush Visits Top Contributor for Houston Baseball Bash» [«Bush visita a uno de los donantes más importantes en una fiesta del béisbol en Houston»], Megan Stack, Associated Press, 7 de abril de 2000.

Para saber más sobre el papel de «Kenny Boy» para «ayudar» a Bush a seleccionar a gente para la nueva administración y su participación en el «Grupo de trabajo para la energía», véase «Mr. Dolan Goes to Washington» [«El señor Dolan va a Washington»], James Bernstein, *Newsday*, 4 de enero de 2001; «Bush Advisers on Energy Report Ties to Industry» [«La relación con la industria de los asesores de Bush sobre el informe energético»], Joseph Kahn, *The New York Times*, 3 de junio de 2001; «Power Trader Tied to Bush Finds Washington All Ears» [«Empresario del sector energético vinculado a Bush se hace escuchar en Washington»], Lowell Bergman y Jeff Perth, *The New York Times*, 25 de mayo de 2001; «Bush Energy Paper Followed Industry Path» [«El documento sobre la energía de Bush siguió la senda de la industria»], Don van Natta y Neela Banerjee, *The New York Times*, 27 de marzo de 2002; «Judge Questions U.S. Move in Cheney Suit» [«El juez cuestiona la jugada de EE.UU. en la demanda de Cheney»], Henri E. Cauvin, *The Washington Post*, 18 de abril de 2003.

Hay más información sobre Enron en los siguientes artículos: Richard A. Oppel Jr., «Enron Corp. Files Largest U.S. Claim for Bankruptcy» [«Enron Corp. presenta la mayor solicitud de declaración de quiebra de EE.UU.»], *The New York Times*, 3 de diciembre de 2001; Steven Pearlstein y Peter Behr, «At Enron, the fall came quickly; complexity, partnerships kept problems from public view» [«En Enron la caída fue rápida; la complejidad y las sociedades mantuvieron los problemas ajenos al ojo público»], *The Washington Post*, 2 de diciembre de 2001; Leslie Wayne, «Enron, preaching deregulation, worked the statehouse circuit» [«Enron, que predicaba la liberalización, se trabajó el circuito del poder legislativo»], *The New York Times*, 9 de febrero de 2002; John Schwartz, «The cast of characters in the Enron drama is lengthy, and their relationships complex» [«La lista de personajes en el drama de Enron es larga y sus relaciones complejas»], *The New York Times*, 13 de enero de 2003; Jim Drinkard y Greg Farell, «Enron made a sound investment in Washington» [«Enron hizo una buena inversión en Washington»], *USA Today*, 24 de enero de 2002; Stephen Labaton, «Balancing deregulation and Enron» [«Equilibrar la liberalización y Enron»], *The New York Times*, 17 de enero de 2002; Jerry Hirsch, et al., «Safeguards failed to detect warnings in Enron debacle» [«Las salvaguardas no detectaron las alertas en la debacle de Enron»], *Los Angeles Times*, 14 de diciembre de 2001; Mary Flood, «The Fall of Enron» [«La caída de Enron»], *Houston Chronicle*, 5 de febrero de 2003; Jerry Hirsch, «Energy execs gain millions in stock sales» [«Los ejecutivos del sector energético ganan millones con la venta de acciones»], *Los Angeles Times*, 13 de junio de 2001; Stephanie Schorow, «Wealth of options» [«Abundancia de opciones»], *Boston Herald*, 30 de septiembre de 2002; Jake Tapper, «Secret hires warned Enron» [«Los contratos secretos advirtieron a Enron»], *Salon*, 20 de enero de 2002;

Ben White y Peter Behr, «Enron paid creditors $3.6 billion before fall; filing also details payments to executives» [«Enron pagó a los acreedores 3.600 millones de dólares antes de la caída, el expediente también detalla los pagos a los ejecutivos»], *The Washington Post*, 18 de junio de 2002; Jim Yardley, «Big burden for exworkers of Enron» [«Carga enorme para los ex trabajadores de Enron»], *New York Times*, 3 de marzo de 2002; Eric Berger, «Enron facing pension lawsuit» [«Enron se enfrenta a un juicio por las pensiones»], *Houston Chronicle*, 26 de junio de 2003; Steven Greenhouse, «Public funds say losses top $1.5 billion» [«Según los fondos públicos las pérdidas ascienden a 1.500 millones de dólares»], *The New York Times*, 29 de enero de 2002; Mary Flood, et al., «Far from finished» [«Ni mucho menos ha acabado»], *Houston Chronicle*, 22 de junio de 2003.

Las donaciones políticas de Enron y Andersen y los conflictos de intereses que acabaron causando en las «investigaciones» del gobierno se abordan en Don van Natta Jr., «Enron or Andersen made donations to almost all their congressional investigators» [«Enron o Andersen hicieron donaciones a casi todos los congresistas que los investigan»], *The New York Times*, 25 de enero de 2002. La información sobre los intentos de Enron por ocultar sus infracciones y la decisión de la administración Bush de no hacer nada sobre la quiebra inminente se encuentra en: «Shredded papers key in Enron case» [«Se destruyen documentos clave en el caso Enron»], Kurt Eichenwald, *The New York Times*, 28 de enero de 2002; «Ken who?» [«¿Ken qué?»], Bennet Roth, et al., *Houston Chronicle*, 11 de enero de 2002; «Bush aide was told of Enron's plea» [«El asesor de Bush sabía de la petición de Enron»], Dana Milbank, *The Washington Post*, 14 de enero de 2002; «Number of contacts grows» [«Aumenta el número de contactos»], H. Josef Herbert, Associated Press, 12 de enero de 2002.

El intento del «presidente» Bush por negar su buena amistad con Ken Lay está documentado, en primer lugar, en la trascripción de un coloquio con periodistas el 10 de enero de 2002. Se encuentra en *www.whitehouse.gov*. Véase también «Ken who?» [«¿Ken qué?»], Bennet Roth, et al., *Houston Chronicle*, 11 de enero de 2002; «Enron spread contributions on both sides of the aisle» [«Enron repartió donaciones a diestro y siniestro»], Don van Natta Jr., *The New York Times*, 21 de enero de 2002, y «Despite President's Denials, Enron & Lay Were Early Backers of Bush» [«A pesar de los desmentidos del presidente, Enron y Lay apoyaron a Bush en los comienzos»], Texans for Public Justice (*www.tpj.org*), 11 de enero de 2002.

8. ¡YUJU! ¡HE CONSEGUIDO UN RECORTE FISCAL!

Si deseas más información sobre las consecuencias reales del «Recorte Fiscal de Mike Moore» Bush 2003, consulta el informe del Centro sobre Prioridades Políticas y Presupuestarias, «New tax cut law uses gimmicks to mask cost; ultimate price tag likely to be $800 billion to $1 trillion» [«La nueva ley de recorte fiscal utiliza trucos para enmascarar el coste; es probable que el precio final oscile entre los 800.000 millones y 1 billón de dólares»]. El Centro se encuentra en línea en *www.cbpp.org*.

James Toedtman informó de la lluvia de dinero que supuso el recorte fiscal planeado por Bush y Cheney en *Newsday*, «Tiebreaker's Tax Break» [«El voto de calidad del alivio fiscal»], 20 de mayo de 2003.

Mientras escribo esto, los Texas Rangers están en el último lugar de la American League West, a 19,5 juegos del primero. (Bueno, ya sé que no van tan mal como los Detroit Tigers).

Si quieres saber más sobre las cuarenta y siete personas que el presidente Clinton hizo que «mataran» no tienes más que utilizar tu motor de búsqueda preferido en Internet y teclear las palabras «Clinton Body Count». O sintoniza cualquier tertulia radiofónica en AM cualquier día de la semana. Esta leyenda urbana es de las preferidas entre la gente de derechas.

En verano de 2003, la Oficina Presupuestaria del Congreso (CBO: *www.cbo.gov*) pronosticó que el déficit federal en 2003 alcanzaría los 401.000 millones de dólares. Para saber más sobre tal comunicado, véase el artículo de Alan Fram aparecido el 10 de junio, «CBO Expects Deficit to Shatter Record» [«La CBO pronostica que el déficit batirá todos los récords»] de la Associated Press. Puedes leer más sobre los intentos de Bush por ocultar los pronósticos sobre el déficit del Departamento del Tesoro hasta después de que el Congreso aprobara su recorte fiscal en «Bush Shelved Report on $44,200 Billion deficit Fears» [«Bush archivó el informe sobre el temor a que el déficit ascendiera a 4.420.000 de millones de dólares»], Peronet Despeignes, *Financial Times*, 29 de mayo, 2003.

Bush declaró que todos los contribuyentes se beneficiarían de su recorte fiscal en un discurso radiofónico el 26 de abril de 2003. La trascripción se encuentra en *www.whitehouse.gov*. El Centro sobre Prioridades Políticas y Presupuestarias reveló la verdad en su informe del 1 de junio de 2003, «Tax cut law leaves 8 million fillers who pay income taxes» [«La ley de recorte fiscal excluye a 8 millones de trabajadores que pagan el impuesto sobre la renta»]. El Centro también informó del efecto que el recorte fiscal federal tendría sobre los estados el 5 de junio de 2003, «Federal tax changes likely to cost states billions of dollars in coming years»

[«Es probable que los cambios de la ley federal cuesten miles de millones de dólares a los estados en años venideros»]. Hay información adicional a través de Citizens for Tax Justice (*www.ctj.org*), sobre todo el informe del 30 de mayo, «Most taxpayers get little help from the latest Bush tax plan» [«La mayoría de los contribuyentes se benefician poco del último plan fiscal de Bush»].

Para tener un panorama excelente de los métodos ingeniosos que encuentran los estados para ahorrar dinero, como desenroscar bombillas y cerrar escuelas, véase «Drip, Drip, Drip» [«A cuentagotas»], Matt Bai, *The New York Times*, 8 de junio de 2003, y «States Facing Budget Shortfalls, Cut the Major and the Mundane» [«Los estados se enfrentan al déficit presupuestario, recortes en lo serio y en lo trivial»], Timothy Egan, *The New York Times*, 21 de abril de 2003.

Si esperas un reembolso de 1 millón de dólares o más del IRS (¿y quién no?), puedes descargarte el impreso de ingreso directo en su sitio web: *www.irs.gov/pub/irs-pdf/f8302.pdf*.

Los comentarios de Bush sobre la ayuda que el recorte fiscal supondría para las familias con hijos se realizaron el 28 de mayo de 2003, en la ceremonia de firma del recorte fiscal. Hay una trascripción en *www. whitehouse.gov*. Si quieres leer más sobre cómo el recorte fiscal que Bush firmó aquel día no ayudó a las familias, incluyendo a un millón de familias de militares, lee «Tax Law Omits $40 Child Credit for Millions» [«La ley fiscal omite el crédito infantil de 40 dólares para millones de personas»], David Firestone, *The New York Times*, 29 de mayo de 2003, y «One million military children left behind by massive new tax package» [«Un millón de hijos de militares se quedan sin ayudas debido al nuevo paquete de medidas fiscales»], Children's Defense Fund (*www.childrensdefense.org*), 6 de junio.

9. UN PARAÍSO LIBERAL

Según el Departamento de Defensa en la actualidad hay aproximadamente 1,4 millones de hombres y mujeres que son militares en activo, «DoD Active Duty Military Personnel Strength Levels, fiscal years 1950-2002» [«Niveles de fuerza de personal militar en activo del Departamento de Defensa, años fiscales 1950-2002»]. Incluso durante Vietnam, de 1965 a 1972, sólo sirvieron 2.594.000 estadounidenses, tal como informa David M. Halbfinger y Steven A. Holmes, «Military Mirrors a Working-Class America» [«El ejército refleja la clase trabajadora de América»], *The New York Times*, 30 de marzo de 2003.

Incluso en los albores de la interminable «guerra contra el terrorismo», un sondeo realizado entre estudiantes universitarios pertenecientes a Americans for Victory Over Terrorism, publicado en mayo de 2002, reveló que sólo el 21 % evadiría por completo la conscripción, mientras que el 37 % sólo estaba dispuesto a servir en el ejército si el servicio tuviera lugar en EE.UU. Los portavoces del ejército y de los marines han declarado que el 11 de Septiembre no supuso un aumento del reclutamiento y citaron investigaciones internas del Marine Corps que ponían de manifiesto que la guerra ha tenido un efecto «entre neutral y ligeramente negativo» en el reclutamiento, según el artículo de Joyce Howard Price, «Marines, Army view war as recruitment aid» [«Los marines y el ejército consideran la guerra una ayuda para el reclutamiento»], publicado en *The Washington Times*, 31 de marzo de 2003. David M. Halbfinger, en el artículo citado más arriba, especifica que la cifra de personal militar ha descendido en un 23 % en la última década.

Con respecto a las cifras de los sondeos relativas a la opinión de los estadounidenses sobre los servicios sanitarios, véanse los siguientes documentos: Henry J. Kaiser Family Foundation y *The News Hour with Jim Lehrer*, Uninsured Survey, 16 de mayo de 2000; y Henry J. Kaiser Family Foundation/Harvard School of Public Health, 12 de febrero de 2003. Las comparaciones internacionales sobre costes de los servicios sanitarios proceden de Robert H. LeBow, *Health Care Meltdown*, publicado en 2003. Para tener un informe extenso sobre la cantidad de estadounidenses que carecen de seguro médico, consulta «Going Without Health Insurance» [«Vivir sin seguro médico»] de la Robert Word Johnson Foundation and Familias USA, marzo de 2003.

El apoyo a la diversidad racial y nuestras opiniones sobre la raza en general se encuentran en Will Lester, «Poll finds black-white agreement on diversity, disagreement on how to get there» [«Según un sondeo, hay acuerdo entre blancos y negros sobre la diversidad pero el desacuerdo reside en cómo alcanzarlo»], Associated Press, 7 de marzo de 2003; Riley E. Dunlap, «Americans Have Positive Image of the Environmental Movement» [«Los americanos tienen una imagen positiva del movimiento ecológico»], Gallup News Service, 18 de abril de 2000; el Pew Global Attitudes Project Poll, 3 de junio de 2003; la encuesta realizada por la Dave Thomas Foundation for Adoption realizada por Harris Interactive, 19 de junio de 2002; *Washington Post*/Kaiser Family Foundation/Harvard University, «Race and Ethnicity in 2001: Attitudes, Perceptions, and Experiences» [«Raza y origen étnico en 2001: actitudes, percepciones y experiencias»], agosto de 2001. Cloe Cabrera informó del aumento de matrimonios interraciales durante las dos últimas décadas en «Biracial marriages on rise as couples overcome differences» [«Aumentan los matrimonios interraciales a medida que las parejas superan las diferencias»], *Tampa Tribune*, 1 de enero de 2000.

Para saber más sobre nuestras opiniones sobre el movimiento femenino y los derechos al aborto, véase: Riley E. Dunlap, «Americans Have Positive Image of the Environmental Movement» [«Los americanos tienen una imagen positiva del movimiento ecológico»], Gallup News Service, 18 de abril de 2000; Sondeo de ABC News/*Washington Post*, 21 de enero de 2003; NBC News/*Wall Street Journal*, 28 de enero de 2003; Pew Research Center, 16 de enero de 2003; Sondeo de Gallup/CNN/*USA Today*, 15 de enero de 2003; y Sondeo de ABC News/*Washington Post*, 21 de enero de 2003. Para tener estadísticas sobre el aborto, visita el sitio web del Alan Guttmacher Institute en *www.agi-usa.org*. Laurent Belsie escribió sobre el aumento de parejas que viven juntas sin estar casadas y, en muchos casos, sin hijos en «More couples live together, roiling debate on family» [«Más parejas viven juntas lo cual enturbia el debate sobre la familia»], *Christian Science Monitor*, 13 de marzo de 2003.

Las informaciones sobre la opinión pública con respecto a la criminalización de las drogas, las condenas de delincuentes no violentos, la opinión sobre cómo tratar el crimen en general y nuestras actitudes hacia la pena de muerte se encuentran en: «Optimism, Pessimism and Jailhouse Redemption: American attitudes on Crime, Punishment and Over-incarceration» [«Optimismo, pesimismo y salvación en la cárcel: actitudes de los americanos sobre el crimen, el castigo y el exceso de encarcelaciones»], que son los resultados de un estudio nacional realizado por Belden Russonello & Stewart para la American Civil Liberties Union, 22 de enero de 2001; Quinnipiac University Polling Institute, 5 de marzo de 2003; sondeo de ABC News/*Washington Post*, 24 de enero de 2003; sondeo de CNN/revista *Time*, a través de Harris Interactive, 17 de enero de 2003.

Las estimaciones sobre el uso de drogas ilegales entre la población estadounidense están disponibles en el Departamento de Sanidad y Servicios Humanos de EE.UU.

El punto débil ecológico y verde de EE.UU. queda puesto de manifiesto en: Riley E. Dunlap, «Americans Have Positive Image of the Environmental Movement» [«Los americanos tienen una imagen positiva del movimiento ecológico»], Gallup News Service, 18 de abril de 2000; Henry J. Kaiser Family Foundation/*Washington Post*/Harvard University, 23 de junio de 2002; Gallup Poll, 18 de marzo de 2002; Gallup Poll, 21 de abril de 2003; Gallup Poll, 13 de marzo de 2003; Pew Global Attitudes Project Poll, 3 de junio de 2003; y Zogby Internacional for Environmental Trust, «A poll of likely Republican primary or caucus voters in California, Iowa, New Hampshire, New York and South Carolina» [«Sondeo de posibles votantes republicanos en las reuniones del comité central o primarias en California, Iowa, New Hampshire, Nueva York y Carolina del Sur»], agosto de 1999.

Para saber las cifras relativas a la actitud estadounidense verdadera hacia las armas de fuego, véase el Centro de Investigación sobre la Opinión Nacional, «2001 National Gun Policy Survey of the National Opinion Research Center: Research Findings» [«Estudio del 2001 sobre la política nacional de armas de fuego del Centro de Investigación sobre la Opinión Nacional: resultados de la investigación»], diciembre de 2001; Centro de Política sobre la Violencia, «New Survey Reveals More Americans Favor Handgun Ban Than Own Handguns» [«Un nuevo estudio revela que los americanos están más a favor de la prohibición de pistolas que de la propiedad de las mismas»], 15 de marzo de 2000; Michigan Partnership to Prevent Gun Violence, «Public Opinion: Opening the Door to Public Policy Change» [«Opinión pública: se abre la puerta al cambio de política pública»], realizado por la empresa de investigación y análisis de mercados EPIC-MRA, octubre de 2000.

Aparte de *Will & Grace*, *Queer Eye for the Straight Guy*, y la vuelta repentina de la popularidad del teatro musical, hay incluso más pruebas de la pasión de EE.UU. por la homosexualidad en estas fuentes: Human Rights Campaign, «HRC Hails New Gallup Poll Showing Continuing Positive Trend in U.S. Public Opinion On Some Gay Issues» [«La HRC recibe con agrado el nuevo sondeo de Gallup que muestra una tendencia positiva continua en la opinión pública estadounidense sobre ciertos temas relacionados con los homosexuales»], comunicado de prensa, 4 de junio de 2001; sondeo de *Los Angeles Times*, 18 de junio de 2000; Henry J. Kaiser Family Foundation, noviembre de 2001; Gallup Poll, 15 de mayo de 2003; y *Newsweek*, 27 de abril de 2002.

El apoyo extendido de EE.UU. a los sindicatos y la desconfianza por las corporaciones puede apreciarse en: sondeo de ABC News/*Washington Post*, 15 de julio de 2002; Gallup Poll, 30 de agosto de 2002; Sondeo del Día del Trabajo de AFL-CIO, 29 de agosto de 2002; sondeo de Fox News, 25 de octubre de 2002; Kent Hoover, «Labor unions aim to capitalize on public anti-corporate attitude» [«Los sindicatos quieren sacar provecho de la actitud pública anticorporativa»], *Houston Business Journal*, 9 de septiembre de 2002; Programa sobre Actitudes ante la Política Internacional, «Americans on globalization survey» [«Los americanos en una encuesta sobre la globalización»], 16 de noviembre de 1999; Harris Poll, 27 de julio de 2002; y el Consejo de Liderazgo Democrático, «America's changing political geography survey» [«Sondeo sobre la geografía política cambiante de América»], octubre de 2002 (realizado por Penn, Schoen & Berland Associates). Para saber más acerca de estadísticas sobre afiliación a los sindicatos a nivel nacional y para ver que los afiliados están mejor pagados que los no afiliados, consulta la Oficina de Estadísticas Laborales en *www.bls.gov*.

Michael Savage expresó su encantadora opinión sobre los sodomitas, y lo mucho que le gustaba comer salchichas, en su programa de la MSNBC, ahora cancelado (precisamente debido a ese comentario), *Savage Nation* el 5 de julio de 2003. Savage (cuyo apellido real es Weiner) determinó que la izquierda sufría un trastorno mental (y un amor malsano por —¡OH NO!— el Islam) en su programa de la MSNBC el 19 de abril de 2003. Nuestra buena amiga Ann Coulter transmitió el mensaje divino de que debíamos «violar» la Tierra en *Hannity and Colmes* de Fox News el 22 de junio de 2001. Coulter, que en el pasado ha sido calificada por Fox News como «especialista en la Constitución» sugirió que había que matar a los liberales en la Conferencia de la Acción Política Conservadora. Su conocimiento profundo del entorno político, social, económico y religioso de Afganistán, y su consejo sobre lo que EE.UU. debería hacer allí, se colgó en el sitio web de la revista conservadora *National Review* poco después del 11 de Septiembre. El hecho de que dijera que George W. Bush es un presidente ilegítimo en la ceremonia de los Oscar alentó a Bill O'Reilly a denunciarme por anarquista en su programa de Fox News el 14 de abril de 2003. Su cita sobre los pobres que son enviados a la cárcel sin un juicio justo procede de su programa del 4 de septiembre de 2001. La teoría bien fundada de Rush Limbaugh sobre los orígenes del feminismo se pronunció en su programa *Rush Limbaugh* del 28 de julio de 1995. El berrinche y el ataque de insultos que le dio a Sean Hannity apareció en *Crain's New York Business*, 17 de febrero de 2003, y su bien fundada disección de la cultura canadiense se publicó en el *Ottawa Citizen*, 23 de marzo de 2003.

10. CÓMO HABLAR CON TU CUÑADO CONSERVADOR

Con respecto al caso de Mumia Abu-Jamal, lee «Life in the Balance» [«La vida pendiente de un hilo»] en *www.amnestyusa.org/abolish/reports/mumia/*, así como otro tipo de activismo contra la pena de muerte a través de Amnistía. Echa un vistazo también a la Coalición Nacional para Abolir la Pena de Muerte en *www.ncadp.org* y al Centro de Información sobre la Pena de Muerte en *www.deathpenaltyinfo.org*.

La información sobre los sindicatos y las pensiones procede de David Cay Johnston y Kenneth N. Gilpin, «A Case Sounds a Warning About

Pension Safety» [«Un caso hace sonar la alarma sobre la seguridad de las pensiones»], *The New York Times*, 1 de octubre de 2000; Peter G. Gosselin, «Labor's Love of 401(k)s Thwarts Bid for Reform» [«El amor de los trabajadores por los planes de pensiones frustra el intento de reforma»], *Los Angeles Times*, 22 de abril de 2002.

Para leer sobre la campaña a favor de la compra de productos estadounidenses, consulta el libro de Dana Frank *Buy American: The Untold Story of Economic Nationalism*, Beacon Press, 1999; Peter Gilmore, «The Untold Story (and Failure) of 'Buy American' Campaigns» [«La historia no desvelada (y el fracaso) de las campañas a favor de la compra de productos estadounidenses»], *UE News*, United Electrical, Radio and Machine Workers of America; Lisa Hong, «Is it 'Buy American', or 'Japan Bashing'?» [«¿Se trata de comprar productos estadounidenses o de despotricar contra los japoneses?»], *Asian Week*, 7 de febrero de 1992.

Para ayudar a sindicar tu lugar de trabajo, conéctate al SEIU (Service Employees International Union] en *www.seiu.org* o UE (United Electrical, Radio and Machine Workers of America) en *http://www.ranknfile-ue.org*.

Antes de hacerle demasiado caso a Bill O'Reilly, recuerda lo siguiente: está en contra de la pena de muerte. Motivo: «no es suficientemente punitivo». Del mismo modo, está en contra de la NAFTA porque se opone a que los mejicanos crucen la frontera para entrar en EE.UU. No olvidemos que ha hablado de los «espaldas mojadas mejicanos» en dos ocasiones por lo menos: *The O'Reilly Factor*, 6 de febrero de 2003 y en *Morning Call*, en Allentown, Pensilvania, el 5 de enero de 2003.

La información sobre Nixon procede de artículos escritos por Deb Riechmann de la Associated Press: «Nixon Sought Release of Americans in China Before Historic Trip» [«Nixon intentó la liberación de americanos en China antes de realizar viaje histórico»], 5 de abril de 2001, y «U.S. –Tale of a Treaty» [«EE.UU. –Historia de un tratado»], 16 de junio de 2001; *USA Today*, «Title IX at 30: Still Under Fire» [«Título IX a los 30: todavía se ataca»], 19 de junio de 2002; Huw Watkin, «Burying the Hatchet» [«Enterrar el hacha»], revista *Time*, 20 de noviembre de 2000; *The American Experience*, PBS, 2002, tal como se encuentra en *www.pbs.org/wgbh/amex/presidents*.

Los salarios de los trabajadores afiliados a un sindicato y el de los no sindicados se encuentran en la Oficina de Estadísticas Laborales, Departamento de Trabajo de EE.UU., «Table 2. Median Weekly Earnings of Full-Time Wage and Salary Workers by Union Affiliation» [«Tabla 2. Ingresos semanales medios de trabajadores a tiempo completo y asalariados por afiliación al sindicato»], 25 de febrero de 2003.

Las cifras ofrecidas respecto a las personas que mueren cada año en EE.UU. por la contaminación atmosférica proceden de un comunicado de prensa de la Harvard School of Public Health, «Air pollution deadlier than previously thought» [«La contaminación atmosférica es más mortífera de lo que se pensaba»], 2 de marzo de 2000. Las cifras sobre los costes sanitarios derivados de la contaminación atmosférica proceden de los Centros para el Control de las Enfermedades, la Delegación del Centro Nacional para la Salud Medioambiental, Contaminación Atmosférica y Salud Respiratoria, *www.cdc.gov/nceh/airpollution*.

El tema de Superfund procede de una serie de artículos de Katherine Q. Seelye publicados en *The New York Times*, «Bush Proposing Policy Changes on Toxic Sites» [«Bush propone cambios de política en los emplazamientos tóxicos»], 24 de febrero de 2002, y «Bush Slashing Aid for EPA Clenaup at 33 Toxic Sites» [«Bush rebaja drásticamente las ayudas para que la EPA limpie 22 emplazamientos tóxicos»], 1 de julio de 2002; Margaret Ramirez, «Report Links Superfund Sites, Illness» [«Un informe relaciona los emplazamientos de Superfund con enfermedades»], *Newsday*, 15 de junio de 2003. Para exigir responsabilidades a la industria y el gobierno, ponte en contacto con El Centro a favor de la Salud, el Medio Ambiente y la Justicia en *www.chej.org*.

La información sobre el gasto energético en EE.UU. procede del Departamento de Energía de EE.UU., «Table 1.5 Energy Consumption and Expenditures Indicators, 1949-2001» [«Tabla 1.5 Indicadores del consumo y el gasto energético, 1949-2001»] y Hojas Informativas Federales del Consejo Americano para una Economía Energéticamente Eficaz, «Energy Efficiency Research, Development, and Deployment: Why Is Federal Support Necessary?» [«Investigación, desarrollo y puesta en práctica de un uso eficaz de la energía: ¿por qué es necesario el apoyo federal?»], a cuyas hojas se accede en *www.aceee.org*. Para tener una idea de las perspectivas de una flota de automóviles y vehículos utilitarios deportivos que consuman menos combustible, consulta «Increasing America's Fuel Economy» [«Aumentar el ahorro de combustible en América»] de la Alliance to Save Energy. Están en línea en *www.ase.org*.

Para saber más sobre los costes de la guerra contra la droga, lee El Centro para el Tratamiento del Abuso de Sustancias, abril de 2000; Alianza para una Política sobre Drogas, «'Fuzzy Math' in New ONDCP Report» [«"Cuentas confusas" en un nuevo informe de la ONDCP»], 12 de febrero de 2003. Para participar, ponte en contacto con el Prison Moratorium Project en *www.nomoreprisons.org*, grupo que trabaja para detener la ampliación de prisiones y para destinar recursos a las comunidades más afectadas por las políticas del sistema penal. Asimismo, echa un vistazo a

New York Mothers of the Disappeared, organización de familiares que luchan para poner fin a las Leyes Rockefeller sobre Drogas que están dirigidas a los pobres y a la gente de color (*www.kunstler.org*).

La estadística sobre el dinero gastado en drogas ilegales cada año procede de «Prepared Remarks of Attorney General John Ashcroft, DEA/ Drug Enforcement Rollout» [«Comentarios preparados del Fiscal General John Ashcroft, lanzamiento de la DEA/Lucha contra la droga»], John Ashcroft, Departamento de Justicia de EE.UU., 19 de marzo de 2002.

La información sobre el analfabetismo en las cárceles y entre los beneficiarios de subsidios sociales procede de las estadísticas más actualizadas del Centro Nacional para la Educación, tal como aparecen en The Center on Crime Communities and Culture (Open Society Institute), «Education as Crime Prevention» [«La educación como prevención contra el crimen»], septiembre de 1997; Verizon Reads Program en *www. verizonreads.net*; Lezlie McCoy, «Literacy in America» [«Alfabetización en América»], *The Philadelphia Tribune*, 3 de diciembre de 2002. Para participar en programas de lucha contra el analfabetismo, contacta con Literacy Volunteers of America en *www.literacyvolunteers.org* y Women in Literacy en *www.womeninliteracy.org*.

Las estadísticas relativas al gasto en educación y prisiones proceden de la Oficina de Estadísticas Judiciales, el Centro Nacional para la Educación, la Asociación Nacional de Funcionarios Presupuestarios del Estado, de la Oficina Censal de EE.UU. tal como se cita en el reportaje especial de *Mother Jones*, «Debt to Society» [«Deuda para la sociedad»], 2001.

Para disponer de información sobre la disparidad de ingresos en EE.UU., lee el informe de la Oficina Censal, «A Brief Look at Postwar U.S. Income Inequality» [«Breve mirada a la desigualdad de ingresos en EE.UU. durante la posguerra»], junio de 1996 (cubre la época entre 1947 y 1992) y «The Changing Shape of the Nation's Income Distribution, 1947-1998» [«Cambios en la distribución de ingresos en la nación, 1947-1998»], junio de 2000. Consulta también el artículo de Paul Krugman publicado en el *New York Times*, «For Richer» [«Para ser más ricos»], 20 de octubre de 2002.

11. LA RETIRADA DE BUSH
Y OTRAS TAREAS DE LIMPIEZA

En 2000 Gore consiguió el 48,38 % de los votos y Ralph Nader consiguió el 2,74 %, según los resultados oficiales de la Comisión Electoral Federal (*www.fec.gov*). Combinados, suman el 51,12 por ciento.

Tal como informó *The New York Times* (David Rosenbaum, «Defying Labels Left or Right, Dean's '04 Run Is Making Gains» [«Desafiando la calificación de izquierda o derecha, la candidatura de Dean para el 2004 va sumando triunfos»], 30 de julio de 2003), Dean «sigue siendo un conservador en el terreno fiscal, cree que el control de las armas de fuego debe estar en manos de los estados y está a favor de la pena de muerte para algunos crímenes».

Según el informe de febrero de 2002 de la Oficina Censal de EE.UU. «Voting and Registration in the Election of November 2000» [«Voto y empadronamiento en las elecciones de noviembre de 2000»], 42.359.000 hombres blancos no hispanos votaron en dichas elecciones. Se depositaron un total de 110.826.000 votos, de los cuales el 38,22 % correspondía a hombres blancos. Las mujeres de todas las razas sumaron 59.284.000 votos, o el 53,49 %. En 2000 votaron 5.327.000 hombres de raza negra, lo cual supone el 4,81 %, mientras que se contabilizaron 2.671.000 votos de hombres hispanos, lo cual representa el 2,41 %, combinados suman el 7,22 %. Así pues, los hombres de raza negra, los de origen hispano y las mujeres representan el 60,71 % de todos los votantes.

Las dos senadoras de 1991 eran Nancy Kassebaum (Republicana-Kansas), que ocupó un escaño de 1978 a 1997 y Barbara Mikulski (Demócrata-Maryland), que ocupa el escaño desde 1987. Las otras senadoras que hay en la actualidad son: Lisa Murkowski (R-Alaska); Blanche Lincoln (D-Arkansas); Dianne Feinstein (D-California); Barbara Boxer (D-California); Mary Landrieu (D-Luisiana); Olympia Snowe (R-Maine); Susan Collins (R-Maine); Debbie Stabenow (D-Michigan); Hillary Rodham Clinton (D-Nueva York); Elizabeth Dole (R-Carolina del Norte); Kay Bailey Hutchinson (R-Tejas); Patty Murray (D-Washington), y Maria Cantwell (D-Washington). La primera mujer que fue elegida al Senado de EE.UU. fue Hattie Wyatt Caraway (D-Arkansas). Sin embargo, no fue la primera mujer que ocupó un escaño en el Senado, tal honor corresponde a Rebecca Latimer Felton (D-Georgia), que fue nombrada para ocupar una vacante en 1922. En total, desde 1922 el buen pueblo americano, formado por un 51 % de mujeres, sólo ha conseguido colocar a treinta y tres mujeres en el Senado. Para ver una lista completa de senadoras, visita el sitio web del Senado, *www.senate.gov*. Para ver una lista completa de presidentas... bueno... ¿por qué sigues leyendo esto? ¡El libro se ha acabado! ¡Vete a darle la lata a Oprah como te dije!

Aunque según las estimaciones de la Oficina Censal hay 146 millones de mujeres en este país, no todas ellas pueden presentarse a las elecciones presidenciales. Para ser presidente de EE.UU. hay que haber nacido en EE.UU. y hay que tener como mínimo 35 años. Si tomamos de nuevo las estimaciones de la Oficina Censal, hay 66.190.000 mujeres que reúnen los requisitos para ser la próxima presidenta.

La declaración de Oprah de que «nunca» se presentaría a las elecciones presidenciales apareció publicada en, entre otros, «Oprah for President? "Never!"» [«¿Oprah presidenta? "¡Nunca!"»], Peggy Andersen, Associated Press, 31 de mayo de 2003.

Para saber más sobre el general Wesley K. Clark y para ver a qué se dedica, conéctate a *www.leadershipforamerica.org*, la organización que ha fundado para «fomentar un diálogo nacional sobre el futuro de EE.UU.». Realizó las declaraciones sobre el hecho de estar a favor de la libre elección para las mujeres con relación al aborto y el control de armas en *Crossfire*, de la CNN, el 25 de junio de 2003. Habló sobre el recorte fiscal de Bush, la Ley USA PATRIOT y la discriminación positiva en *Meet the Press*, de la NBC, el 15 de junio de 2003. Efectuó los comentarios sobre la posibilidad de atacar Irán en *Big Story*, de FOX News, 23 de junio de 2003, mientras que sus ideas sobre la colaboración con nuestros aliados se expusieron en *Meet the Press* de la NBC el 16 de febrero de 2003. Por último, Clark expresó sus ideas sobre el medio ambiente en un discurso ante el Consejo de Asuntos Exteriores el 20 de febrero de 2003.

Si te interesa presentarte a delegado de distrito electoral o a cualquier otro cargo, o si te basta con mantenerte ocupado recuperando el partido demócrata, visita *www.dnc.org*, donde el partido ofrece un mapa útil para guiarte por la información de contacto relativa a las delegaciones estatales del partido. En ella podrán darte los detalles que necesites para poner las cosas en marcha. Pero no les digas lo que estás tramando.

Independientemente de que te presentes a las elecciones, busques más información o sólo quieras saber más sobre los candidatos y qué representan, un buen lugar para empezar es Project Vote Smart (*www.votesmart.org*). A través de su sitio web encontrarás a los representantes elegidos, enlaces para los sitios web de los candidatos, así como una gran cantidad de información relacionada con otras votaciones y enlaces.

Si tienes que empadronarte para votar, o si necesitas empadronar a los amigos a los que piensas arrastrar contigo a las urnas el día de las elecciones, visita *www.rockthevote.com*. Puedes inscribirte en línea a través del sitio y también puedes hacer que se inscriban tus amigos.

Lo más importante: mantente informado. Escucha la National Public Radio, Pacifica Radio, lee el periódico o intenta conectarte a estos sitios web con regularidad: *www.buzzflash.com*, *www.commondreams.org*, *www.cursor.org* para estar al día de noticias que quizá te hayas perdido.

Agradecimientos

Me gustaría dar las gracias a mi mujer, Kathleen, que, cuando no me apetecía escribir, subía el volumen de la radio y empezaba a bailar. De repente me llegaba la inspiración para seguir escribiendo y viviendo.

También deseo dar las gracias a mi hija, Natalie. Este año ha acabado la carrera, algo que ni mi mujer ni yo hemos hecho. ¡Cuánto nos enorgullecemos de ella!

Quiero expresar mi agradecimiento a mi hermana Anne. Ha aportado tanto a mi trabajo durante estos dos últimos años que ha olvidado que sigue siendo abogada. Cuando el último editor no me organizaba una gira de presentación del libro, lo hacía ella y nos llevaba en la minifurgoneta de ciudad en ciudad. Cuando mi película se estrenó en Cannes, ella se convirtió en mi representante de facto. Cuando necesité concretar ciertas partes del libro, ella y su maravilloso esposo, John Hardesty, me ayudaron hasta el final. Todo esto, ¡y es la hermana mediana!

Me gustaría dar las gracias al tipo que inventó los pepinillos al vinagre de eneldo. Son el último vicio que me queda.

Desearía dar las gracias a mi viejo amigo Jeff Gibbs que me ha sacado de más de un apuro en los últimos años. Se sentó conmigo a comprobar hecho tras hecho mientras yo escribía. Me ayudó a que el libro fuera apasionado cuando, a veces, lo único que me apetecía era escribir haikus. Este tipo es un genio. Aunque nunca había trabajado en una película, produjo algunas de las escenas más memorables de *Bowling for Columbine*. Aunque nunca había escrito una partitura musical, compuso la de mi película en cinco días después de que la música original fracasara. ¿Qué será lo siguiente? Me tiene asustado.

Me gustaría dar las gracias a Ann Cohen y David Schankula, el grupo de expertos que hay detrás de este libro. Trabajaron conmigo durante meses para repasar palabra por palabra. Me ayudaron a escribir, rescribir, volver a expresar y rehacer el dichoso texto. Se documentaron, corrigieron las pruebas, verificaron los hechos. Luego me rotaron las ruedas del coche, me asfaltaron el camino de entrada y criaron un rebaño de ovejas para mí. ¿Cómo voy a corresponderles?

Gracias también a Tia Lessin, Carl Deal y Nicky Lazar por hacer más verificaciones de datos y documentarse cuando deberían haberme enviado de extranjis a Afganistán.

Gracias también a los alumnos en prácticas Brendon Fitzgibbons, Jason Kitchen, Sue Nelson, Stephanie Palumbo, Michael Pollock, Brad Thomson y Doug Williams, al personal de oficina Rebecca Cohen y Emma Trask, y a quienes leyeron el manuscrito y me dieron buenos consejos: Al Hirvela, Joanne Doroshow, Rod Birleson, Terry George, Veronica Moore, Kelsey Binder, Leah Binder, Rocky Martineau y Jason Pollock. Muchas gracias a los correctores: Lori Hall Steele, Mary Jo Zazueta y Terry Allen.

Me gustaría dar las gracias a los canadienses. Si no estuvieran ahí, no tendríamos ni idea del problema que hay en nuestro país.

Sin duda quiero mostrar mi agradecimiento a mi nueva editorial, Warner Books, difícilmente podrían ser mejores. En primer lugar, gracias a Larry Kirshbaum por decir que lo más importante era «que el libro salga bien y tú te sientas bien sobre el libro, ¡no te preocupes por el plazo de entrega!» ¡Nunca he oído a nadie con autoridad decir que no me preocupara por el plazo de entrega! ¡Que no me lo digan! Sois demasiado enrollados.

Asimismo querría dar las gracias a mi editora de Warner Books, Jamie Raab. Su entusiasmo, su verdadera respuesta humana a mi escrito fue el acicate que necesitaba este año. Le doy las gracias por su paciencia y por seguirme a pesar de mi loca manera de trabajar. Es la mejor.

También quiero agradecer al resto de buena gente de Warner Books que ha participado en este proyecto. Gracias igualmente a Paul Brown por el diseño de portada. Tras el gran trabajo realizado en *Estúpidos hombres blancos* ninguna otra persona podría haber conseguido que esta cubierta cobrara vida (a partir de una idea que me dio Schankula).

Gracias también al agente del maestro Jedi, Mort Janklow. Nunca me tocarán mientras seas ¡la Fuerza!

Querría dar las gracias a los músicos cuya música he escuchado mientras escribía este libro: Bruce, las Dixie Chicks, Patty Griffin, U2, Madonna, Alanis, Kasey Chambers, Steve Earle, Iris Dement, Nancy Griffith, Warren Zevon, R.E.M., Pearl Jam, Audioslave y los Pretenders. Escuchar buena música ayuda a escribir.

Me gustaría dar las gracias a los irlandeses de los condados de Donegal, Antrim, Derry y Galway que nos invitaron a su casa y me dejaron conectar el portátil para poder terminar el libro mientras la editora me creía en Nueva York.

Por último, gracias a mi padre, que me cuidó cuando yo debería estar cuidando de él durante este año tan triste.

Información sobre el autor

Michael Moore, que prometió que «a menos que tenga éxito» su último libro sería definitivamente el último, tuvo por desgracia el éxito que quería evitar y se vio obligado a escribir este libro. Ha escrito las obras de éxito: *Downsize This: Random Threats from an Unarmed American*, y *Adventures in a TV Nation* en colaboración con Kathleen Glynn. Su *Estúpidos hombres blancos*, que se mantuvo durante cincuenta y ocho semanas en la lista de obras más vendidas de *The New York Times*, se convirtió en el libro de no ficción más vendido de 2002-2003 en EE.UU, con más de 4 millones de ejemplares publicados en todo el mundo. Ganó el premio «Libro del año» en Gran Bretaña y nada de nada en EE.UU., aparte de conseguir que haya una alocada petición en Internet para que se presente a las elecciones presidenciales. Michael Moore ha conseguido un Oscar por *Bowling for Columbine* y es el director del clásico rompedor *Roger & Me*. También ha sido galardonado con un Emmy como guionista/director/presentador de *TV Nation* y *The Awful Truth*. No ha ganado ningún Grammy ni Tony pero espera llenar ese vacío en cuanto aprenda a cantar y actuar. Hace poco adelgazó veintitrés kilos negándose a comer todo alimento que estuviera catalogado como «no graso» y está trabajando en su próxima película, titulada *Fahrenheit 9/11*. Vive con su mujer y su hija en Michigan y en Nueva York.

Si deseas ponerte en contacto con el autor y leer más,
conéctate a *MichaelMoore.com*

ÍNDICE